あすの地域論

「自治と人権の地域づくり」のために

清水修二・小山良太・下平尾 勲=編著

八朔社

はじめに

　「地域」への関心が高まっている。それは自らの「生きる場」としての関心の高まりであろうと思われる。日本人の多く，とりわけ男性にとっての生きる場は，これまでは「職場」（いっそ「会社」と言ってもいいかもしれない）である場合が多かった。しかし今日の日本では，そんな人生丸抱えの企業社会はもはや維持可能性をもたない。人々自身の価値観も以前とは違ってきた。定年退職後の高齢者が，その後の生きがいを地域に求めているということだけではない。若い世代の離職や転職が多くなっているのも，一面では，収入を得る手段としてよりも自己実現の道としての仕事を，かれらが望んでいることの表れだろう。そのような希望を満たす場として，かれらも地域に期待を寄せている。大学でも地域関連科目の受講生は多いし，地域関連分野のゼミナールを選択する学生はふえている。

　しかしながら今日の地域社会は，そうした人々の自己実現の希望を満たすのに十分な場を提供しているとは言いがたい。「社会に貢献したい」という純粋な気持ちをもっていても，若い人がそれを実現しながらしかも満足な生計を立てるのは容易な業ではない。地方公務員になる道はあるが，近年のような「公務員冬の時代」にあっては，胸を張って仕事ができにくい環境である。ともあれ，「生きにくい社会」と言われるこの世の中を，身近な地域からどうやったら変えていくことができるか，その具体的な道筋を多くの人々が探し求めていることは間違いあるまい。

*

　「地域」が注目される理由はそれだけではない。「地方分権」が今や世界的な潮流になっている。国家の枠組みが相対化され，一方では世界化（グローバリゼーション）が進むと同時に，他方では国の内部における分権化（≒ローカリゼーション）が進展している。大企業を中心に国境を越えた事業の展開が拡大しているが，地域に根ざした企業の強みがかえって重視される面もある。不安定性を増している世界経済の動きの中で，企業にとっても，地域社会とのつなが

りをどう構築していくかを模索することは，重要な意味を持ってきていると思われる。

　地方自治体，とくに基礎自治体である市町村は今が正念場である。権限をゆだねられても，それを行使するだけの財源の保障がないのが現実である。国の敷いたレールの上にいかにうまく乗るかといった従来型の行財政運営スタイルでは，とうてい住民の福祉を高めることはできない。住民の支持を得ながら「地方自治の経営」をどう図っていくか，新しい挑戦である。

　いろいろな面から見て，たしかにいま「地域は面白い」。したがって体系的な「地域論」の学習をしたいとの思いをもっている人は，恐らくは少なくないだろう。しかし地域論という学問領域は，新しいだけでなく非常に広範囲な内容を包摂していて，体系性のあるテキストにまとめるのは簡単ではない。下手をすると，地域と名のつく専門領域の単なる寄せ集めに終わる恐れがある。著者らにとっても，1つの挑戦である。

　本書は，現代日本の地域問題をいろんな角度から分析し，問題解決の道を探ろうと意図して書かれている。執筆者によってむろん内容や主張はさまざまだが，市場での競争を最優先する「新自由主義」的傾向への批判を，観点として多かれ少なかれ含んでいる点では共通している。もっとも，物事を「〇〇主義」といって斬って捨てたりするのはもちろん正しくないし，科学的でもない。市場＝マーケットの必要性や重要性は誰にも否定できない。しかし市場はあくまでも手段であって，それ自体を至上の価値として祀り上げる弊に陥ってはならない。

＊

　本書は若い学生のみなさん，あるいは社会人を読者に想定して，地域論の入門書として編集した。抽象的な理論の記述はできるだけ控え，具体的な現実の分析や政府・自治体の政策の評価，ないし各地で展開されている地域づくりの事例の紹介などに力点を置いた。執筆者の所属の関係で，東北地方ないし北関東の事例に触れることが比較的多くなっている。これらの学習を通じて，地域における生活者であると同時に政治的な主権者でもあるみなさんに，地域問題に関心をもち，理解を深めていただきたい。そして具体的な地域の現実にじかに触れる機会をもち，できるなら主体的・積極的に地域づくりに一歩を踏み出

してほしいと願っている。机上の学習で終わってしまっては地域論を学ぶ意味はないからである。

　なお，本書の刊行にあたっては福島大学学術振興基金から出版助成を得ることができた。御礼を申し上げたい。また，学術書の出版が困難な状況の中，本書の出版を引き受けていただいた八朔社の片倉和夫氏にも深く感謝申し上げる。

清 水　修 二
小 山　良 太
下 平 尾　勲

　（付記）本書の編集者のひとりに下平尾勲福島大学名誉教授の名があるが，全くもって残念なことに，下平尾先生は本書の編集作業の進行中に急逝された。2007年8月9日のことであった。突然のことで執筆者一同，茫然たる思いを禁じ得なかった。先生は金融論の研究者であると同時に著名な地域論研究者でもあられた。なかでも有田焼をはじめとする地場産業の研究では第一人者であり，現場の経営者や職人の方々の深い信頼を一身に集めておられた。本書の企画についても最初から参加され，研究会でも精力的に指導助言をいただいていた。本書では総論部分（序章）のご執筆を予定しており，およその構想は練っておられたものと推測している。本書全体の指南車の位置づけだった先生の論稿が遂に得られずに終わったのは，返す返すも残念である。その代わりとして，本書の末尾に先生の遺稿ともいうべき論文（東北経済研究所『福島の進路』掲載）を，ご遺族ならびに掲載誌の発刊元のご了解を得て，収録させていただいた。
　編集者のひとりに先生の名を挙げさせていただくことを故人にお許し願うとともに，執筆者一同の心からの哀悼の意を添えて，本書を下平尾勲先生に捧げるものである。

目　　次

はじめに

序　章　地域論の方法と課題 …………………………………… 1
　1　現代日本の地域問題　1
　2　地域の理論　4

第Ⅰ部　地域問題と政策のあり方

第1章　地域開発から地域づくりへ ……………………………15
　1　いま何故「地域づくり」なのか　15
　2　日本における地域と格差　16
　3　地域開発政策の展開と現段階　22
　4　地域開発から地域づくりへの転換　25

第2章　グローバリゼーションと地域産業政策 ………………34
　1　グローバリゼーションと国際化　34
　2　東北地方の地理的基礎　37
　3　東北地方の貿易構造　39
　4　東北系企業の海外進出と外資系企業の東北進出　40
　5　地域産業政策の取り組み　45
　6　課題の抽出と地域産業政策　50

第3章　都市の階層と格差問題 …………………………………53
　1　都市概念の曖昧性　53
　2　都市の階層性と都市システム　56
　3　オフィス立地からみる地域格差　59

4　東北地方の都市システム　66

第4章　商店街振興から商業まちづくりへ……………………71
　1　小売業の構造と立地の変化　71
　2　大型店の郊外出店とまちづくり三法の改正　75
　3　まちづくり三法の改正　79
　4　商業まちづくりの展望　86

第5章　国際化農政と地域の農業 ……………………………93
　1　産業としての農業の特質とグローバリゼーション　93
　2　高度経済成長期の日本の農業・農村・農政　94
　3　プラザ合意と国際化農政　96
　4　日本における農業政策の転換　101
　5　農業生産の変化——プラザ合意以降の農産物輸入の加速的増大　102
　6　食の全体像と農業・農村・農家の方向性　109

第6章　少子高齢化と福祉のまちづくり ……………………113
　1　日本社会の高齢化　113
　2　医療費の膨張と医療行革　116
　3　高齢者福祉と障害者福祉　122
　4　福祉のまちづくりに向けて　126

　　　　　　第Ⅱ部　地域づくりの方法と担い手

第7章　「循環・共生」と持続可能な地域づくり ……………135
　1　問題の所在　135
　2　持続可能な発展と地域づくり　137
　3　「循環・共生」の理念と環境政策　140
　4　循環・共生を基調とした持続可能な地域づくり
　　　　　——東北地方の事例から　145

5　持続可能な地域づくりに向けて　154

第8章　内発的発展の理論と実践 …………………………………158
　1　地域づくりと人間の発達　158
　2　内発的発展論の形成と展開　161
　3　地域社会のかかえる課題と再生の方向性　169
　4　地域の内発的発展と人間発達　175

第9章　地域金融と域内経済循環 ……………………………………177
　1　金融機関の体系と概要　177
　2　福島県における地域金融機関の体系と概要　182
　3　地域金融と域内経済循環　185
　4　新しい金融の担い手「NPO金融」　188
　5　社会的責任(CSR)と社会的責任投資(SRI), 地域再投資法(CRA)　190
　6　地域金融機関の展望と課題　191

第10章　地方自治と行財政改革 ………………………………………194
　1　地方自治と地方財政　194
　2　地方財政の危機と地域格差の拡大　197
　3　財政力格差の拡大　202
　3　市町村合併と道州制論　204
　4　自治体改革と地方公務員　209

第11章　文化による地域づくり ………………………………………214
　1　お荷物と仮した文化施設　214
　2　文化施設や文化イベントが危ない　215
　3　文化とは何か　219
　4　たかが文化, されど文化　222
　5　文化の公共性と地域づくり　226
　6　問われる文化的熟度　229

第12章　地域住民組織とNPO……………………………………232
　はじめに　232
　1　地域社会とまちづくり　232
　2　まちづくりとはなにか　233
　3　地域住民組織とコミュニティ　234
　4　ボランティア・市民活動団体とNPO　238
　5　連携と協働のまちづくり　242
　6　福島県における連携と協働　243
　7　考　察──連携・協働と地域自治　251

終　章　地産地消のすすめ ……………………………………253
　はじめに　253
　1　地産地消の考え方について　254
　2　地産地消の取り組みがなぜ中山間地から登場したか　258
　3　地消が地産を規定する　259
　4　安全性が消費者の地産地消運動を促す　261
　5　地産が地消の材料・対象・仕方を規定する　264
　6　生産地側からの地産地消運動　266
　7　地域政策としての地産地消　269

【コラム】
①都市と農村を結ぶネットワーク型地域づくり　31　　②チャンスとリスクを見極めた中国進出を！　43　　③国土構造と21世紀のオフィス立地の動き　67　　④魅力あるユニークな店舗　89　　⑤米の生産調整　105　　⑥人口問題からみた高齢化社会危機論　115　　⑦限界集落　155　　⑧イギリス湖水地方におけるLEADERプログラムとプロダクトトレイル　174　　⑨日本銀行福島支店　187　　⑩公共工事の入札と談合　199　　⑪指定管理者制度　228　　⑫町内会は日本だけのもの？　236

序　章　地域論の方法と課題

1　現代日本の地域問題

1　地域の現状を見る

　人は皆，どこかで生まれ，どこかで育ち・学び・働き，やがていずれかの地で終焉を迎える。人の営みは必ず地域と結びついている。したがって地域のありようは，われわれの人生を大きく規定しているし，また地域を構成する一員であるわれわれの行動次第で，地域のありようそのものも変わる。

　今はグローバリゼーションの時代だから「地域」の範域も重層的に拡大しているが，ここではひとまず日本国内の都市や農村を念頭に置いて，地域の現状を見渡してみよう。地域をめぐる今日的動向から見て取れるのは，高度経済成長で築かれた戦後日本国民の「豊かさ」の内実が，大きく揺らいでいるという現実である。たとえば，日本人にとって「庭付き一戸建て」の暮らしは，ずっと住生活の到達目標だった。ところが家族が砕片化し高齢者世帯が増加した結果，せっかくの一戸建てを捨てて狭いアパートやマンションを終の棲家とするケースがふえてきた。また経済成長の成果として日本人の平均寿命は世界一の水準を達成したが，長生きをするという夢が，いざ叶ってみると一種のリスクや不安にすらなっている現実を人々は味わっている。自殺率が異常に高いのが日本で，老人の孤独死も後を絶たない。

　「世界一安全な国」という評価も，昨今の治安悪化状況を見ればもう過去のものと言わなければならない。それも，プロや常習者の犯罪ばかりでなく，思いがけない隣人や肉親や子どもが加害者であるような犯罪が目立っている。これは家族や地域社会そのものが病んでいることの表れであって，警察力を強化するだけでは抑止できない性格のものだ。

　都市，とくに地方都市にあっては中心市街地の空洞化が久しく問題になって

いる。かつての繁華街が見る影もなくさびれて、老舗(しにせ)の商店が後継者もなく店じまいを余儀なくされている。長い年月をかけて蓄積されてきた「まち」の文化が、危ういところに立たされているように見える。他方では、高度成長期に理想の住宅地としてデザインされた郊外のニュータウンが、世代継承に失敗してこれまた衰退の道を歩んでいる。都心や郊外で起こっているこうした現象の背景には、自動車に依存した消費者の行動様式がある。豊かさの象徴でもあった自家用車の保有が、しらずしらず足元の地域を痩せ細らせていると言うべきだろう。

農村の過疎化は高度成長期に進展した現象だが、主食の米にまで及んだ農産物輸入自由化の影響、あるいは農家世帯の高齢化の進行などで、事態は一段と深刻さを増し、山間地の多くの地区が**限界集落**と呼ばれ、消滅の淵に立たされている。公共事業の急激な縮小も、農村経済を窮地に追い込んでいる一因である。

2　国づくりの方向

このようなさまざまな地域問題を解決する役割をになうべき地方自治体がまた、大変な状況になっている。バブル経済が破綻したあとの長い不況のなかで、国とともに膨大な負債を背負ってしまった自治体は、大幅な支出の削減を迫られ、役所としての使命を満足に果たせなくなった。「公務員を削減せよ」というのは国民の声でもあるので、自治体は人減らしをしながら仕事をどんどん民間に放出している。また財政的に自立していく自信を失ったたくさんの自治体が、一斉に市町村合併に走ったのはつい最近のことである。

地域問題の発生は、自然現象とは違って避けられないことではない。現代日本の地域問題は、ある方向性をもった国づくりの流れの中で生じ、あるいは激化しているのである。第2次世界大戦後、先進工業諸国の国づくりのモデルは**福祉国家**と呼ばれるものだった。企業の自由な経済活動に政府が積極的に介入し、社会保障制度を整備して国民の暮らしを公的に支え、累進税制度で所得の再分配を行って平等社会を追求してきた。その成果が「豊かな社会」と呼ばれ、それこそが資本主義が社会主義に打ち勝った証(あかし)であったと言っても間違いではないだろう。

ところが，社会主義体制の崩壊を転機として事態は大きく転回する。経済活動の国際化とともに各国の国民経済は激しい競争のるつぼに投げ込まれた。日本経済はアジア諸国の激しい追い上げを前に戦慄して，国の経済政策も大きく舵を切った。政府の役割を縮小して市場経済への規制を緩和し，競争原理の強化によって生産性の低い部門を淘汰する。そうやって国際競争場裏で勝ち残ることが最優先の政策課題とされた。

そうした政策の下では，市場競争の闇の側面である格差の拡大や弱者の増大はやむを得ない現象と見なされる傾向がある。市場の効率性原理からすれば，人口稀薄な過疎農村地域に社会的な投資を行うのは無駄であるし，生産性の低い中小企業を保護するのも長期的には愚かな選択である。医療や福祉も市場の合理性にゆだねたほうが浪費を省くことができる。

新自由主義的と称されるこのような考え方や政策が，果たして成功を収めるかどうかの評価はまだ確定していない。ただ，このような経済・社会の動きの中で，労働問題や地域問題が激化していることは事実として誰にも否定できないだろう。このまま進んで行っていいのだろうか。

3 現状打開への胎動

ところで，地域をめぐる現状をマイナス面でばかり評価するのも一面的だ。戦後の「豊かさ」を見直しながら，新しい「価値の物差し」を創り出し，足元から地域を建て直そうとする人々の営みも数多く見られる。農家と消費者が直接結びついて，食の安全と農業経営の両立を図ろうとする産直運動がその一例である。中心市街地の復活をめざした商店主たちのいろんな工夫が実を結んでいる例もある。国際競争の中でピンチに陥った中小企業においては，大企業の系列下に入って生きていくのでなく，お互いの横の連携を武器に国際化時代に対処していこうという試みもある。

ボランティア精神に支えられた NPO（民間非営利組織）も急速に広がっている。地域の子育て支援や，高齢者介護のネットワークを作る活動，あるいは地域で老若男女が楽しめるスポーツクラブの結成も進んでいる。定年退職後の新しい生き方として，社会貢献への積極的な参加の分野が注目を集めている。

地方自治体もさまざまな試みに挑戦している。財政難だからといってただ萎

縮してしまうのでなく，住民とパートナーシップを組むことで，より高いサービスを安上がりに供給する努力が行われている。財政困難にもかかわらず合併しないで自立の道を選んだ小規模町村の中に，むしろ活力が生まれている例も少なくない。「政府部門は効率が悪いから縮小すべきだ」という大方の世論の中で，地方自治体の固有の存在意義を訴えることの重要性を，地方公務員も痛感しているはずである。

地域問題を自らの知恵と努力で解決し，地域を「そこで生きるに値する」空間にしていこうとする住民や自治体の営みを，「自治と人権の地域づくり」活動と呼んでみたい。地方自治や地方分権は，中央政府が身軽になるためだけに唱えられるものであってはならない。また，自治や分権を価値あるものとして認識する以上は，住民も自治の担い手としての役割と責任を果たしていかなければならない。

2 地域の理論

1 地域とは何か

「地域」の定義は多様でありうるが，いずれにせよ「空間」を表す概念であることは間違いない。それも，われわれ人間の生活や営みにかかわる限りにおける空間であって，宇宙空間などはもちろん地域とは呼ばない。最近はインターネットの発達を背景にしてヴァーチャルな（＝仮想）空間というものが取り沙汰されるが，これも地域の定義からは外してしかるべきだろう。地域はあくまでも実体的な空間概念である。

集落や町内会といった小さなレベルから，国家を超える世界規模のレベルまで，われわれはきわめて多くの種類の地域を思い描くことができる。小さな地域が集まって大きな地域が構成されている。その地域の単位も質的に多様であって，たとえば生活の領域でくくった**生活圏**と経済活動の領域でくくった**経済圏**とはズレているのが普通だ。基礎的地方自治体である市町村は，政治と行政の単位として重要な位置を占めていて，われわれの日常生活を維持する上では不可欠な存在だが，企業の営業や個人の社会活動は，市町村の区域などには拘束されることなく営まれている。

かつて人間は「定住」ということを基本に生活していたから，自然と人間との物質代謝を表す「生産」や「消費」は限定された大きさの空間の中で営まれ，地域は外延的にも内包的にも，言いかえれば量的にも質的にもあまり複雑な構造をもっていなかった。ただ，人間社会の生産力がある程度に達した段階で，**都市**と**農村の分離**は古くから生じていた。人々の共同的生産・生活の単位である**地域的共同体**は，お互い同士の交易の場としての市場を都市に形成するようになり，政治的ないし宗教的な営為も都市に集中するようになった。

　都市と農村の分離を決定的に拡大したのは資本主義的商品生産の発達であった。商品生産は**社会的分業**を基礎とする。農業生産や農村生活の中で自然に作られ，用いられてきたさまざまな物が，次第に工業生産物の形をとり始める。堆肥を使っていたのが化学肥料を使うようになり，人や家畜が担ってきた力仕事を機械で代替するといったように，従来は農業の一部として行われていた生産過程が，工業として自立・分離していった。衣料などの生活資材も，自給的に作られていたのが商品として生産，購買されるようになる。工業は土地の制約が小さいし，基本的に1年に1回しか収穫ができない農業と違って「資本の回転数」を大きくすることが容易だ。「胃袋の限界」もないので欲望の拡大とともに市場も拡大する。社会的分業の発展は農業の生産力をも大幅に上昇させ，農業人口の縮小と第二次・三次産業就業者の急速な拡大をもたらし，その結果，農村から都市への人口の移動も促進されたのである。

　こうして世界の多くの地域で，長期にわたった人間の定住社会は崩れた。しかも土地に基礎を置く農業者や，地域を営業範囲とする小規模自営業者の比重が小さくなり，近代的な賃金労働者が社会の大半を占めるようになると，労働者を雇用する企業，とりわけ大企業の動向が地域のありようを大きく左右するようになる。あたかも，地域の主人公が住民から企業に移行し，生活者たる住民の存在は「資本の従属変数」になったかのような様相が生まれる。最近では，資本の活動は軽く国境を越えて展開されているので，地域の経済的な可動性や不安定性はかつてなく高まっている。

　地域をめぐるさまざまな問題の本質は，地域における人間の営みの総合性が，資本主義経済の発展とともに分解されていった点にあると言ってもいいだろう。資本主義経済の発展が地域でのわれわれの生活を豊かにしたのは紛れもない事

実だが，それは一面で「資本への従属」という高い代償を払ってはじめて得た豊かさでもあった。地域における人間の生活は，経済的な要素ばかりでなく文化的，社会的，政治的ないし環境的な要素を含む総合的な存在である。ところが，世界的な規模で展開する資本の動向に支配される要素が大きくなるにつれてその総合性は維持できなくなり，文化的な独自性も，社会的な共同性も，政治的な自律性も，環境的な健全性も，放っておけば崩れていく。

「地域」のもつ意味は二重である。人間生活の空間的基礎としての地域というのが第1の意味で，資本の営業空間ないし投資戦略対象としての地域というのがもう1つの意味である。そしてこれらは切り離したくても切り離すことはできないし，前者が良くて後者が悪いといった単純な扱いをすることも正しくない。あえていえば，後者をいかに制御しながら前者を維持・発展させるか，という視点が肝要だというべきだろう。

2 地域論の流れ

地域論という学問領域の内容を一言で表現するのは大変むずかしい。「地域」ないし「地方」に関連する専門領域を列挙するなら，地域経済学，経済地理学，地域社会学，地域教育論，地方行政論，地方財政論，地方自治論など，多数あげることができる。それらすべてを地域という切り口から包括するのが地域論だと言えば言えるが，それではあまりに茫漠としてとらえどころがない。実際のところ地域論という学問領域は，研究対象を限定するよりも，むしろそれを論じる目的の側から自己規定をしたほうが分かりやすいだろう。

本書には「自治と人権の地域づくり」の副題をつけた。自治という方法を通じて人権を確立できるような地域をどのようにしたら形成できるだろうか，といった問題意識を表したものだ。人権という言葉の内容を，「人が健康に生まれ育ち，自己の能力を開花させるに足る教育を受け，働いて暮らしの安定を実現し，安心して老いる権利」と表現するなら，それらを実現するための条件は何か，その実現を阻んでいるものは何か，その実現へのプロセスはどうあるべきか，といったことを研究するのが地域論のテーマだということになる。もとよりこれは目的設定の1つの仕方にすぎない。

ところで，いろんな角度から現代の地域を論じることが可能であるにしても，

地域のあり方を基本的に規定しているのは，先述したように資本主義経済の発展と展開である。その意味で，地域論の基礎に置かれるべきは地域経済に関する議論だろう。そこで，経済学の中で地域がどのように扱われてきたかを簡単に見てみよう。

日本で最初にベストセラーになった経済学の書物は河上肇の『貧乏物語』(1917年)だった。日本では，経済学は「貧乏」という現象に立ち向かう学問として最初に国民に認識されたと言えるだろう。その河上は『日本尊農論』(1905年)の中で，都市の住民の健康状態（体格）と農村の住民のそれとを比較して，都市に蓄積する貧困＝貧乏の問題を論じている。フリードリヒ・エンゲルスの『イギリスにおける労働者階級の状態』(1845年)も，ロンドンをはじめとする都市の生活と経済を詳細に検証したものである。資本主義経済が初期ないし中期の発展段階にある時代には，地域的矛盾はより多く都市で顕在化していた。

資本主義経済が高度に発展する段階に至ると，工業をはじめとして経済力が集中する都市部と，農業を基盤とする農村部の格差が顕著に拡大してくる。戦後の地方財政論の基礎を築いた島恭彦の『現代地方財政論』(1951年)は，その冒頭に**地域経済の不均等発展**の議論を置き，生産力や所得分配の地域的不均等の拡大を地方財政論の方法的基礎に据えた。そして，豊かな都市に対する貧しい農村という構図の不均等発展を基本的な内容とするこの議論は，その後の経済過程（高度経済成長）の進展とともに，やがて大都市と中小都市との不均等発展を含む議論へと豊富化されていった（宮本憲一の一連の業績等）。富が最も集中する空間であるはずの大都市において，深刻な社会的荒廃や地方財政危機が発生するといった事態が，現実に生じたからである。

他方で経済地理学のサイドからは，**産業立地論**的なアプローチで地域を論じることが行われた。資源の産地や商品市場からの距離は生産費の違いに反映する。港湾や鉄道，幹線道路のような社会資本の存在も企業の立地を規定する。それらの結果として産業の立地がどのように展開されるか，さらには国土の産業配置＝地域構造がどうなるか，といったことを論じるのである。個々の都市や農村ではなく，国土全体を見渡した産業配置の視点から地域をとらえるこの方法論は重要だが，他面でローカルなレベルで地域の自律性や**地域内経済循環**

を考えることの意義を軽視する傾向については，批判の対象とされている。

とはいえ，企業ないし産業の立地という観点から地域問題を分析する方法は，今日の地域のありようが資本の動向に大きく規定されていることからして，やはり不可欠である。多国籍企業を代表とする現代の大企業群は，広範な地域を視野に入れて事業所配置を行っている。中枢管理機能や研究開発機能は大都市に置き，製造現場は安価な土地・労働力や清涼豊富な水資源の得られる農村あるいは国外に配置する。経営を取り巻く事情が変われば，それらの企業内事業所の配置はただちに再編成の対象になるのである。

新古典派と呼ばれる理論経済学の主流の理論においては，地域は副次的な位置しか与えられていないと考えていいだろう。経済成長を最も重視する観点に立てば，投資の対象として効率性の高い都市が選択され，その結果大都市がより大きく発展するのは合理的な現象であり，地域的不均等や格差が生じているからといって政治的・政策的に資源配分をゆがめるのは賢明でないことになる。資本や労働力の移動を自由にすれば最適な均衡がおのずから達成されるはずであって，現実がそうなっていないとするなら，それは市場の十分な機能を妨げる何かが作用しているからにほかならない。市場原理一辺倒のこういった考え方に問題があることは多くの理論経済学者も認めるところだろうが，きびしい国際競争の中では，地域的不均等の拡大も相当程度までやむを得ないという見方が支配的なようである。

地域経済をめぐる理論のポイントを端的に言うなら，資本（とりわけ大企業）の投資行動との関連において，地域経済のありよう（なかでもその不均等発展）をとらえるということである。もっとも，それら投資行動や不均等発展を当然視，あるいはやむを得ないものとするか，規制ないし是正しなければならないものと見るか，あるいは価値判断を排除して純客観的に観察するにとどめるかは，論者によって異なる。したがってまた，政策的な対応の是非や内容についても意見が分かれるところである。

ところで地域経済論は地域論の基礎であるとはいえても，すべてでないのは言うまでもない。地域論の系譜をきちんと整理しようとすればもっと広い領域の研究をフォローしなければならないが，それは本書各章の仕事である。

3　地域づくりの理論

　地域経済に関する上のような議論を踏まえれば,「地域づくり」の経済的な論点もおのずから浮かび上がってくるだろう。資本の投資行動と住民生活の関係性を，地域でどう構築していくかという論点である。一方の極には，資本の投資活動に完全に依存した「企業誘致一辺倒の地域づくり」があり，他方の極には，企業誘致を完全に否定した「自助自律の地域づくり」がある。企業を誘致したくとも来てくれる企業が存在しないような地域では，余儀なく後者の道を選択せざるを得ない場合もある。

　地域づくりのさまざまな議論や理論については後章の記述に譲るが，基本的な点についてだけここで触れておこう。

　地域をつくる，とはどういうことか。地域は，それ自体として存在するのであって，何も人が「つくる」ような性格のものではないのではないか，と思われるかもしれない。しかし「地域づくり」という言葉が使われる背景には，地域がいま激しい変化の渦中にあること，それも放っておけばさまざまな問題が生じるような形で変化しつつあるという現実認識がある。またこの言葉には，地域のあり方は人々がビジョンをもって主体的に決めることができるのだという，メッセージがこめられている。よりよい生活や生き方を追求しようと思うなら，人々は流れに棹さすにしろ，流れに逆らうにせよ，地域がいま遭遇している変化の過程に能動的にかかわる必要がある。

　何の経済力も権力ももたない普通の市民・住民に，どうしたらそれができるだろうかと問うたとき，手がかりになるのは「資源」というものの考え方ではないかと思う。地域経済のありようを決定する主導権は資本が握っているとはいっても，経済的な富を創り出す源泉はあくまでも人間（人的資源）である。それも個々ばらばらな人間でなく，有機的に組織された人間の力（いわば「組織資源」）こそが，地域の固有な生産力の源泉たりうる。地域の中小企業，あるいはNPOなどがネットワークを構築して地域の活力を高めている事例は少なくない。

　さらにいえば，現代の大企業が地域に望んでいるのも，そういった地域資源の旺盛な活力なのではないか。大企業は確かに市場効率優先の行動様式をとるけれども，何も地域を破壊することを望んで行動するわけではない。自らにと

って手放しがたい貴重な資源を有する地域からは簡単に撤退しようとはしないものである。「大企業に選んでもらえる地域になる」というのとは違った意味で，大手資本との関係を重視した地域づくりを進めるのも大事なことである。

ところで地域の「資源」は，経済的な意味合いにおける資源ばかりではもちろんない。人はパンのみで生きるものではない。所得の低い農村部にあっても，それを補ってあまりある価値をそこに見出して暮らしている人々は決して少なくない。少子高齢化が進展する中で，地域における**関係の豊かさ**こそが，大いなる資源として価値を発揮する時代になってきた。またGDPにはカウントされない「**環境**」も，ますます価値を高めていくに違いない地域資源であることは言うまでもない。

本書第8章で詳しく紹介されている**内発的発展論**は，地域の内部に存在するさまざまな資源を，地域の住民や企業が自らの知恵と努力で活用して，地域内に経済循環を創り出し，主体的な地域づくりにつなげようという方法論である。それは過疎に悩む農村の「むらおこし」運動として自然発生的に生まれ，やがて「都市の経済学」の方法としてもモデル化されつつある。

内発的発展の基本的な成立要件の1つは「担い手」の形成である。だれが地域づくりを担うのか。いくら理論的に正しい指針が示されても，あるいは客観的な条件が用意されても，実際に地域づくりに取り組む主体＝人間がそこに形成されていなければ何も始まらない。またいくら有能な個人がそこに存在しても，1人の力で成し遂げられることは限られている。そこで必要なのが「組織論」である。地域住民組織のあり方，あるいはNPOに代表される新しい市民活動の誕生と発展の可能性を探ることも，地域論の不可欠なテーマでなければならない。

■考えてみよう！
(1) 皆さんの身の回りにどんな「地域問題」が存在しているか，できるかぎり挙げてみよう。
(2) 地域における人々の暮らしをより良くする上で有効な潜在力をもつ「資源」にはどんなものがあり，それらにどのような意味を付与することができるか，話し合ってみよう。

(3) 身近な地域で，地域づくりのために頑張っている人や組織を，新聞やインターネットでさがしてみよう。

■**参考文献**
①神野直彦『地域再生の経済学』中公新書，2002年
②水岡不二雄『グローバリズム』八朔社，2006年
③徳野貞雄『農村の幸せ，都市の幸せ』生活人新書，2007年

第Ⅰ部 地域問題と政策のあり方

第1章　地域開発から地域づくりへ

1　いま何故「地域づくり」なのか

　いま何故ふたたび「地域」が注目されているのか。**地元学**のすすめ，地域資源の再発見，**地域アイデンティティー**の確立，**地域ブランド**の創設，**地産地消**（ローカルフード）の推進など，地域を冠したさまざまな施策・取り組みが全国的に，全世界的に進行している。この背景として，1つは，政治・経済・社会・文化のグローバル化の中でローカルとしての「地域」がより鮮明に意識されるようになったことが指摘できる。市場・金融がいかに国際的枠組みの下に編成されても，地域の生活・生産活動，いわば域内経済の循環構造はよりローカルな性質をもつ。つまり，暮らしの場としての地域空間の再認識である。換言すれば，暮らしの場としての地域が消失しつつある現実にどのように対応していくかが問われている。

　既に大都市では暮らしの場としての「地域」が失われつつある。「核家族から個家族へ」，これを可能にしているのは，極度の個人化と商品化，つまり，個家族の生活（空間）が「直接」市場社会へと包摂されていることに他ならない。これまで，個の暮らしと市場社会の間には，家族や地域コミュニティーによる間接的なクッション機能（互助，相互扶助，共同，協同）が働いてきた。このような機能を徐々に商品化，市場化していく過程こそが現在進行しているグローバリゼーションの本質である。個家族や個人の暮らしを市場と商品で賄っていくという構造は，大都市部で先駆的に進行し，やがて地方圏，農村部へと広がっている。同様に，若者から始まった個別化・市場化の動向は，子ども，高齢者，家族全体へと広がり，全ての個人が直接に市場社会へと包摂されている。現在，多くの人々が感じている「生きにくさ」「孤独」「不安」は，不安定な存在である「個」が誰とも交わることなく直接市場社会の中で「暮らし」ていくことに

起因している。この場合の「暮らし」はいわゆる「地域」を必要としない。

　個人主義と市場原理主義の進展は，既存の地域との関係性を排除していく過程である。一方で，個別化，市場化が進めば進むほど，個人は失われた機能の回復を願い，新たな共同を求める。これが，前述した地元学，地産地消といったさまざまな活動や政策の推進の背景であり，ここでは「地域」の「暮らし」が大前提となる。グローバルからローカルへ，都市から農村へと注ぎ込まれてきた「個と市場」の包摂から抜け出し，「地域と暮らし」の関係の再構築が求められている。これからは農村（地方）から都市（中央）に対し，新たな地域の暮らしのあり方を提言していく時代である。今後ますます進行する少子高齢化社会において，個別化する子ども，一人暮らしの高齢者が市場社会との関係のみにおいて存立し得るのかを考えてみて欲しい。先行して少子高齢化社会を体現している多くの農村部，過疎・中山間地域は，なによりも「地域」と「暮らし」の再構築を求めている。ここでの地域づくりの実験は，農村部のみならず，地方都市，大都市へと影響を与える可能性をもつ。それは，新たな連携の模索であり，個と個を，市場と暮らしを，若者と高齢者を，都市と農村を切り結ぶ新たなネットワーク化に他ならない。

　以下では，現在生じているさまざまな地域問題について，その背景を概観し，これまで行われてきた地域開発政策との関係性について明らかにする。その上で，現在求められている地域づくりについて，その特徴と今後の展望を示していく。

2　日本における地域と格差

　地域は，政治・経済・社会・文化との関わりの中でさまざまな空間として把握されるが，全体（例えば国家）との相対的関係によって捉えられる。そこでは**地域間格差**（産業立地，所得，失業，過疎と過密）などいわゆる地域問題が発現している。

　世界規模で地域問題を考えると，例えば地球温暖化など環境問題に対する先進諸国と途上国の対立，石油・天然ガスなど資源に関する産出国と輸入国の関係，マグロ・鯨など回遊性漁業資源の採取規制やWTO体制と輸入自由化における食料輸出国と輸入国の対立にみる経済問題などさまざまな面で，地域と地

域，国家と国家の対立が先鋭化している。これらは，経済のグローバル化の推進により，より深刻な局面に達している。

　日本国内に目を転じても，都市部と農村部における産業立地や県民所得にみる地域間格差の問題，特定地域における産業の空洞化など，地域の問題がテレビのニュースや新聞紙面を飾らない日はないほど，問題は山積みとなっている。大学を出ても，地元に就職先がない。アルバイトをしながら大学に通いたくても雇用先がない，あっても時給が極端に安いなど，身近に感じる地域問題は多いと思われる。このような問題は，特に地方圏，農村部，もっと言えば首都東京から離れるほど（時間空間的にだけでなく関係性として希薄になるほど），深刻な状況となっている。

1　地域間格差をみる

　地域間格差は拡大しているのだろうか？　昔より拡大したかどうかは後述するとして，現状では実感として「格差はある」といわざるを得ないだろう。図1-1は47都道府県ごとに1人当たり県民所得，有効求人倍率，失業率をみたものである。

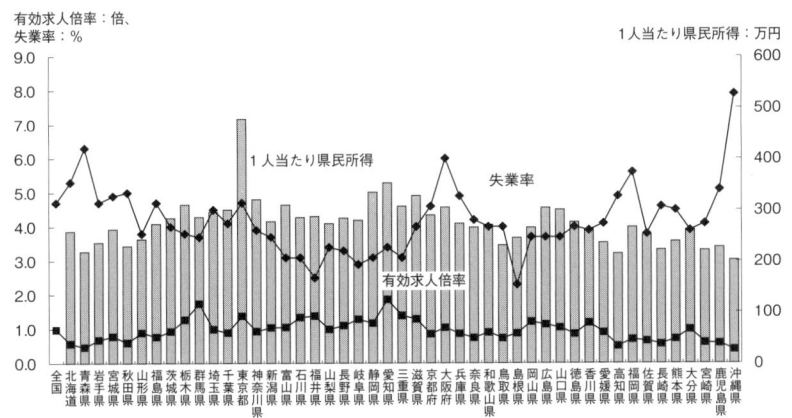

図1-1　都道府県ごとにみた1人当たり県民所得，有効求人倍率，失業率

出所：有効求人倍率は，厚生労働省「都道府県・地域別労働市場関係指標」『職業安定業務統計』2008年　失業率は総務省統計局『労働力調査（モデル推計値）』2005年による。
　　　1人当たり県民所得は，内閣府『県民経済計算』2005年による。

1人当たり県民所得では，東京都が477万8000円と最も高く，次いで愛知県352万4000円，静岡県334万4000円となっている。全国平均304万3000円を上回る都道府県は僅か9地域であり，上位の地域に多くの所得が集中している。地域的な特徴としては，京浜工業地帯・中京工業地帯・阪神工業地帯・北九州工業地帯といった四大工業地帯を含む太平洋ベルト上の高開発地域において，1人当たり県民所得は高い。一方で，1人当たり県民所得が少ないのは，沖縄県202万1000円，高知県214万6000円，青森県218万4000円となっており，地域的な特徴としては，九州・沖縄，東北・北海道といった東京からの遠隔地や，四国・山陰といった低開発地域が含まれる。太平洋ベルト地域とは逆にいわゆる裏日本の地域では，1人当たり県民所得が少なくなる。ちなみに福島県は272万8000円，全国25位となっている。所得の大小は，次にみる雇用状況とあわせてその地域内で満足な生活していくことが可能かどうかをみる1つの指標となる。

有効求人倍率に関しては，2008年1月の直近の数値をみていく。まず全国平均では1.0倍であり，最下値を示した1999年の0.48倍と比較すると回復基調にある。参考までに，過去の倍率の推移をみると，1990年1.4倍であったものがバブル経済崩壊後の93年には0.76倍と1倍を切り，その後2005年までの13年間1倍以下の水準で推移していく。1倍を切るということは，単純化すると就職を希望するもののうち必ず就職できない者が存在することを意味する。先に示した99年の例では，就職希望者2人に対し1社の求人しかないことを意味する。この場合，2人のうち1人は就職できないことになる。このような期間を指して就職氷河期と呼称していた。ここでは，このような有効求人倍率を都道府県ごとに示している。上位の県は，愛知県1.9倍，群馬県1.7倍，三重県1.4倍，東京都1.4倍となっており，三大都市圏（図1-2の注参照）以外でも域内に優良企業や好景気産業といった雇用機会を有している地域において高くなっている。逆に，低い地域は，高知県0.5倍，青森県0.5倍，沖縄県0.4倍となっており，1人当たり県民所得の低い地域と同様の傾向を持つ。福島県は0.8倍で33位となっている。これと関連して，**失業率**についてみていく。全国平均は4.7％であり，東京都，福島県も同水準となっている。失業率の高い地域は，沖縄県7.9％，青森県6.3％，大阪府6.0％，福岡県5.6％，北海

道5.3%となっており，低開発地域と就業人口の多い都市部が混在する形となっている。このような地域間格差の問題をジニ係数指標でみれば，一定程度の格差はあるものの以前と比較して大きくなっているわけではないという分析もある。しかし，高度経済成長期以降，形作られた開発度合いの差は歴然と存在しており，現状では不可逆な構造となって定着しつつあることが大きな問題であるといえる。

2　都市と地方の人口・所得差の推移

　地域の活力をみる指標の1つに人口規模がある。一定程度の人口規模があるということは，その人口を扶養する力（**人口扶養力**）があるということであり，具体的には，地域内産業の存在，つまり雇用機会，再生産可能な所得分配が域内において存在するということを示す。また，地域内人口は固定的なものではなく，出生・死亡などで増減する自然増減数と転入・転出などで変化する社会増減数がある。注目されるのは，社会増減数の変化による人口移動である。人は何故，移り住むのか。さまざまな要因が考えられるが，1つは安定した生活基盤の確保，つまり就業機会の獲得という要因が考えられる。つまり，大学卒業後，地元に就職したいという希望はあるが，地元には就業機会がない（有効求人倍率が低い地域である）。そこで，やむなく就業機会が多い都市部（有効求人倍率が高い，三大都市圏など）に卒業後，転出する。地方大学卒業生に顕著にみられる傾向である。ここでは，このような行動様式を念頭に置きながら，図1-2三大都市圏・地方圏における転入超過数と県民所得の推移をみていく。

　全体的な傾向として，地方圏から東京圏への人口流出が進んでいる。第1の波は，1960年代の高度経済成長期である。1961年には，三大都市圏の転入超過が65万人（東京圏36万人，名古屋圏7万人，大阪圏22万）を越え，逆に地方圏では66万人の転出超過となっている。この期は，地方圏の農家の次男，三男などが集団就職で三大都市圏に移住した時期であり，日本の人口の大移動が生じた。1973年のオイルショックに向けて移動の波は収束していくが，1980年代に入り再び人口移動が活発化する。第2の波であるバブル経済期の1987年，東京圏の転入超過は16万人であり，地方圏は同規模の転出超過となっている。この期の特徴としては，大阪圏，名古屋圏に大きな動きはなく，東京圏

図1-2 三大都市圏・地方圏における転入超過数と県民所得の推移

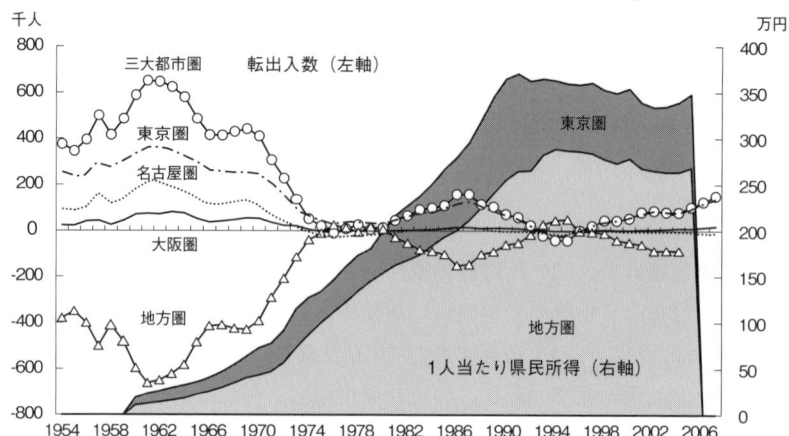

注：大都市圏間の移動は含まれない。日本人についてのみ。－は転出超過を示す。なお，本図の地域区分は次のとおりである。東京圏：埼玉，千葉，東京，神奈川の1都3県。名古屋圏：岐阜，愛知，三重の3県。大阪圏：京都，大阪，兵庫，奈良の2府2県。地方圏はそれ以外の合計。

出所：転入超過数は，総務省統計局『住民基本台帳人口移動報告年報』により算出。1人当たり県民所得は，内閣府『県民経済計算』各年より算出。

のみに転入の波が生じている点である。そしてバブル経済崩壊後，人口移動の波は収まり，95年には三大都市圏が減少に転じ，地方圏が増加するという逆転現象が起きている。

しかし，政府発表では戦後最長の景気拡大が続いている現在（2008年）では，第3の波として東京圏のみの転入超過が進んでいる状況となっている。**東京一極集中**は第2の波の時期からみられる傾向であるが，現在では収束の気配がみえないほどの進度で進んでいる。1人当たり県民所得における東京圏と地方圏の差をみると，徐々に拡大しながらも併進して増加してきたものが，バブル経済期以降，格差を有しながら固定化しつつある。また，第3の波において最大の問題は，少子高齢化の進行に合わせ日本の人口自体が減少局面に転じている点である。その中での東京一極集中，地方圏の転出超過傾向は何をもたらすのか，現在の日本の地域政策において最大の課題である。

3 地域問題の発現

　以上みてきたような日本における地域間のさまざまな「差」はどのように形成されてたのであろうか。これらは，偶然の産物ではなく，意図的に形成されてきた地域の差であることに注意が必要である。この場合の意図とは，戦後（厳密には戦中から）推進されてきた国土計画，地域開発政策に他ならない。ここでは，戦後の地域開発政策の展開に焦点を当てながら，何によって現在のような地域構造が形成されたのか，地域の差は何故生じるのかをみていくこととする。

　先にみたように，地域間の格差は存在する。しかし，それが問題であるかといえば論者によって見方は異なる。格差を是とし，それにより新たな経済成長を描けるという論調では，**限界集落や小規模自治体**は「コスト」であり，「再編」「リストラクション」の対象である。**国際都市**としての東京に資本，人口，サービスが集中していくのは当然であり，渋滞の緩和など表層的な問題はあるものの，構造的な問題として捉えることはない。しかし，逆の立場からみると，限界集落や小規模時自治体であっても，地域住民にとってそれが生まれ故郷であり，生活空間である場合，その地域は「コスト」でも「再編」課題でもなんでもない。そこには，ただ自分が依拠する地域で生活をしていきたいという地域住民の最低限の望みがあるだけである。同じように，東京で生活していたとしても全ての住民が国際都市としての再開発を望んでいるわけではない。

　これらの相違は何に由来するのかといえば，経済成長を最優先する**産業の論理**と安定した生活空間の確保を望む**地域の論理**の矛盾であるといえる。岡田知弘は，このことを「資本の活動領域としての地域」と「住民の生活領域としての地域」という2つが経済発展の過程で分離し，かつ前者の範囲が拡大していることによる問題であると指摘している（参考文献①）。地方，住民は，大都市，産業・資本に対して明らかに弱い立場にある。だからといって両者が地域という空間において衝突し，そこから生じる矛盾を一方の立場が一方的に被る必要はない。なぜなら地域の形成は資本・産業と地域・住民の両者によって担われない限り，持続的な発展はありえない。過去の公害問題や，現在進行中の環境問題への対応には，2つの地域主体の接近が求められている。

3 地域開発政策の展開と現段階

　これまでの日本の地域開発政策は，国家主導の国土政策，**全国総合開発計画**（全総）を中心に，トップダウン的な「開発」政策であったといえる。つまり，地域の主体性を重視しボトムアップ型の「地域づくり」という概念は当初は念頭に置かれていなかった。あくまでも国家主導の開発計画を地域が受容するというのが戦後日本の地域開発政策の特徴である。このような国家主導の地域開発政策は，戦時期から始まり，戦後の全総に受け継がれていくことになる。

1　戦後における特定地域総合開発計画

　終戦後，占領下の日本では経済復興が喫緊の課題となっており，その中でも低開発地域の開発計画の策定はGHQにおいても，日本政府においても大きな課題であった。そこで1950年に**国土総合開発法**が施行され，それに伴い全国19地域において総合開発を重点的に実施する特定地域総合開発計画が策定された。その結果，河川総合開発方式による電源開発事業が中心事業となり，農村部にはダム開発とそれに伴う電源開発交付金の受給がもたらされ，都市部では電源地で生み出される電力により重化学工業化と都市化が進むという，現在の都市と農村構造の原型を形成することとなった。特に福島県は，「只見特定地域総合開発計画」に指定され，電力開発を強力に推進し首都圏への電力供給に資するべく，国策としての地域開発政策が遂行されることとなる。現在，福島県側（只見川流域の市町村）には，**電源立地地域対策交付金**がもたらされ，電源立地地域の経済的な振興に大きな役割を果たしている。同交付金は，発電用施設（原子力発電施設，原子力発電関連施設，水力発電施設，地熱発電施設，火力発電施設）の立地地域とその周辺地域で行われる公共用施設整備などの事業に対しての交付金であり，いわゆる迷惑料的な性格を有する。しかし，この交付金により低開発な中山間地域の地域振興が図られてきたのも事実である。もっともハード事業を中心とした公共事業による地域対策という側面は否めず，この性格は現在にも継承されている。

2 高度経済成長と全国総合開発政策

1950～53年の朝鮮戦争による特需を背景に，日本経済は奇跡の復興を遂げることとなり，これ以降**高度経済成長期**（1955～74年）に突入する。この中で1960年には国民所得倍増計画（池田内閣）が策定され，1962年にはその地域版への焼き直しとも言われる全国総合開発計画（全総）が策定された（表1-1）。この計画の特徴は，日本列島上に所得倍増計画の開発拠点（新産業都市）を建設していくというものであり，**拠点開発方式**と呼ばれている。開発拠点となった地域には，集中してインフラ整備（道路，用水，港湾整備など）が実施され，それを基盤として**企業誘致**を行うという方式である。この全総を総括すると，拠点開発と企業誘致を実施した地域では公害問題が頻出し，開発を行ったにも関わらず企業誘致に失敗した地域では，投資の効果が現れず財政危機を引き起こすという事態に陥り，結果としては失敗という評価となっている。

表1-1 日本における地域開発政策と産業構造の変化

経済成長率（実質GDP）%／年率	地域開発政策	関連項目	産業構造	産業構造のコンセプト
明治初期（1886年）2.4			農業社会	「労働集約型産業」
明治・大正（大戦前）3.9			工業化（軽工業）	産業革命 イギリス100年前 アメリカ・ドイツ50年前
第2次大戦後（1945年～）8.0		1945年終戦 1950年国土総合開発法 1950-53年朝鮮戦争	工業化（重化学工業初期）	「資本集約型産業」
高度経済成長（1955～74）11.1	第1次：全国総合開発計画（全総）(1962年) 第2次：新全国総合開発計画（新全総）(1969年)	1960年国民所得倍増計画	重厚長大型（重工業・素材型）	
オイルショック（1973～85）不景気 4.4	第3次：第三次全国総合開発計画（三全総）(1977年)	1971年ドルショック 1972年日本列島改造論（田中角栄）1973年オイルショック	軽薄短小型（重工業・加工型）	「知識集約型産業」
バブル期（1986～91）4.0	第4次：第四次全国総合開発計画（四全総）(1987年)	1986年前川レポート 1987年リゾート開発法制定 1991年バブル経済崩壊	サービス経済化	
バブル崩壊 1992～ 平成不況～現在 1.4	第5次：21世紀の国土のグランドデザイン－地域の自立の促進と美しい国土の創造－(1998年)	1994年WTO加盟 1998年まちづくり三法制定 2000年大店法廃止・地方分権一括法	国際化・IT化	

この全総の失敗を踏まえ，1969年には**新全国総合開発計画**（新全総）が策定された。これと関連して，1972年には田中角栄による『日本列島改造論』が著され，日本の地域開発政策は新しい段階に入ることとなる。新全総では，日本全国を対象として，工業基地化，レジャー基地化，都市化を図り，それらの地域を高速交通網（高速道路，新幹線）によって接続させるという計画を推進した。これにより，公共事業が各地域で実施されることとなり，**土建国家**の原型が形作られることとなる。しかし，このような成長路線は，1971年ドルショック，1973年オイルショックを契機に急速に収束していくこととなる。

3　構造不況下における三全総・経済構造調整下における四全総

　オイルショック以降，景気後退局面の中，1977年に第三次全国総合開発計画（三全総）が策定された。三全総では，前期までにはみられなかった構造不況という時代背景のもとに，「限られた国土資源を前提として，地域特性を生かしつつ，歴史的，伝統的文化に根ざし，人間と自然との調和のとれた安定感のある健康で文化的な人間居住の総合的環境を計画的に整備すること」を目的とした。開発方式としては，定住圏構想を打ち出し，大都市への人口と産業の集中を抑制する一方，地方を振興し，**過密過疎問題**に対処しながら，全国土の利用の均衡を図りつつ人間居住の総合的環境の形成を図るとしている。しかし，新全総で打ち出した公共事業の推進は継続して行われており，大幅な進路転換を図った施策とはいえない。

　続いて，1987年には第四次全国総合開発計画（四全総）が策定される。これは，前年1986年の前川レポートによる**経済構造調整政策**（対米公約である内需拡大）を実行するための計画である。具体的には都市再開発と地方圏のリゾート開発（1987年リゾート開発法制定）のために大規模な公共投資（430兆円）を行うというものであり，全国的な開発投資の狂乱の中，地価高騰に伴うバブル景気（1986～91年）が到来することとなる。東京一極集中が進んだのもこの時期である（前掲図1-2）。

　この間の大規模開発と公共事業の展開は，この後のバブル経済崩壊後の日本に大きな影を落とすこととなる。

4 平成不況と五全総

バブル経済崩壊後の日本経済は不良債権問題や財政問題など国内的な課題とともに，WTO加盟（1994年）を契機としてグローバル経済へと舵をきることとなり，新たな局面へと突入した。このような中，1998年には，**21世紀の国土のグランドデザイン——地域の自立の促進と美しい国土の創造——**（五全総）が策定された。これは，①地球規模（グローバル）化（地球環境問題，大競争，アジア諸国との交流），②人口減少・高齢化，③高度情報化を時代背景として計画され，一極一軸型から多軸型国土構造へという目標が掲げられている。多軸型国土構造の形成を目指し，その中で各地域の選択と責任に基づく地域づくりを重視するというものである。投資総額を示さず，投資の重点化，効率化の方向を示すという文言に示されるように，公共事業のばらまき方式からの脱却が模索されている。地域ごとにみると，大都市では，リノベーション（大都市空間の修復，更新，有効活用）という再開発を重視し，農村部では，多自然居住地域（小都市，農山漁村，中山間地域等）をキーワードに都市との交流拠点としての役割を求めていくという計画となっている。

過去の全総との最大の相違点は，地域の自主性を重視し，**ボトムアップ型・提案型**の地域政策を展開していくという方向性を示している点である。しかし，本当の意味で開発基調からの転換が図られているのか，地方主導の政策策定が可能となっているのか，産業の論理一色ではなく地域住民の生活の安定や向上に寄与する政策が実行されるのか，など，つぶさに検討していく必要がある。

4 地域開発から地域づくりへの転換

地域開発政策の変遷を辿るとそれぞれの時代の要請に従い，ある時は主体的に，ある時は受動的に地域開発を行ってきた。国土の均衡ある発展，国民所得倍増計画というスローガンは，地域間格差を縮小し，国民所得を平均化することを目的としてきた。しかし，現実には，特定産業，特定地域に偏った開発が施される一方，ばらまき型の公共事業の展開など，効率性，公平性，持続性という面で，大きな課題を残した。

現在，地域を取り巻く環境は大きく変化している。五全総の段階では，地域

を取り巻く環境を大きく，グローバル化，少子・高齢化，情報社会化と定義し，それへの対応として新たな国土のグランドデザインを標榜している。しかし，グローバル化や少子高齢化は全国一律の問題として発現しているわけはない。多くの地方都市ではグローバル化への対応が困難であり，地域産業の空洞化などの問題が発現している。過疎中山間地域では高齢化率の高い町村が数多く存在しており，それらは限界集落の問題として取り上げられている。また，行財政改革と地方分権の問題は，平成の大合併を伴い，このような状況に拍車をかけている側面があることも指摘しておく必要がある。現在の地方分権の推進は，行財政改革による地方の切り捨て，地方への押し付け的側面が強く表れ，地域問題をより助長する可能性を有する。このような中で，地域の主体的対応による地域づくり，地域の自立的運営は可能なのか，この具体的検証が求められている。これまでの地域政策のあり方を検証するとともに現在求められている地域自立化の道を探っていく必要がある。

1 地域の活性化と産業振興の課題

現在日本は，財政再建の名の下に補助金・公共事業などの中央主導の構造政策が削減され，地方では官依存・外来的な経済振興が見込めない状況にある。これは，経済不況による一時的な縮小均衡路線ではなく，外部依存的な地域経済の枠組みそのものが構造的に成立し得ないことを意味している。何故なら，資金・資源（人的・物的）・政策など地域計画に必要な要素を域外から調達することは，将来的にこれらの要素を外部に依存することになり地域内蓄積が成されず，地域の創造性・発信性を喪失させることに繋がるからである。このことは，域内の企業家行動を抑制し，創造的破壊，新結合という技術革新の自発性・連続性を喪失させることになり，地域経済の発展を阻害することとなる。このような構造的な問題が日本の経済発展，地域産業政策を疲弊させた根源的な要因となっている。さらに，現在進行している経済のグローバル化の影響は，国民経済の枠組みを超え，地域経済レベルでの対応を余儀なくさせており，国・地域レベルにおいて，地に足のついた地域づくり運動の構築が必要となっている。

このような状況に対して，**地域主義思想**に基づいた地方自治の確立，地域経

済の自立が推進されている。地域経済の自立の道は，地域の経済的自立に向けて，地域内の経済循環を高度化させることで，地域内における多元的な付加価値の滞留，新たな雇用機会の創設，ビジネスチャンスの創造に繋げることにより可能である。域内循環の高度化とは，具体的には地域産業の成熟による生産体系の高度化を指し，これは産業集積による地域特化の経済性の追及とこれに伴う関連産業ネットワーク構造の多層化に他ならない。つまりは，地域産業の振興が移出産業としての機能を発揮することにより域内収支を向上させ，地域経済を活性化し，これが資源・資本・人材の域内蓄積に繋がり，地域経済の自立的運営を可能にするという図式である。

ここでの問題は，第1に地域ごとに産業形成の条件と地域振興の課題が異なるという地域構造の問題であり，第2にどのように地域産業を振興することが，地域経済の活性化に繋がるかという方法論の問題である。

2　地域づくりの地域性

第1の地域構造に関してみると，日本の産業地域は，大きく農業地域，工業地域，経済サービス地域に分けられる。これらの地域は，特定産業の集積により形成されており（もちろん成熟度合い，複合度合いなどの差異はあるが），その形成過程と形成主体によって類型化が成されている（参考文献②）。①伝統的に形成された中小企業群で構成される地場産業型，②企業誘致などに代表される企業城下町型，③大都市の機能性に吸引される都市型に分類される。また，伝統的形成つまり地域資源を基礎とした産業地域形成に関しても，その振興を開発政策に委ねたものか，地域内部的に成長したものかという形成主体の相違によって区分される。これらの類型は，工業及び経済サービス地域において一般的である。農業地域においては，伝統的な農業地帯という地域特性を重視した①地場産業型の形成がもっとも多いが，農協・農政主導型産地やアメリカに見られる②企業城下町型に類似した構造を持つ農業地域形成もみられる。また，農業地域は生産，加工・包装，流通などの各工程を単一企業体内で処理することが一般的であり，生産ネットワーク構造を産業的にではなく，「農家」的に内包しているものといえる（資本主義経済において農業地域は都市との対抗軸として捉えられることから都市型形成は当てはまらない）。

これら日本の産業地域は，都市型集積の経済サービス地域と産業政策により形成された企業城下町型・都市型工業地域に集中しており，日本の経済発展の基礎となっている。しかし，これら都市・工業地域においても構造不況，経済のグローバリゼーションの中での存立が危うくなっている。ましてや，経済的に劣位である農業地域ではより深刻な問題となっており，地域の経済活動の維持が困難な状況になっている。それは，国際的にみた比較規模の問題，農業地域の持つ外部依存的な性格による構造問題，他産業と比較した農産業の特性の問題，農産業の地域構造（地域的分布）の問題，から派生しており，日本の地域産業振興及び地域経済の自立化を考える上で，もっとも重要な産業地域として位置付けられる。

3　内発的な地域産業振興

第2の方法論に関しては，内発的な地域産業振興が必要である。これまで，日本の地域開発政策に適用されてきた企業誘致型，企業城下町型，財政支援型など外来型の地域振興モデルは地域振興の梃子（てこ）となったことは確かであるが，資本主義経済の高度化・国際化の中でほとんどの地域が停滞局面に移行している。このことは，地域の論理と産業の論理の矛盾とずれを端的に示している。企業・産業の取り合いという面では，有限な資源を有効に配分するという名目で，政府の政策介入の余地が大きく，地域にとってはかえってその独自性を喪失させる結果となってきた。また，地域は，域内経済の振興を望むのに対し，企業・産業側は集積の経済的な優位性が存在している間は域内に存立する合理性が働くが，一度その優位性が崩れた時，容易にその方向性を転換できるからである。さらに言えば，外来型の地域産業振興は，将来有望と思われる先端技術分野に偏りがちであり，実際，日本における公的インキュベーターによる地域イノベーションは，情報関連ベンチャー・ビジネスなどの育成・振興に集中している。これらは，その地域特有の産業ではなく，人材，資源などを外部から調達することで成立するものであり，稀に成功したとしても，後進他地域（台湾・シンガポール）や先進集積地域（アメリカ）に吸引・流出してしまう。特に国際化を前提としたこれからの地域産業振興のなかでは，域内企業の国際化，流出，空洞化という道程が容易に想起できる。地域の空洞化を前提とした

産業政策は地域経済の発展に寄与しない。この最大の要因は地域特性を軽視した産業論理重視の構造政策推進とその形成主体を外部に求めたことに他ならない。

これに対抗する振興方策を考えてみたい。地場産業形成に代表されるような既存の地域資源（人的・物的）の活用を基礎とし，地理的・自然的条件を有効利用するという内発的な地域産業振興である。**内発的地域産業振興**は，地域の持つ不分割な特性を生かし，地域内の生産主体が中心となり地域内に埋め込まれた産業を自立的に活性させるものである。その条件としては，①域内の企業間・業種間に地域を特色付ける特定産業との関連性があり，産業特化地域が形成されていること，②その形成には地域資源の有効活用による集積の経済が効果的に表れていること，③構造再編に対応した技術や人材の地域蓄積が存在すること，④産業集積による地域的な生産体系が形成されていること，⑤その生産体系の中心に生産主体が位置付いていること，⑥これらが歴史的・制度的な要因によって強化されていることである（参考文献②）。

農業地域の経済的自立化には，農業地域が農産業を基盤に持つが故に存在する特性（地域資源，人材，生産基盤）を重視した内発的な産業振興が必要であり，その産業は地域を特色付ける農産物・関連産業に他ならない。その発展には生産体系の高度化による関連産業の多層化と域内蓄積が必要であり，そのためには内発的に産業形成が成されていることが条件となる。また，農業地域が国際的な枠組みのなかで自立的に存立するためには，地域産業が国際化に対応した新技術・新部門を導入し構造再編を成し遂げ，それにより地域経済を自律的に運営する条件を整備することが必要である。この構造再編・地域運営の中心となり，地域開発・企画機能を担う主体を地域内に求める必要がある。

4　地域づくりの課題

では，国家主導，トップダウンではなく，それぞれ地域が自主的に地域づくりを推進していくためにはなにが必要なのか。言い換えれば，いま地域に必要なことは何かという最大の問題に突き当たる。ここでは，5つの視点を提示したい。

第1は，地域内の**企画力**形成である。これは，人材育成であり，人的資源の

域内蓄積を目的としている。新しい時代の地域企画・開発機能を果たし得る人材をどのように域内に滞留させるかが問われている。

第2は，地域振興の主体を地域内部に求めることであり，逆に言えばそのことの困難性でもある。現在，地域内の各関係要素を連携させ，域内の合意形成を図ることが求められているが，問題点としては，これまで地域振興を担ってきた自治体や農協など機関・組織が広域合併（平成の大合併）を経験することで，地域振興の主体として役割を果たし難くなっている点である。

第3は，産業振興とそのための財源確保の問題である。地域を特色付ける産業は何か，**地域内再投資力**の構築が求められる（参考文献①）。

第4は，地域づくりの範囲と組織の問題である。これは，市町村単位の振興の限界性の指摘である。本当に必要な範囲はどこかということにも繋がる。例えば，ある優良事例では地域づくりに成功していても隣接する町村では，停滞ないし成功事例への原料供給基地としての位置づけに留まっているなどの問題が指摘できる。

第5は，地域リーダー依存による継承性の問題である。現在，地域振興がうまく機能していない市町村では，リーダー不在の地域が多い。地域振興に成功している地域の多くは，強力なリーダーが存在し，地域住民を牽引し，優れたリーダーシップを発揮した結果というケースが多い。では，このような強力なリーダーの存在しない地域はどのような地域振興政策を進めればよいのだろうかという問題である。

以上を踏まえ，新たな地域づくりにおいては新しい層からリーダーを育成していく必要がある。また，多くの地方（特に農村部）では，地域振興の課題として**雇用の場**（所得）の確保を挙げている。これは根本的な問題である。雇用といった場合，過疎中山間地域では工場誘致は困難である。新たなリゾート開発といっても財源的にも難しく，また外部資本に依存した観光開発もうまくいかない。夕張市の破綻（2007年3月，財政再建団体）は典型的な事例である。このような中，自分たちの足下を見つめ直し（地元学），今ある地域資源を活用した産業を振興することが必要となる。産業振興の目的は利益の追求ではなく，雇用の場を確保することだという認識が重要となる。多くの農村地域で何ができるかを考えれば，農林漁業をうまく組み合わせていく必要がある（6次

─ コラム① ─

都市と農村を結ぶネットワーク型地域づくり
――南会津「伊南」の産直屋台を福島大学生が実践――

　旧伊南村は2006年3月20日に，田島町，舘岩村，南郷村と合併し，南会津町となった。福島県の南西部に位置し，総人口は1784人，総面積の約90%を山林・原野が占める。伊南地区は中山間地域であり，特別豪雪地帯に指定されている。少子化傾向にあり，高齢化も進行している。旧伊南村は只見特定地域総合開発計画に指定された地域であり，同交付金を受けることで，公共施設建設を実施してきた。また，四全総下では，リゾート開発にも着手し，温泉施設，スキー場などを整備しており，まさに国家主導の地域開発政策の受け皿として位置づいてきた地域である。

　現在の伊南地区の課題は次のように整理できる。①少子高齢化の進展：高齢化率45%，②自治体・農協ともに合併し支所へ，③若年層の流出，④基幹産業の停滞（農産物価格の低迷，担い手不足，構造改革路線への立ち遅れ），⑤リゾート開発の失敗（再生産構造を構築できず），⑥地理的，気候的条件の不利性。このような中，主体的な地域政策を展開したくても，マネジメントをする人・組織が構築できない状況にある。

地域振興の実践・産直屋台　2006年4月の合併以降，活力が失われている伊南の町を活気づけようと，福島大学経済経営学類の小山良太ゼミナールの22名，清水修二ゼミナールの10名，福島大学まちづくりサークルの28名，計60名で地域調査を開始した。伊南の地域振興計画の作成に携わるなど，これまでもまちづくりの活動を後押ししてきた。地域振興をさらに模索する中，福島の中心市街地にある「ふくしま屋台村こらんしょ横丁」から伊南の魅力を発信することを思いつき，屋台村を運営する福島商工会議所青年部と協議の上，南会津の産直屋台をプロデュースすることになる。アンテナショップの名前は産直屋台「いなGO」。空き店舗をそのまま活用し，2007年7月20日（金）から9月29日（土）の毎週金曜日と土曜日の17：30～25：00の営業をおこなった。南会津町の食材「鮎」「会津地鶏」「山菜」「伊南納豆」「伊南豆腐」や地酒「イチョウ焼酎」などを提供した。実際，伊南の住民も参加し，伊南の風土や特産品，観光など直接話を聞くこともできるように人員配置をした。

　単に飲食店で料理を提供するだけではなく，学生はメニュー作りに始まり，商品の注文から仕入れ，原価計算，調理，販売，接客，経理など，実社会に即

した経営全般にかかわる。出店に合わせて来客者に対するアンケートや屋台村の経済効果なども調査した。

産直屋台「いなGO」の効果　この取り組みでは，地方都市と地方農村の双方による連携で行われる地域づくり戦略を，「地方都市と農村を結ぶネットワーク型の地域づくり戦略」と位置づけている。本取り組みの成果は，第1に中山間地域の小規模原料産地であった伊南地区に食品加工，流通販売過程を導入することで付加価値の域内滞留を可能とした点である（6次産業化）。また，少量多品目という原料販売ではデメリットである特徴を逆に生かし，域内原料を料理という最終商品段階まで加工することにより，総合的に販売することを可能とした。

　第2は，地域間交流の実現である。産直屋台「いなGO」を単なる飲食店ではなく，伊南地区の総合アンテナショップとして位置づけた。そこでは，観光案内，体験ツアーの窓口としての機能を果たした。その結果，取り組み終了後，福島市近郊住民が参加した伊南ツアーを実現している。これを受け，現地では，グリーンツーリズム，修学旅行受け入れ等に発展している。

　第3に，地域づくりに対する住民意識の向上と地域共同体の再組織化である。伊南では，まちづくり協議会を核とした集出荷体制が試験的に運用され，さらに，郷土料理研究会という住民組織が発足した。伊南郷土料理研究会は，伊南の郷土料理について学び，実際に調理し，周辺地域・次世代に伝えていくという試みである。毎週2回の活動を行い，住民15名程度が参加している。中には若い世代も参加している。

　伊南だけでなく店舗が立地した福島市の中心市街地でも，地域間交流以外にも宣伝効果，集客効果，結果としての空き店舗対策など，さまざまな波及効果がみられた。実際に，今回の取り組みで借りている店舗の今期平均売上は，昨年同時期の平均売上を超えている。集客は22日間で述べ約1000人を動員した。これは8席しかない屋台では驚異的な数字である。また，ふくしま屋台村における潜在客層，特に20代を中心とした層の集客にも成功しており，中心市街地活性化へ向けた効果を示せたと考えられる。ここに，地方都市と農村を繋いだネットワーク型地域づくりによる，過疎農村地域の経済停滞解消と中心市街地活性化の糸口を見出せる。

産業化）。6次産業化とは農畜産物の生産（第1次産業）だけではなく，食品加工（第2次産業），流通，販売（第3次産業）にも地域が主体的かつ総合的に関わることによって，加工賃や流通マージンなどの今まで第2次・第3次産業の事業者が得ていた付加価値を，生産者自身が得ることで地域を活性化させようというものである。加工や調理段階まで域内で行うことで付加価値を滞留させる6次産業化や**少量多品目産地**を全面展開する**総合産業化**により雇用の場を創出することが必要となる。府県の小規模な農村部，過疎中山間地域農業では，ロットを確保することは困難であり，少量多品目の小規模な農業が主流である。これは現在の農産物流通の中では不利な条件となる。規格もまとまらないし，量販店との取引は難しい。しかし，最終商品段階までの経路を整備し，独自に販売することが出来れば，多品目生産は逆に有利に働く条件となる。

地域内での生産，加工，流通までの一貫した事業システムを構築し，第1次産業における原料供給部門としての位置づけから脱却し，第2次産業，第3次産業も含めた「6次産業化」が今後の地域振興の1つの方向だと考える。

■考えてみよう！
(1) 6次産業化について，具体的な事例を考えてみよう。
(2) 地域間格差はなぜ生じるのか，その背景を解説した上で，あなたの考える解決策を考えてみよう。
(3) いま何故，各地域は独自に「地域（まち・むら）づくり」をしなければならないのか？　今までは，何故しなくてもよかったのか？　経済のグローバル化・規制緩和・財政赤字・公共事業削減・地方分権・平成の大合併，などの用語をもとに考えてみよう。

■参考文献
①岡田知弘『地域づくりの経済学入門』自治体研究社，2005年
②伊藤正昭『地域産業論』学文社，2000年
③中村剛治郎『地域政治経済学』有斐閣，2004年

第2章　グローバリゼーションと地域産業政策

1　グローバリゼーションと国際化

1　グローバリゼーションとはなにか

　グローバリゼーション（Globalization）とは，地球規模で複数の国家や社会の人・モノ・カネの結びつきが強くなることをいう。そのため，この用語は経済活動のみならず，政治，社会，文化面でも使用される。ここでは市場経済化の観点から，地球規模での産業・企業間の地理的な緊密化をグローバリゼーションとする。また，グローバリゼーションは，交通・通信・情報などの整備や，科学技術の発達，法体系の整備やデファクトスタンダード（事実上の標準）の普及によっても促進される。

　グローバリゼーションと似た言葉に**世界経済**がある。この世界経済は，3つの時期から構成されている。

　1つは，16世紀の西ヨーロッパで始まった地理的拡大や技術革新を伴う経済圏の発達を意味していた。これは中核となる国家や都市を中心とし，周辺に労働や生産の分業体制を形成する体制である。

　2つ目は。19世紀になると国民経済の出現と国際諸関係のシステムを指す「国際化」（Internationalization）が進んできた。**比較生産費説**（リカード『経済学および課税の原理』1819）は，このような時代を背景に，資本・労働は移動しないことを前提とした国際貿易論として登場してきた。

　3つ目は，1971年の「金・ドルの交換停止」（ドルショック）によって「変動相場制」に移行したことで，**グローバリゼーション**時代に入ったことである。これは「規制緩和」によって，金融のグローバリゼーションが本格化し，財・サービスの交換（流通とネットワークの発達）が世界的規模で急激に拡大したためである。国民経済の相互関係を分析することを否定して，資本主義経済を基

本単位として「システム」に重きを置く分析，**世界システム論**がウォーラーステインによって提唱されたのもこの時期（1970年代末）である（参考文献1）。

グローバリゼーションの成立時期をめぐっては，19世紀はじめに多国籍企業（ドイツのシンガーなど）がすでに成立していたという説や，1914年のイギリス資本による外国投資は，既に国内総生産の1.5倍に達していたという説もある（参考文献②）。しかし，人・モノ・カネ・企業が，一国の枠組みを越えて自由に移動できるようになり，それが世界中に広まっていくようになったのは1971年以降だった。

その後，グローバリゼーションは「市場の法則」を原理とし「規制緩和」を梃子に推進され，WTOやOECDなどの世界機関もこれに同調していった。これには，保護主義的な国家間の対立が戦争などを引き起こさないようにさせるという大義名分もあったが，国際ルールの制定は国内規制にとって代わることもあるため，雇用問題や政府の権限が制限されることにもなった。

また，グローバル多国籍企業の出現は，各国の競合する商品を駆逐し，金融のグロール化は一番儲かる場所への資金移動を促進し，「オフショア市場」や「タックスヘブン」などを生み出した。また，投機的な資金の動きが金融市場を撹乱し，「アジア通貨危機」や「サブプライムローン問題」などを引き起こしたり，金融危機を大きくしたりするようになった。

2　国や地域経済への影響

グローバリゼーションは国や地域経済にマイナスの影響を及ぼすことがある。たとえば，産業空洞化によって国民経済や地域経済が破壊されるという指摘がある。農林業，商工業，サービス業など世界規模での産業競争（メガコンペティション）を惹起することから，ヒト・モノ・カネ・情報の国際的な流動が起こり，大企業，中小企業を問わずこの流れに巻き込まれていく。そのため，劣勢が明らかとなった産業地域では，失業者の発生，企業倒産や産業空洞化が起きて問題地域化することがある。当該国や地域の産業政策はこのグローバリゼーションへの対抗策として人材育成，新技術開発，財政優遇措置などが必要になるが，ターゲットを絞り込んだ政策を効果的に打ち出せていないのが現状である。

日本の現状は，基幹産業である農林業が市場の停滞・縮小傾向にある中で，外国産農産物との価格競走に負けて厳しい経営環境に置かれたままである。製造業においても，消費者は同一性能であれば価格の安いほうに流れるので，競争に敗れた企業は転廃業するか，賃金の安い外国に工場を移転するかの選択を迫られるようになる。商業・サービス業においても，より先進的・効率的なビジネスモデルが旧来の商慣習を破壊（流通の再編成）している。たとえば，ウォルマートによる西友の子会社化など流通業への外資参入や，トイザらスによる玩具業の再編・淘汰や，外資系保険会社の躍進など枚挙にいとまがない。

　このグローバリゼーションの流れに対して日本の産業政策は，農業においては経営規模の拡大と生産コストの削減，高付加価値農産物への転換，地産地消の推進などを掲げているが，食料自給率は40％（2005年度：カロリーベース）と低い水準に置かれたままである。製造業では，新産業分野への取り組みや，産学官連携に基づく産業クラスター計画などへの取り組みが見られるが目覚しい経済効果を上げるまでには至っていない。また，消費者との利害関係が絡む商業・サービス業分野では，グローバリゼーションに対する積極的な施策はほとんど見られない。

　しかし，地域企業の倒産・廃業を別にしても，企業が海外に出て行くことによって，残された企業がより難易度の高い製品作りに挑戦したり，海外事業所が新規に顧客を獲得したり，企業の国際ルール（会計基準など）を学んで本社にこれを伝えたりするなどして，逆に企業体質が強化されることもある。また，外資系企業の日本進出によって，雇用の創出，海外の先進的な経営・技術が導入されるなど「接触の利益」が発生することによって，より濃密な取引関係が構築できるメリットもある。当然，日本に進出しても，現地化がうまくいかないと，日本の法制度や商慣行，雇用制度，立地戦略の失敗（誤った立地）などから撤退を余儀なくされることもある。フランスの流通大手カルフールの撤退などが例として挙げられる。

　グローバリゼーション時代における地域産業政策もこのような視点から，①海外進出に意欲のある地域企業の発掘と支援，②外資系企業の誘致と定着化，③それにグローバリゼーションに負けない地域企業の経営体質強化策の3つに整理することができる。このような視点から，グローバリゼーション時代にお

ける地域産業政策の実態と課題について，東北地方を対象に検討を行っていくことにする。

以下，東北の現状を踏まえながら，貿易，海外進出，外資系企業の東北地方への進出実態を分析し，次いで各県別の施策を概観して，グローバリゼーションと地域産業政策について考えていくこととする。

2　東北地方の地理的基礎

東北地方は，奥羽山脈が南北に走り，その日本海側には出羽山地，越後山地，太平洋側には北上山地，阿武隈山地が平行して走っている。このため，太平洋側と日本海側に面した地域で河川が流れる場所には平野が，山脈や山地に囲まれた地域では盆地が発達した。特に奥羽山脈西側では会津，米沢，山形，新庄，横手盆地が連なっている。

東北地方の交通体系はこのような地形を基礎に，経済効率を優先して形成されてきた（図2-1）。つまり，東京との接続（南北軸）が優先されたため，1980年半ばまでは国道4号線と東北本線の活用が，それ以降は，東北自動車道と東北新幹線の活用が重視されてきた。しかし，他の地方よりは経済発展が遅れていたため，国内における交通体系整備の優先順位は決して高いとはいえなかった。それに，港湾も規模が小さく，全国の特定重要港湾23港指定のうち，東北は仙台塩釜港（仙台港）のみの指定となっている。国際定期コンテナ航路は韓国（釜山），中国航路を中心に，北米航路（八戸，仙台港に寄航），東南アジア（八戸，仙台港）に就航している（2004年）。国際定期航空路線は，青森，仙台，秋田，福島の4つで計38路線となっている（2004年）。うち仙台が25路線となっており，上海，ソウル，台北，大連，長春，北京，グアムなど北東アジアを中心に路線が組まれている。他の空港も福島（上海），青森（ソウル，ハバロフスク），秋田（ソウル）となっている（2004年）。アジア中心の航路・空路編成は，おのずと企業の事業活動の地理的範囲をも制限することになる。

人口は，約1200万人（2005年：対全国比9.7％）が7万9000km^2（同21.0％）の土地に暮らしている。そのうち東北最大の仙台市都市圏は人口約156万人（2000年）となっている。仙台平野に比べ，その他の平野は狭く，盆地にも多

図2-1 東北地方の高速道路・空港・港湾
(2002年)

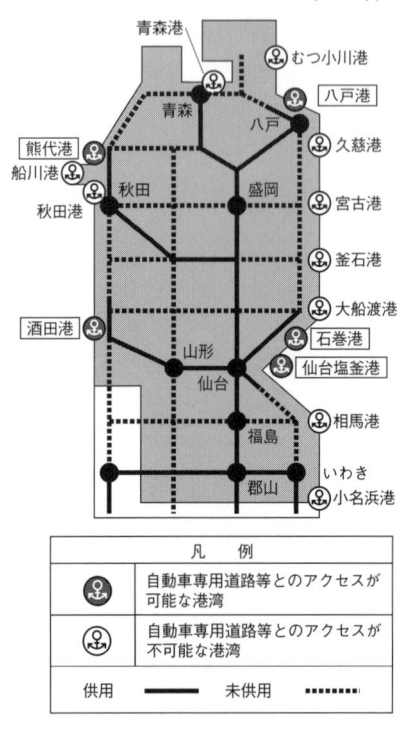

出所：国土交通省東北地方整備局資料より。

くの人が暮らしているため、産業地帯の形成と広がりに欠けるきらいがあった。また、歴史的に人材、食糧、鉱産資源の供給基地としての役割が与えられてきたことから、産業の高度化に遅れ、恒常的に人材流出が続いている。

こうした、地形条件、交通インフラ、大都市圏への人口流出、市場の狭隘性などが原因となって、時には結果となり、東北では地域企業の成長が限られてきたのである。結果的に、東北の地域産業政策は、東京依存型の経済体制（企業誘致や支店経済）の構築・強化と、気候・地形条件の克服を兼ねた交通インフラの整備による時間距離の短縮を求める施策に重点化され、企業の海外進出支援は後手になった。

多くの地域企業にとって、東京という大市場に比べたら、海外市場は情報が少なく、移動も東京経由でアクセスすることが多いので、限られた経営資源の投入という点からリスクが大きい。

また、東京など大都市から進出してきた企業は、部品や製品の輸出は行えても、海外進出の意思決定は本社で行うため、あえて海外進出を考える必要はなかった。こうして、東北に立地する企業のグローバリゼーションは遅れることになった。

3 東北地方の貿易構造

　東北経済産業局の『企業活動基本調査』(2005年度：従業員50人以上，かつ資本金または出資金3000万円以上の会社)によれば，東北全体について，2000年度(回答企業数119社)の直接輸出額は約2714億円だったが，2002年度(同109社)に約3629億円となっている。輸出比率(直接輸出企業の売上高で除した割合)でみると，2000年度が15.5％で，2002年が24.7％，2004年が18.5％となる(図2-2)。

　東北でもっとも直接輸出額が大きい福島県(以下，断りがない限り県市を省略)は，ヨーロッパ729億円，北米616億円となっている。地域別輸出先(3347億円)では，アジア1505億円(45.0％)がもっとも多くなっている。製造業別では，山形が非金属鉱物製品29億円，金属及び同製品63億円，一般機械165億円，輸送機械0.5億円，その他商品43億円と，5部門で東北一となっている。

　東北各県別直接輸入額(2004年度)では，福島の768億円が最高で，次いで宮城609億円，山形401億円となっている。産業全体では，製造業が154社中121社(78.6％)を占めており，残りは卸売16社，小売11社，サービス業6社

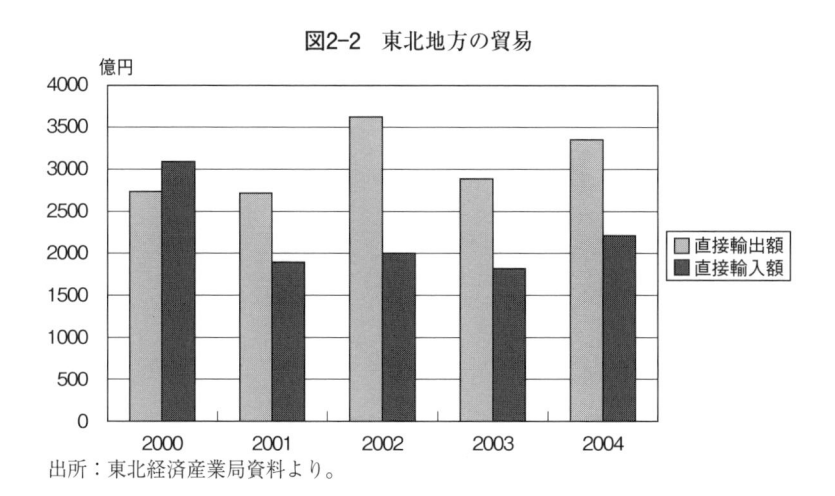

図2-2　東北地方の貿易

出所：東北経済産業局資料より。

となっている。地域別輸入（2208億円）先では，アジアが1657億円（75.1％）ともっとも多くなっている。その内訳は，福島485億円，宮城467億円，山形384億円の順となっている。製造業の内訳については，福島が一般機械525億円，精密機械79億円，その他商品26億円の3部門で東北一となっている。

4 東北系企業の海外進出と外資系企業の東北進出

1 海外進出の実態

東北地方の海外進出事業所（事務所，工場等）は2005年度現在，279件となっている（表2-1）。国別では中国151件（54.1％），次いでアメリカ25件（9.0％）となっている。県別では，山形が119件，宮城59件，秋田52件の順となっている。

県別に見ていくと，青森は，アンデス電気がフィリピンで環境・健康機器の開発・販売を行っている。

岩手は中国が19件で，次いでフィリピン6件，アメリカ4件となっている。欧米への進出では，ドリームアクセスのようにカナダでソフトウエア開発やマーケティングリサーチを行う企業や，三菱製紙のように，アメリカで写真感材，インクジェット用紙等の中南米向け販売，ドイツで情報用紙の生産と販売を手がけている企業がある。中国へは，香港をはじめ，深圳，東莞など華南地域に13件の進出がみられる。ここでは，オリエントサウンド（スピーカーの開発，製造）のように，香港と深浅で2つの工場（この他，杭州にも1件）を立地させている。

宮城は，中国に32件進出しており，アメリカにも5件進出している。宮城の特徴はアイリスオーヤマとNECトーキンの複数事業所による海外立地である（合計22/59件）。アイリスオーヤマはアメリカ1，中国3，韓国1，オランダ1となっている。6件中4件はプラスチック日用品を生産しているが，その他2件（いずれも中国）は木製品と木製家具，ペット用品を生産している。中国大連市（3工場）への拠点化は，人件費の削減や広い敷地で自由なレイアウトで工場設計を行って生産性を高める以外に，中国市場の成長を見込んだ進出という意味もある。NECトーキンは，タイ2，アメリカ2，中国6，シンガポール1，ドイツ1，台湾2，ベトナム1，フィリピン1へ進出している。この中

表2-1　東北地方の海外進出先（2005年）

	青森	岩手	宮城	秋田	山形	福島	合計
中国		19	32	32	65	3	151
アメリカ		4	5	5	10	1	25
フィリピン	1	6	2	1	3	1	14
タイ			3	2	9		14
韓国			3	6	2		11
台湾			2		7	1	10
その他		12	12	6	23	1	54
合計	1	41	59	52	119	7	279

出所：東北経済産業局資料より。

で，海外生産拠点となっているのは中国2，ベトナム1，タイ1などで，それ以外は営業拠点や事務所となっている。取り扱い製品は電気通信機器用電気磁気材料・部品及びその応用部品である。その他，宮城で複数工場体制を敷いているのは8社21事業所となっている。

　秋田は中国に32件，韓国に6件，アメリカに5件進出している。秋田縫製3件，秋田山商ソーイング5件など繊維関係の事業所や，秋田県産2件，フルゥール，エムアンドエム5件など，相対的に小売・卸売り企業が多いのが特徴的である。

　山形は中国に65件，アメリカ10件，タイ9件となっている。中国は東北三省に20件，華南に15件，華東に14件，華北に3件となっている。全般に電気・電子機械部品が多いが，東北三省は食品（斉藤食品の山菜・きのこ），張家港では機械部品（ハッピー工業の多頭式刺繍機械製造）なども生産している。山形県（『やまがた東アジア経済戦略』2006年）の事例報告によれば，食品A社は大連市で生産を行い，日本向けに輸出している。立地理由は，原料となる山菜及びきのこの入手が可能だったためである。中国国内には日本向け規格外となった商品の1割程度を販売している。一方，食品B社は北京のイトーヨーカ堂向けに販売するなど，中国内販を行っている。また，大連からヨーロッパ向けにも輸出している。中国に次いで進出の多いアメリカでは，東北パイオニアのスピーカー生産や，マルトダイの味付けいなりなど，ハイテク製品の範疇に入らないものでも生産や販売を行っている。

　福島は中国に3件，アメリカ，フィリピン，台湾にそれぞれが1件ずつ進出

している。このうち山本電気は中国上海で家庭用ミシンの製造を，台湾では家庭用ミシンのモーターを製造している。当該資料では，福島は海外進出が7件となっているが，当県の経済規模からすれば，少ないため福島県（『福島県企業国際化実態調査報告書』2007年）から補足した。これによると，海外には308件の進出が確認されている。その主な内訳は，中国が123件と最多で，次いで，アメリカ36件，タイ23件，フィリピン15件，台湾11件，韓国10件となっている。中国を地域別に見ると，華東は62件，華南23件，香港・マカオ18件，華北13件，東北三省11件となっており，他県が東北三省で大きなシェアを示しているのとは対照的である。

2 外資系企業の東北進出の実態

経済のグローバリゼーションは，東北から人，モノ，カネ，情報，商品，企業が海外に進出していくということだけでなく，他国・海外他地域からも東北の人材，資源を有効活用して事業活動を営んでいこうという動きも活発化させる。それは世界企業にあっては世界立地戦略の一環であったり，小さな外資系企業にとっては東北にある人材の有効活用であったりする。いずれにしても，東北対複数の国や地域との相互浸透が進みつつある。

国土交通省の報告『東北地方の国際戦略構築に関する基礎調査』(2005年)によれば，外資系企業の全国立地（1900〜2003年）は1991年が22件ともっとも多く，1998年に3件と最低だった。これに対し，東北は2003年の0件以外は毎年1〜3件で推移している。2005年現在，東北に立地している外資系企業は53件で，県別内訳は青森1件，岩手8件，宮城18件，秋田0件，山形12件，福島14件となっている。

2008年3月，これらに該当する外資系企業3社から，進出動機，立地要因，操業をしていく中でのメリット，デメリットについて電子メールにて回答を得ることができた。

これによると，岩手県北上市の医療関連産業のM社（2007年末：本体従業員786人，2006年の年商283億円）は，2003年6月にPET検査（ポジトロン断層撮影）用診断薬の事業に進出することを決定し，以降順次全国8ヵ所（札幌市，東京，小田原，豊田，京都，神戸，岡山，久留米）に製造拠点（ラボ）の建設を

— コラム② —

チャンスとリスクを見極めた中国進出を！

　中国で既に事業活動を行っている日系企業を対象にした調査報告が，JETRO『中国進出日系企業の実態と地域別投資環境満足度評価』(2006) に掲載されている。これによると，回答企業879社のうち黒字が60.7％，均衡が28.7％，赤字となっているのは10.6％となっている。また，投資環境について尋ねた質問では「電力・エネルギー供給の安定性」(53.7％)，「税関手続きの煩雑さ」(53.2％) を問題にする企業が半数を超えている。主な都市・開発区の評価について，まず大連（経済開発区）では，インフラ，生活環境，優遇税制などで評価は高いが，裾野産業，法制度では評価が低い。天津（開発区）では，インフラで評価が高かったが，裾野産業，法制度，生活環境，労働力などで，評価が低かった。この他，蘇州（工業園区）は四川省に次いで評価が高い。

　このような，中国での事業活動の評価・現状に対して，東北経済連合会は，さらに東北地方の企業・団体（進出済みや未進出も含む）を対象にアンケート調査を実施している（『中国ビジネスに関するアンケート調査』2006年）。

　これによると，中国ビジネスに興味があると回答したのは41.8％であった。実際に業務提携を行って事業活動を行っている企業・団体で，ビジネスが「順調」と答えたのは44.5％，直接投資のみを行っている企業・団体で「順調」と答えたのは19.0％にとどまっている。問題点としてはWTO加盟後，税制や法制度，金融制度などの整備が急速に進んでいるものの，実施細則などの作成遅延によって，法制度全体が不明確・不安定であることが指摘されている。中国ビジネスに関心を持つ理由は，海外市場の開拓，原材料・部品の調達，コスト低減が可能といった点にある。ただ，必要な情報が得られない，適切なパートナーが見つからないといったジレンマもある。そのため，今後中国でビジネスを考えている企業は，パートナー企業との連携，公的機関の支援活用，展示・商談会等への参加などを考えることが多い。また，中国ビジネスを考える場合の関心地域として，華東（上海など）が多くなっている。

　この他にも，中国は，企業所得税の一律化による優遇税制の見直しや，労働契約法の改正によって，従来の人件費削減型企業の事業活動は厳しさを増しているとする事業所もある。また，環境保護重視から追加投資を余儀なくされている事業所も出てきている。中国への進出を希望する企業は，中国市場の将来性にだけ目を奪われることなく，チャンスとリスクを見極めた判断が求められる。

進めた。2005年9月に保険適用を受けた後に一斉に供給を開始した。東北地区に関しては，2006年5月に全国で9番目のラボとして開設することを決定し，2007年4月に竣工，2008年3月から操業している。各ラボの建設地の選定は，医療ニーズが高く，交通網のハブ地点に近く，かつインフラが整っていることが重要な要素であった。また，病院内で独自にサイクロトロンを導入設置し，自家製造を行っている施設の設置状況等も勘案して地域を決めた。この背景には，供給するPET検査用の製剤FDC（フルデオキシグルコース）注射液に用いる放射性同位元素F-18（フッ素18）の物理的な半減期（放射能量が半分になる期間）が110分と非常に短いため，供給できる地理的範囲が限られ，出来る限り高速道路等を利用して短時間に配送する必要があったためである。北上を選定した理由は，東北は配送エリアが広いため，高速道路を利用しやすい立地が必須であったためである。よって，北上金ヶ崎インターに近く，また電気などの必要なインフラが整備されている当地を選定した。このような立地条件に加え，当工業団地が地方自治体（北上市）の所有地であったために，民間取引より安心だったことや，北上市からさまざまな支援やバックアップを得られたことも大きかった。

　F社（盛岡）は，デジタルカラー複合機やネットワーク関連機器の販売とアフターケアを行う会社である。創業以来直接販売方式を取ってきた。そのため1983年から地元に密着した代販営業戦略に切り替え，地元で知名度の高い企業と資本提携を行ってきた。当社は各販売会社の中で最後に設立された会社（1993年3月）である。当初，販売会社（出資比率51％以上）構想はなく，特約店（出資比率50％未満）として展開する予定だったが，希望に叶う販売店が存在せず，やむなく販売会社として設立することになった。岩手県は北東北地区の中心に位置しており，また盛岡は支店経済圏としても中央の出先も数多くあり，設立時は多くのメリットがあった。ところが交通網の整備などにより，支店経済圏が弱まってきて，中央の出先が仙台に移るようになると，支店の数が減少してきた。また，官公庁においても契約方式が随意契約から競争入札に切り替わるなど，市場環境が大幅に変化してきている。このため，メリットよりデメリットのほうが最近は大きくなってきている。

　半導体のデザイン研究を行うS社（仙台）は，もともとモトローラ社と東芝

の合弁による半導体製造会社として 1987 年に設立された。2001 年に合弁解消によってモトローラの子会社となった。2004 年にアメリカの S 社の子会社として再発足している。当デザイン開発研究センターは，日本における設計開発と品質保証の中核拠点である。440 名が働き，東京に設計の一部分，安城（愛知県）に自動車向けの品質保証・検査拠点があるほかは，エンジニアリングに関する業務をすべて同センターが担っている。販売額は日本のみで 434 億円（2006 年）である。当地に立地したのは，交通の便，人材確保，誘致条件などが要素となっている。操業中のメリットとしては，職住接近による便宜性（通勤時間など），職場の環境（緑地，騒音など）があげられる。

M 社の事例は核となる病院の立地を前提に，一気にラボの全国配置を行い，空間の距離の克服を高速道路に求める方法をとっている。もともと M 社の世界戦略は日本市場の攻略にあるわけで，この核となる病院の全国分布は，地方に M 社を誘致する要因となっていたのである。F 社は，日本で事業活動を開始してから長い年月を経ており，回答した担当者も外資という感覚はないと答えるぐらい現地化が進んだ企業である。ここでも，立地経緯は官公庁や支店・支社との取引という核となる事業所の存在を前提としていた。S 社は研究・開発指向が強く，研究者など人材確保面からの経営環境が優先されている。このように地方における外資系企業の誘致には市場の存在や経営環境の良さなどをアピールしていくことが必要になっている。

5 地域産業政策の取り組み

ここでは東北各県別に，県と JETRO 県事務所の貿易振興・海外進出への取り組みについて検討していく。このうち県の取り組みについては東北経済産業局聞取りと県の HP を基に，JETRO 県事務所については電子メールにてアンケートを実施した（2007 年 10 月）。

青森県の取り組み　青森は，2005 年 5 月に中国大連市に「青森県大連ビジネスセンター」を設置し，アドバイザーからの助言や，商談スペース，事務作業のスペースを提供している。また，海外産業経済交流推進事業，中小企業

グローバリゼーション促進事業，青森・大連ビジネス資源等調査研究事業，対中国農林水産物促進事業などの事業を行っている。この他，中小企業が販路開拓などを目指し，海外ビジネスに挑戦する場合のリスク軽減のために，市場調査などの初期費用を補助する海外ビジネスチャレンジ特別集中支援事業補助金も用意している。JETRO青森によれば，農林水産関連の支援策が充実していると見ている。

　岩手県の取り組み　岩手は2005年に，中国大連市に岩手県大連経済事務所を宮城県と共同で設置した。ここでは，県内企業の対中ビジネス支援（電話相談，アテンド，マッチング調査），中国経済の情報収集，経済交流プロジェクトの支援（商談会・展示会の支援など）を行っている。また，シンガポールにも北海道，青森，秋田と合同で事務所を設置していたが，2008年3月に閉鎖している。ソウルでも合同で事務所を設置している。

　施策としては，国際化セミナー，大連商談会，中小企業東アジア経済交流モデル調査事業，いわて農林水産物輸出促進協議会開催（日本食レストランメニュー提案，商談会等），中国，台湾，韓国への輸出促進事業，生産者輸出チャレンジ支援対策事業などを行っている。

　JETRO盛岡でも，県内企業で海外への投資を考えている企業を対象に個別に投資相談を実施し，必要な現地投資情報を提供している。また，東アジアへの投資を考えている企業を対象に東アジアビジネス研究会を開催し，研究会に所属することで企業同士の情報の場を提供している。さらに，必要に応じて企業にアドバイザーを派遣し，社内勉強会も開催している。岩手県企業の海外進出に対する課題としては，安価な中国製品の流入や少子化による国内市場の縮小により，県内企業の海外進出熱は高まっているが，十分な準備や計画をたてないまま，海外進出調査を行い，計画途中で頓挫するケースが散見されるとみている。

　宮城県の取り組み　宮城の国際経済課は，JETRO仙台と連携して「グローバルビジネスセンター」を運営している。ここでは，進出先のビジネス環境・規制等の基本情報について，JETROのHPによる情報提供に加えて，「実践グローバルビジネス講座」を月1回程度開催し，実践レベルでの情報提供を行っている。

海外進出に係る相談への対応については，海外ビジネスに必要な専門的知識を有するエキスパートを「みやぎグローバルビジネスアドバイザー」として登録し，県内企業からの相談に乗っている。また，海外での商談機会等の提供については，中国，香港，台湾における商談会・見本市を開催，または海外事務所（ソウル事務所，大連事務所）の活用により，提携先等とのマッチングを支援している。

ソウル事務所（1992年設立）では，韓国経済に関する情報収集および提供，宮城県内企業の韓国内活動支援，宮城県のPRと韓国人観光客誘致，韓国企業への各種情報提供，各種文化，スポーツ活動支援などを行っている。また中国大連事務所（2005年設立）では，宮城県企業の中国における活動支援，県の観光PRと中国観光客の誘致，県内企業と中国企業との商談会支援，中国経済・中国企業に関する情報の収集などを行っている。たとえば，食品の輸出を促進するため，商談会出展者に対して，経費の一部を補助して商談を行う「東北フェアin上海」（事務局：宮城県）の実施，東アジアとの経済交流促進事業や，岩手・宮城と共同で農林水産物についての商談会を大連で開催している。

海外進出を果たしている県内企業の多くは，比較的規模が大きく社内体制も整っており，制度資金等の活用もなされている。また，県の支援を受けずに独力または関連企業の協力のもと海外進出を果たしているケースも多い。県の国際課の支援事業は，中小企業を中心に活用されており，実践グローバルビジネス講座による情報収集，みやぎグローバルビジネスアドバイザー（2007年現在：20名登録）相談事業などを行っている。

宮城県の企業の課題としては，海外進出を進める上で必要な言語対応のできる人材，基本的な貿易知識，対象国内の制度やビジネス慣行を理解する人材，現地法人を統括するための管理能力を有する人材，海外進出前後のリスクマネージメントができる人材などが不足している。また，投資環境に関する情報収集，進出先における情報収集のためのネットワーク構築ができていないこともある。

このため，支援を行う県としては，専門知識を有する人材の確保や実際のビジネス現場での最新情報を常に把握しておく必要がある。しかし，専門知識を有しつつ，実際のビジネス現場で活躍する人材は首都圏に集中しており，その

確保は難しい状況にある。

　JETRO仙台は，宮城県と協力して各種海外見本市の出展支援などを行っている。また，貿易投資相談アドバイザーを配置し，各種問い合せにも対応している。このほか，輸出有望案件発掘支援事業を通じて，県内企業の海外進出を支援している。宮城県企業の海外進出に対する課題として，県内中小企業は，海外進出に対してあまり意欲的ではないため，海外進出するメリットを，セミナー等を通じて知らせていかなければならないと考えている。

　この他に，県経済のグローバリゼーションにとって大きな構造変化が起きようとしている。それは2007年10月，第二仙台北部中核工業団地（大衡村）にトヨタ系のセントラル自動車が進出を表明し，2010年から操業することを発表したことである。県はこれを受け，工業団地の造成，大衡村奥田地区に新たなICを開設，仙台港の整備など矢継ぎばやに施策を打ってきた。トヨタはロシアのサンクトペテルブルクに工場を新設したことから，シベリア鉄道を利用した部品輸送が始まることが予測されている。そのため港湾整備は，自動車部品や完成車の輸出を見越した動きといえる。同様に秋田港においても輸出港として注目が集まっている。

　秋田県の取り組み　秋田は4道県合同でソウルとシンガポールに事務所を出している（岩手の取り組み参照）。県の施策は海外見本市出展支援事業，コンテナ航路の船社に対して岸壁使用料などの補助を行う秋田港利用促進事業，シンガポール事業や，県産農産物・食品輸出促進事業，県産材海外需要開拓事業，ロシアウラジオストクでの商談会を行う対岸貿易振興事業，アメリカやイギリスで行われる国際食品見本市への出展を行う特産品輸出戦略強化事業などを行っている。

　国際物流の多様化という点で2007年に，秋田港と韓国（釜山港）・中国（天津新港）航路が約2年ぶりに再開された。特に釜山港航路は週4回となっている。また同年4月より，秋田港とウラジオストク港間で，RO/RO船（自動車自走式専用船）がトライアルで寄港中である。RO/RO船は自動車などクレーンを使わずに積み込めるので，中古車輸出などに向いている。

　JETRO秋田の取り組みや見方では，当事務所は2005年度よりスタートした「輸出有望案件発掘支援事業」を通じて貿易投資相談や海外市場別セミナー

を行って，県内企業の海外進出に役立っていると考えている。たとえば，企業が新たに海外に輸出を行いたい場合，取引先を紹介したり，海外に現地法人設立を考えている企業に現地法令・規則等に関する情報提供などを行ったりしている。企業の海外進出に対する課題としては，海外企業とのコミュニケーションの問題がある。たとえば自社内に英語，中国語など，今後のビジネス対象地域とのコミュニケーションに必要な語学を習得した人材がいないため，海外から引き合いを受けても，迅速な対応ができないなどの問題がある。また，海外の展示会に自社製品を出品しても，企業プロフィールや自社製品パンフレットの現地語版やプライス・リストを用意していないため，具体的な商談ができないなどの問題が起きている。

山形県の取り組み 2005年5月に山形県ソウル事務所を設置し，県内事業者への活動支援を行っている。また県内事業者の韓国における活動を支援するための情報収集も行っている。山形県は報告書（『やまがた東アジア経済戦略』2006年）を策定し，同戦略に基づき県下企業の国際展開支援に係る施策を実施している。個別の施策としては，ハルピン市で開催される経済貿易振興会への企業支援，香港市場での販路拡大を狙ったYAMAGATAフェアイン香港，海外貿易コーディネータを置いて海外取引の支援を行う事業などを行っている。また「カロッツェリアプロジェクト」が，フランス・パリで開催されたインテリア国際見本市「メゾン・エ・オブジェ」（2008.1）に参加した。ここでは，県内企業5社が開発した新製品11品を「山形工房」の名で出展している。

JETRO山形の取り組みや見方について，JETRO山形は「山形県経済国際化推進協議会」という任意団体の事務局を運営している。ここではセミナー・講習会，海外ビジネス支援デスク，助成事業などを行っている。具体的には，山形県の電機・電子機器関連で海外展開している企業と常に情報交換を行っている。たとえば，チャイナリスクを回避するため他国にも拠点を展開したい企業があれば，企業単独で判断するのは難しいので相談に乗っている。また，2005年より農産物の輸出にも取り組んで，香港，台湾，タイの高級食料品スーパーや百貨店の食料品売り場に定番商品として置かれるようになった。これはJETRO山形を中心に，海外の小売業者やバイヤーに対応できるチームを作って取り組んだ。販売方法も，大きなイベントは行わず，ターゲットとする市場

や扱う商品の的を絞って，海外の小売業者との対話を通じて取引を継続させる戦略が功を奏した。山形の海外進出に関わる課題としては，製造拠点を新たに他地域に設置する時のプロジェクトや，知的所有権侵害などの事故に遭遇した際の対応について，企業に専門的に対応できる人材が少ないことである。

福島県の取り組み　2004年7月に，中国上海に福島県上海事務所を開設した。主な業務は，福島県産品の輸出販売の促進，中国へ進出を希望する県内企業に対しての情報提供，訪問先の紹介，中国における法律会計に関するトラブルを解決するため専門家による相談窓口の設置，中国企業への情報提供，福島（小名浜）〜上海定期貨物コンテナ航路の利用促進，産学官連携をテーマとした大学間交流の支援，中国湖北省との経済交流などを行っている。また，福島県国際経済交流推進協議会で，見本市出展への助成，講座開催，海外取引の信用調査などを行っている。

JETRO福島の取り組みや見方では，県内中小企業の海外進出に資する支援事業は，①最新の投資環境やビジネス事情など「海外情報」のタイムリーな提供（例：インド，ロシア及び中国東北部の最新ビジネス事情及び投資環境紹介セミナーの実施），②「貿易投資相談」の実施を通じた個別相談への対応，情報提供及びコンサルテーションの実施など，③海外事務所による投資環境，税制等諸制度関連情報の提供，2007年度には，県内中小企業のベトナム進出支援の一環で，現地法人設立，工場建設をテーマに，「海外ビジネス実務研究会」を開催した。課題としては，①相手国に関する情報が入手しにくい，②自社で対応可能な人材の不足がある。

6　課題の抽出と地域産業政策

東北経済の東京一極依存体制の形成は，自然，社会経済，交通，歴史的条件などによって形成されてきたことは事実である。このため，地域企業の育成が遅れ，結果的に東京など大都市からの企業誘致が地域経済の浮沈を握ることとなった。企業のグローバリゼーションは遅々として進んでいないのが実情である。

そのような中で，東北の貿易構造について整理するなら，輸出入は製造業を中心に行われ，アジアとの貿易が多いことがわかった。製品別輸出では山形が

満遍なく1位であるが，福島は電気機械に特化している。輸入はアジアで福島，宮城，山形の順に取引きされている。

東北系企業の海外進出を業種別で見ると，情報通信機械器具製造，電子部品・デバイス製造，電気機械器具の合計で48.4％となっている。このうち，宮城は大企業による複数事業所立地に特徴があり，秋田は小売・卸売り企業が相対的に多いのが特徴的である。山形は全般に電気・電子機械部品が多く，福島は他県に比べて東北三省への進出が少ないことが指摘できる。全般に南東北（宮城，山形，福島）における立地件数の優勢が目立つ。

最後に，県やJETROによる企業のグローバリゼーションに対する地域産業政策について考える。

冒頭の課題設定①の「海外進出に意欲のある地域企業の発掘と支援策」について，まず貿易に関して，輸出入相手国や事業所進出国と東北の間の輸送ネットワーク（空路や直行航路）が確立して，企業が自由にビジネスを行えるかどうかである。各県ごとに貿易相手国，企業の進出地域に相違があるので，この点のきめ細かな取り組みが求められる。また，企業の進出国や進出地域が集中している場合は，現地でのトラブル解決支援策も必要になる。県の現地事務所の運営についてであるが，現地コンサルタントの活用や，金融機関との連携，地元県の大学で卒業した留学生の活用などが考えられる。また，宮城では地元中小企業の海外進出意欲が低いことや，専門知識を持った人材不足，山形のように意欲はあっても杜撰な事業計画で失敗するケースなど，進出以前の啓発教育も重要である。さらに，リスクマネージメントに精通した人材確保・育成も大事である。現地の情報収集だけでなく，成功・失敗企業の事例研究とそれを踏まえた政策作りも大事である。

課題設定②の「外資系企業の誘致と定着化策」について，外資系企業は世界戦略の一環として進出してくる場合が多いので，市場・経営環境を具体的に絞り込んだ提案型の企業誘致が必要である。たとえば，セントラル自動車の宮城進出もトヨタの世界戦略の一環としての国内配置（筆者注：ロシア・中国への部品輸送）であるとトヨタの奥田相談役は述べている（「河北新報」2007.10.30）。

課題設定③の「グローバリゼーションに負けない地域企業の経営体質強化策」について，企業のグローバリゼーションを推進するだけでは，地域は活性

化しないのは明らかである。そのため，海外進出によって成功している企業を核にした地域産業集積を産学官で構想していくなど工夫が求められる。また，国策としての急激な規制緩和は避けて，少しでも時間をかけながらグローバリゼーションの影響を「学習」していける政策づくりも必要である。

　今後も国民経済の枠を簡単に乗り越えて，より一層世界が相互に結びついていくことは想像に難くない。よって，グローバリゼーションは，今後も地域において産業・経済の優勝劣敗を明確にしていくと考えられる。これに対して，地域産業政策は国の政策同様に，効果的な政策がなかなか打てないのが現実である。その原因は，外国製製品やサービスに対して規制を行ったりできないという外的要因以外に，地域の側の人材不足，情報不足，財源不足，ノウハウ不足であったりする。しかし，今までの検討結果からグローバリゼーションを踏まえた地域産業政策は，これまでの「規制と誘導」以外に「支援と連携」も大切だということがわかった。このような視点を重視しながら，今後の東北地方の地域産業政策を構想していく方法があると考える。

■考えてみよう！
(1) みなさんが知っている身近な外資系企業を取り上げて，国や地域別にいくつ事業所があるか調べてみよう。そして，国や地域別の分布の特徴やその理由も考えてみよう。
(2) みなさんが中国にソフトウエア会社を作る場合，上海市と大連市のどちらがいいかを，JETROのHP（http://www.jetro.go.jp/indexj.html）などから現地情報を集めて議論してみよう。
(3) グローバリゼーションが地域に与えるプラス面とマイナス面を整理してみよう。

■参考文献
①松原宏『経済地理学』東京大学出版会，2006年
②J. C. リュアノ＝ボルバラン，S. アルマン（杉村昌昭訳）『グローバリゼーションの基礎知識』作品社，2004年
③山下永子『地方の国際政策』成文堂，2007年

第3章　都市の階層と格差問題

1　都市概念の曖昧性

　「都市」という言葉は非常に曖昧であり，その定義は困難性を伴う。地域を分ける方法として一般的なのは地方公共団体（自治体）としての分け方であり，「市」「町」「村」の三区分が一般的である。その中で，人口規模が一定以上の地域である「市」を都市とした場合，2008年1月30日現在で，日本国内で783市が存在する。さらに市の中でも，人口規模で大きな地域は特別区（東京23区），政令指定都市（17市），中核市（35市），特例市（44市）に区分され，いずれも都道府県や省庁からの事務配分の移譲先として設定されている。

　しかし，人口規模で都市を経済学的に定義することは不可能である。なぜなら，行政区域（面積）という条件が同一の地方自治体は存在しないからである。人口規模が類似する自治体同士を比べても，行政区域の設定次第で，自治体の人口規模の大小の操作が行えてしまう。

　たとえば，高校地理でよく暗記させられる地方自治体としての都市の人口で地域比較を行ってみよう。札幌（186.9万人），仙台（99.8万人），浜松（78.6万人），岡山（65.9万人）の4市をとりあげると，これらの市は，それぞれ行政区域が異なっているために人口数自体を比べることは無意味である（2005年3月31日現在）。また，各市とも，周辺市町村から通勤・通学・購買による人口流入があるために，それらの数値を計上した上で周辺市町村まで含んで，通勤・通学・小売圏としての，札幌圏，仙台圏，浜松圏，岡山圏を設定することができる。ところが，その圏域の設定次第で，4圏の人口規模は100万人にもなれば，150万人にもなるといった風にいくらでも操作ができてしまう。また，人口数を行政区域で除することで算出される「人口密度」も同様に曖昧である。なぜなら人口が絶対的に稠密な地域も，絶対的に希薄な地域も存在しないから

である。人口密度の大小をもって都市を定義することも，まったくもって困難なのである。

都市を人口に関する指標で市町村に分類する方法は，あくまでも官公庁など行政の便宜上の区分で，経済学的な意味が不明なケースが多々見られるのである。ただし，人口規模は地域の経済規模をあらわすのにもっとも基礎的な指標であるために，参考のため人口規模から戦後の日本の市町村の成長を捉えると，総じて自治体の人口規模が大きな市町村ほど，人口増加率も高いという傾向がみられる。

表3-1，3-2から人口規模で上位50位以内の都市の分布をみると，戦前は県庁所在都市や地方の主要都市で人口規模の大きな都市が，上位に位置していた。1890年から1940年にかけてみると，地方圏の都市数が着実に増加している。しかし戦後は，高度経済成長期における地方圏から3大都市圏への人口移動により，大都市圏の近郊型都市が増加した。県庁所在都市，地方圏の主要都市が占める割合は，戦後を経て2005年に至るまで一貫して減少している。

1940年であれば，50位以内にランクされている地方圏の非県庁所在都市は，第10位の八幡市（26.1万人），第12位の呉市（23.8万人），第16位の佐世保市（20.5万人），第17位の函館市（20.3万人），第18位の下関市（19.6万人），第26位の小倉市（17.3万人），第28位の浜松市（16.6万人），第29位の小樽市（16.4万人），第33位の門司市（13.8万人），第36位の大牟田市（12.4万人），第45位の宇部市（10.0万人），第50位の久留米市（8.9万人）と13都市もあった。東

表3-1 都市規模と都市類型（1890〜2005）

（単位；該当都市数）

年 都市類型	1890	1920	1930	1940	1950	1960	1970	1980	1990	2000	2005
都道府県 所在都市	39	32	32	28	27	29	27	25	25	26	26
三大都市圏 近郊型都市	5	3	5	9	10	11	17	18	19	20	20
地方圏都市	6	15	13	13	13	10	6	7	6	4	4

注：1）各年ごと，人口50位以内で該当する都市がどれだけあるかをカウントしている。
　　2）三大都市圏とは，東京都・大阪府・愛知県とそれに隣接する諸府県のことである。
　　3）地方圏とは，注2で指摘した三大都市圏以外の地域のことである。

北地方の県庁所在都市も，1940年の時点では第13位の仙台市（22.3万人）のみであるが，1920年の時点では，第12位の仙台市（11.8万人）に加え，第45位の青森市（4.8万人），第46位の山形市（4.8万人）と3都市もランクされていた。

ところが，2005年で50位以内にランクされている地方圏の非県庁市所在都市は，第13位の北九州市（99.3万人），第16位の浜松市（80.4万人），第30位の倉敷市（46.9万人），第40位の福山市（41.8万人）のわずか4都市のみである。また，東北地方でランクされている都市は，第12位の仙台市（99.8万人）の1都市のみである。

都道府県別にみても，地方圏では，各地方ブロックにおける中心都市を抱える諸県の人口は，戦前はさほど大きなものではなかった。1920年をみると，東北の中核都市としてポジションが明確でなかった頃の仙台を抱える宮城県の総人口は96.2万人で全国第27位と中位以下であった。1920年時で宮城県は，

表3-2 都道府県別人口ランクサイズの変遷（1920～2005） (単位；千人)

順位	都道府県	1920年	順位	都道府県	1940年	順位	都道府県	1960年
7	新潟	1,776	8	新潟	2,064	9	新潟	2,442
12	福島	1,363	13	福島	1,625	13	福島	2,051
27	山形	969	23	宮城	1,271	20	宮城	1,743
28	宮城	962	28	山形	1,119	28	岩手	1,449
29	秋田	899	29	岩手	1,096	29	青森	1,427
31	岩手	846	30	秋田	1,052	30	秋田	1,336
32	青森	756	31	青森	1,000	31	山形	1,321
	全国	55,963		全国	73,075		全国	94,302

順位	都道府県	1980年	順位	都道府県	2000年	順位	都道府県	2005年
13	新潟	2,451	14	新潟	2,476	14	新潟	2,431
16	宮城	2,082	15	宮城	2,365	15	宮城	2,360
17	福島	2,035	17	福島	2,127	18	福島	2,091
27	青森	1,524	28	青森	1,476	28	青森	1,437
29	岩手	1,422	30	岩手	1,416	30	岩手	1,385
30	秋田	1,257	33	山形	1,244	33	山形	1,216
31	山形	1,252	35	秋田	1,189	37	秋田	1,145
	全国	117,060		全国	126,926		全国	127,757

出所：総務庁統計局『国勢調査報告』各年度版より。

福島県（136.3万人）や山形県（96.9万人）よりも人口が少なかった。しかし高度経済成長期には，宮城県と福島県のランクが逆転した。東北にみられるように，地方圏では，地方ブロックで中心性を持つ都市の成長が加速されたのが，戦後の地域成長の歴史である。

　戦後の人口動態の大きな特徴は，全国的にみると，地方圏からの人口移動による，3大都市圏やその近郊の都市での人口増大，地方ブロックレベルでみると，中心性をもつ都市を抱える諸県の成長，この2つの大きな流れを指摘できよう。

2　都市の階層性と都市システム

　人口指標で都市を定義することは，行政区域という条件が合致する同一の都市がないことからも非常に困難である。都市そのものの定義が困難であるにせよ，何らかの機能が密集している地域としての都市，またその機能同士の関係が反映される地域間関係としての都市関係を捉えることは可能であろう。都市システムという概念は，市町村内の都心 − 郊外，隣接する市町村同士の関係といった内部のシステムではなく，一国で形成されている地域間の関係を指す。個々の地域を，結節点として捉え，さらに地域間の結合関係（人，もの，金，情報のフロー）を検討し，地域間関係の特色や課題を明らかにする。地域をさまざまな機能（ストック）の集合体として捉え，そのストック同士が何らかの連結をもって結合している状態でもある。ストックが集中的に立地している地域を「都市」としてとらえる。そのストックを結節として人・もの・カネ・情報が何らかの相互関連をもって地域間を流動している。

　都市を「何らかのストック（立地主体）が高度に密集し，そのストック同士が他地域とフローをもって結節している地域」と捉えるとなると，ストック（立地主体）とフローの関係として初めに思い浮かぶのは，ある一定の中心地に向かって人が移動し，その中心地で財・サービスが供給されるという構図であろう。主なものとして，買い物などにより形成される小売圏が身近である。財・サービスを供給する立地主体が集合する地点は，人々の購買活動という需要を満たすだけの供給地となる。周辺地域から中心地点に向けての，人々の流

動により中心地が形成される。商業施設などのように，中心的機能をもつ主体が集中している地点として都市は定義できよう。

　小売圏は，財の地理的な到達範囲の階層により供給点の階層性が決定してくる。買回り品など高次の財は，より少ない中心地で供給される。対照的に，日常生活品など低次の財は，より多くの中心地で供給される。供給される財の高低により都市間関係，すなわち都市システムが決定される。もちろん，供給者が人の居住地に向かって移動し，その地点で財・サービスを供給する小売もある。移動式販売（置き薬の訪問販売，軽トラックによる移動店舗型販売〔物干し竿・石焼き芋・ラーメン〕など）が典型例であるが，このような事例は例外的なもので，大半の消費活動は，消費者が何らかの中心地に向かって移動し，その中心地で購買を行うというものである。

　消費者の購買行動を規定するものは距離（交通費）である。この原則では，中心地からの遠隔性が増大するほど購買回数は減少する。また，財・サービスの成立閾値の大小が，中心地が供給する財の多様性を規定する。中心地間の関係は，財の性質により決定する。人々の購買行動を規定するものは距離なのである。そして，中心地がもつ圏域人口に応じて，百貨店・スーパー・コンビニなどの事業所は階層をもって立地している。

　経験的に，いくつかの事例を考えてみよう。本を購入する場合でも，週刊コミックなどは，居住地に距離的に近い近所の書店やコンビニで購入するし，購入頻度は毎週であろう。しかし，発行部数が数千部に限定され，高価である学術図書は，東京の大型専門書店で購入するのが確実であるが，購入頻度は年に数回であろう。また衣服を購入する場合では，普段着のようなカジュアルなものであれば，近所のスーパーなどで買うことが大半であろう。しかし，スーツなど購入回数が一生で限られている高次の財の場合は，百貨店に出向いてオーダーメイドでつくることもある。

　同様に経験値であるが，中心市街地人口5万人程度の都市であれば，小規模なスーパーといった低次の財を供給する施設は成立する。しかし，映画館，百貨店，しゃれたコーヒーショップなどは，人口10万人以上の都市（福島市，郡山市など）でなければ成立しない。さらに，旗艦型百貨店，ブランドショップなどは，人口50万人以上の都市（仙台市）で成立する。また，常設型演劇

施設といったものは，人口100万人以上の都市（札幌市）でなければ，その成立は困難であり，東北地方にはこれらの需要を満たすだけの中心地は形成されていない。

この小売圏からみた中心地間の階層は，消費行動により成立するという，いわば下からの空間編成を説明している。しかし，これは中心地とその周辺地域との間でできあがったシステムの解明であり，都市の階層が供給される財の性質により規定されるということは指摘しているものの，なぜ中心地（都市）そのものが生成するのかという点については説明されていない（参考文献③を参照）。

中心地そのものの生成であるが，現代の都市における事業所において多くを占めるのが，工場とオフィス（大企業・行政機関の本社・本部・支所）である。この二つの主体が，雇用効果や産業連関効果において，地域経済の核となっている。

産業構造は大雑把に，農業，工業，それ以外の商業やサービス業と分けることができるが，このうち農業については，先進諸国の経済で占める割合が小さいために，その立地は所与として考えることができる。

工業立地であるが，工場など同一の機能をもつ事業所が集積している産業地域は，同質の生産機能が稠密に存在している地域として捉えることができる。この機能の立地は，雇用をもたらし，工場という中心機能が存在する中心地に向けて通勤という形で一定の流動を発生させる。明治期の富国強兵期から戦後の高度経済成長期にかけて生成した産業地域の諸都市の成長メカニズムは，この工業立地を原動力として捉えることができる。特に，重化学工業の太平洋ベルト地帯集中，首都圏300km圏内における首都圏都心地区から周辺地区への加工組立型工場の拡散的立地などは，この観点から捉えることができる。工場という中心的機能をもつ立地主体の集中的な立地が，都市の生成をもたらした。

たしかに，産業構造において第二次産業が占める割合が増大している時代においては，工場の立地が地域経済に大きなインパクトを与えたのは間違いない。東北地方においても，1980年代以降の南東北，なかでも福島県における製造品出荷額の増大は目を見張るものがある。東北6県では，福島県がもっとも製

造品出荷額が高い。また，福島県内のいわき市は，市単体としてみた場合の製造品出荷額が東北最大である。しかし，これらの福島県や工場が立地した都市群が，人口増加などの明確な成長をみせている事実は，1990年代以降には多くみられない。

1990年代以降では，むしろ大企業の本社・支所に代表されるオフィスの立地により都市成長が規定されてきている。というよりも，戦後の高度経済成長期から今日に至るまで，都市成長にはオフィス立地がかなりの役割を占めてきた。工業機能の立地と並んで大きな役割を占めてきたものの，脱工業化にともなう工業立地の重要性の低下により，オフィス立地の重要性が，より鮮明になっているという見方が可能である。

3　オフィス立地からみる地域格差

戦後の高度経済成長期を経て，サービス経済化が進展した20世紀は，オフィス部門の立地が，地域経済の構成要素としての重要性を増してきている。オフィスは，主に全国的に事業展開する企業や行政（省庁，都道府県）により配置される。この企業や行政の組織間関係が都市間関係に反映される側面が強いのである。

オフィスとは，専門的・管理的・事務的職業に従事する事務系就業者が，情報の収集や処理，情報の生産や交換，さらにそれらに基づいた意思決定を行う事業所単位を指す。

工場の立地は，製品の重量，原材料の重量，労働力の存在，技術の存在，大市場や完成品工場への距離などを立地要因としている。これらの要因の根底にあるものは，製品の輸送コストであり，結局輸送コストは距離に規定される。

ところが，オフィスの立地要因は情報である。特に，メディアなどにより流布することがない。担当者同士が直接顔を向き合わせることで情報を交換している。このように，対面接触（face to face）によって，交換・加工・出力される情報のことを専門情報（specialized information）という。対面接触により得られる専門情報は，距離に規定されて発生しているわけではない。高速交通網（高速道路，高速鉄道，航空機など）が発達した現代では，全国的なア

クセスに優れた都市同士が結合し，それらの都市間で専門情報が循環している。このように，中心地からの距離により規定されるという都市内集積ではなく，専門情報が循環する都市同士が結合するという都市間集積（inter-urban agglomeration）という側面が，オフィス立地においては強いのである。

日本の場合は，オフィス立地箇所と省庁の出先機関が配置される都市が一致する傾向にある。行政による規制が強く許認可権限をもつために，行政が専門情報の発生源となっている点も指摘できる。特に，日本のオフィス立地は世界的にみても特異な形態をとり，行政機関の配置パターンとオフィス立地パターンが一致する傾向がある。政府の全国的管理という，いわば上からの空間編成である。これをテリトリー制という場合もあるが，上からの空間編成において何よりもテリトリーの設定が先行して決定される。

例として，東北，関東などの地方ブロックの設定をみてみる。地方ブロックは，省庁により設定されているが，各省庁により区分設定が行われ，そのテリトリー内で中心地が設定される。国土交通省の場合，全国を9分割した地方ブロックを設定している。地方ブロックの経済規模，その中に位置する中心地の規模は，ブロックごとに異なっている。しかし，その9分割したテリトリー内には，必ず一つの出先機関（地方支分部局）を置き，中心地が生成している。行政機関の配置は，テリトリー制として，管轄する空間を先行的に設置し，その範囲内で便宜的に各種機能を配置する地点を設ける。そして，民間企業も，行政が配置した地点と近接する個所に支社・支店などのブランチオフィスを設ける。

オフィス立地と省庁によるテリトリー設定について，東北地方の事例をみてみよう。民間企業のオフィス立地の代表的なものとして，総合建設業（ゼネコン）をとりあげると，全国的に事業展開するゼネコンO社は，東北各県でも各県庁所在都市に営業所を設けている。それらを統括し，東京所在の本社による決定事項を伝達する中継地としての役割を果たす支社を全国11カ所に設け，東北では仙台に設けている。このように，本社（東京）－支社（仙台市）－営業所（福島市など各県庁所在都市）という3層を介し，取引関係を主として人・もの・マネー・情報が流動している。

行政機関の代表的なものとして農林水産省を取り上げれば，農業行政を実施

し農事を管轄する同省は，最高次の意思決定部門である本省を首都である東京に所在させている。そして地方ブロックごとに，出先機関として「地方農政局」を7カ所に配置し，東北では仙台に置いている。さらに，より下位の事務事項を取り扱う「地方農政事務所」を，各都道府県に配置している。このように，本省－出先機関－地方事務所の組織間関係が，東京－仙台市－各県庁所在都市という都市間階層を固定化している。

大企業は，本社・支社（支店）・営業所などのオフィスを，全国圏－地方ブロック圏－都道府県圏や生活圏の3層に応じて立地させることが多い。この上からの企業行動は，基本的に需要により規定されるものの，修正要因として，「専門情報」「テリトリー制」など，距離ではないものにも規定される。その結果，都市の人口規模と，オフィス立地の集積は必ずしも一致しない。人口規模で全国的に上位に位置する大都市（横浜，川崎，千葉，神戸，京都，堺，北九州）が，各地方ブロックにおいて，必ずしもオフィス立地の集積地となっている訳ではない。

支社・支店がその地方ブロック内でもっとも集中している東北の仙台市や四国の高松市は，都市自体の人口規模をみると全国上位10位以内に入る大都市ではない。しかし，行政によって設定されている東北・四国というテリトリーに沿って，民間企業も支社・支店を仙台市・高松市に立地させている。行政が設定した各地方ブロックの中心都市には，行政機関，多数の支社・支店群，それらの事業所にサービスを供給する生産者サービス群（法律・会計，メディア，警備，運搬など）が集中的に立地している。そのためそれらを発信源とする専門情報が，対面接触で交換されるがゆえに，中心都市の都心においてのみ情報が循環している。この専門情報に牽引されて，さらに多くの事業所が立地する。東北地方において仙台が成長しているメカニズムは，このオフィス立地と行政機関配置が相互に連関している結果なのである（参考文献①，②）。

参考までに，表3-3で，全国の主要都市における上場企業の事業所の立地をみてみよう。東北をテリトリーとした場合の省庁の出先機関が集中的に配置される仙台市の数値であるが，本社立地は12社の立地であり，東北では一番であるものの全国的にはさほど多い数字ではない。しかし，支社数が94社，支店数が459店，営業所数が329所と，東北で最大の集積がみられる。支所の

表3-3 主要100都市に

市区町村名	本社数	支社数	支店数	営業所数	支所合計	事業所数
札幌市	25	91	363	278	732	1,305
旭川市		3	36	56	95	191
函館市		6	33	48	87	148
釧路市		6	24	46	76	148
帯広市	1	3	25	40	68	134
苫小牧市		6	24	34	64	110
仙台市	12	94	459	329	882	1,304
盛岡市	3	9	102	130	241	344
青森市	2	4	91	109	204	292
郡山市	3	7	75	112	194	342
秋田市	2	6	72	105	183	277
山形市	3	7	64	79	150	253
福島市	2	3	48	48	99	167
八戸市		6	53	30	89	142
いわき市	3	5	34	29	68	164
東京特別区部	1,297	311	976	580	1,867	8,303
横浜市	63	51	314	272	637	1,877
さいたま市	13	46	212	188	446	881
千葉市	15	27	201	146	374	767
宇都宮市	5	7	93	140	240	440
水戸市	3	13	76	106	195	339
川崎市	25	15	58	67	140	608
高崎市	3	15	64	72	151	257
立川市	3	6	52	65	123	246
甲府市	2	7	52	57	116	201
厚木市	6	5	27	76	108	261
前橋市	6	5	50	44	99	203
船橋市	5	9	65	26	100	286
八王子市	3	10	38	40	88	240
柏市	1	3	48	34	85	234
熊谷市	2	6	28	42	76	161
つくば市	2	4	28	36	68	213
土浦市	3	2	31	31	64	140
太田市		5	36	26	67	137
相模原市	4	4	21	37	62	226
藤沢市	3	4	32	26	62	213
川越市	3	2	28	24	54	164
小山市	1	3	23	28	54	112
松戸市	3	5	32	14	51	207
新潟市	13	28	211	173	412	724
金沢市	11	21	165	180	366	550
富山市	9	10	87	112	209	393
長野市	7	14	88	88	190	333
松本市	2	5	61	98	164	265
福井市	11	7	58	72	137	257
長岡市	6	5	40	31	76	174
上越市	1	4	23	25	52	101
名古屋市	108	173	757	416	1,346	2,565
静岡市	12	20	197	224	441	707
浜松市	15	8	102	124	234	503

出所：藤本典嗣「21世紀のオフィス立地と東北地方」『東北開発研究147号』(東北開発研究

おけるオフィス立地 (2005)

市区町村名	本社数	支社数	支店数	営業所数	支所合計	事業所数
岐阜市	7	7	100	86	193	340
四日市市	4	8	60	58	126	282
津市	3	4	34	66	104	184
沼津市	6	7	45	35	87	191
岡崎市	4	5	42	42	89	205
豊橋市	3	7	27	43	77	160
豊田市	4	4	28	41	73	196
富士市		4	33	26	63	160
一宮市	2	6	32	19	57	149
春日井市	6	2	27	22	51	166
小牧市	5	2	20	28	50	129
大阪市	328	233	696	336	1,265	3,170
神戸市	52	29	225	196	450	993
京都市	49	35	225	167	427	937
堺市	13	10	66	53	129	360
和歌山市	5	7	37	86	130	230
姫路市	11	7	55	60	122	342
吹田市	10	11	45	47	103	210
奈良市	1	5	54	50	109	239
大津市	4	3	54	38	95	247
東大阪市	4	6	49	29	84	215
豊中市	4	11	33	14	58	144
尼崎市	17	6	21	16	43	209
明石市	3	6	25	26	57	128
西宮市	11	3	23	20	46	198
茨木市	3	5	22	23	50	124
広島市	19	79	405	301	785	1,242
岡山市	11	24	184	214	422	769
福山市	7	5	78	64	147	313
山口市	1	6	40	89	135	240
倉敷市	2	5	69	46	121	298
松江市	1	7	41	64	112	185
鳥取市	2	3	46	48	97	175
周南市	2	5	27	45	77	152
米子市		5	27	41	73	138
下関市	4	2	24	23	49	140
高松市	14	32	229	158	419	650
松山市	7	8	127	125	260	416
徳島市	3	6	84	63	153	234
高知市	4	5	62	65	132	214
福岡市	37	131	547	334	1,012	1,565
鹿児島市	6	9	145	152	306	528
北九州市	16	20	125	137	282	522
熊本市	4	13	106	147	266	452
大分市	3	11	72	111	194	318
宮崎市	2	6	75	83	164	282
長崎市	1	5	71	84	160	254
那覇市	2	7	51	99	157	224
久留米市	3	7	50	30	87	180
佐賀市	2	2	24	42	68	137

センター) 2008年の p.18 より一部抜粋。

表3-4 省庁の主要出先機

	地方局	管轄圏数	東京	大阪	名古屋	福岡	札幌	広島	仙台	高松
内閣	人事院地方事務局	9 (8)		○	○	○	○	○	○	○
内閣府	管区警察局	7		○	○	○		○	○	
総務省	管区行政評価局	9 (7)		○	○	○		○	○	△
	総合通信局	11 (10)	○	○	○	○	○	○	○	○
	公正取引委員会事務所	9 (6)	○	○	○	○	○	△	○	△
	郵政局	11 (10)	○	○	○	○	○	○	○	○
	郵政監察局	10		○	○	○	○	○	○	
	簡易保険事務センター	7	○	○	○	○	○		○	○
法務省	法務局	8		○	○	○	○	○	○	○
	高等検察庁	8		○	○	○	○	○	○	○
	矯正管区	8		○	○	○	○	○	○	○
	入国管理局	8	○	○	○	○	○	○	○	
	公安調査局	8	○	○	○	○	○	○	○	
財務省	財務局	10 (9)	○	○	○	△	○	○	○	○
	税関	9 (8)	○	○	○	○	○		○	○
	国税局	12 (11)	○	○	○	○	○	○	○	○
厚生労働省	厚生局	9 (7)		○	○	○	○	○	○	△
農林水産省	農政局	7			○			○		
経済産業省	経済産業局	9 (8)	○	○	○	○	○	○	○	○
国土交通省	整備局	9 (8)	○	○	○	○	△	○	○	○
	運輸局	9		○	○	○	○	○	○	○
	陸運支局	9		○	○	○	○	○	○	○
	航空局	2	○	○						
	管区気象台	6	○	○		○	○		○	
裁判所	高等裁判所	8	○	○	○	○	○	○	○	○
出先機関の合計数		25	14	23	22	19	21	20	23	18
配置比率（％）			56.0	92.0	88.0	76.0	84.0	80.0	92.0	72.0

注：1）（ ）内の数字は，分室・支局・事務所などをのぞいたものである。支所は，主に
2）『行政機構図』の作成は，平成13年7月時点である。
3）○については省庁の次階層に位置する支所（主に地方局）を，△については支所
4）各都市の単位は，特別区や自治体の行政単位（市）である。ただし，関門地区に
出所：財団法人行政管理センター『2002年版行政機構図』を基に筆者作成。

中ではもっとも支店数が多く，まさに支店依存型経済が形成されている都市の代表といえる。それ以外の都市は，盛岡市が支店数102店に対し，営業所数が130所と上回っている。他の都市も同様であり，青森市は91支店に対し109営業所，秋田市が72支店に対し105営業所，山形市が64支店に対し79営業所となっている。

　日本の場合，通常の都道府県であれば，都道府県所在都市が最大の支所集積地であるが，福島県の場合は，支所立地に関しては郡山という中心地が形成さ

関の都市別配置状況（2001年）

金沢	北九州・下関	新潟	岡山	熊本	松山	長野	横浜	京都	神戸	さいたま	長崎	那覇	岐阜	函館
										○				
										○				
										○		△		
○			○	○	○							△		
												△		
○			○	○	○				○			△		
○			○	○	○				○					
							○						○	
								○						
○			○											
	○						○		○		○	△		○
○			○						○			△		
									○			△		
○			○		○			○				△		
		○						○						
		○						○						
		○						○						
												○		
6	1	3	1	6	3	3	3	2	1	11	1	10	1	1
24.0	4.0	12.0	4.0	24.0	12.0	12.0	12.0	8.0	4.0	44.0	4.0	40.0	4.0	4.0

北海道・四国・沖縄などの行政区域において配置されている。

の分室・支局・分室などを，それぞれ示している。
関しては，歴史的経緯から，下関市と北九州市を一体の単位としている。

れ特異な形態をとっている。このような県庁所在都市とは別個に，より大規模な支所集積地が形成されているのは，三重県（県庁所在都市は津市であるが，支所集積地は四日市市），山口県（県庁所在都市は山口市であるが支所集積地は周南市，下関市）の3県のみである。県庁所在都市の福島市は，48支店で48営業所の立地であるが，それ以上に，郡山市が91支店で109営業所と，より多くの支所が立地している。これは全国的にみても特異な形態である。

4 東北地方の都市システム

オフィス立地からみた東北地方の都市システムの特徴をいくつか指摘しておこう。

第1に，行政機関の階層的配置が，そのまま都市圏のランクサイズに反映されていることである。特に，東北というテリトリーにおける仙台への一極集中，各県における県庁所在都市集中にみられるとおり，行政機関の階層的配置と対応した都市圏のサイズが形成されている。北海道でも同様の傾向があるが，対照的に，北陸や西南日本では，都市圏のランクサイズに必ずしも合致しない都市圏の成長がある。九州地方における北九州・下関圏，中国地方における岡山・倉敷圏など，行政機関の階層的配置と対応しないサイズの都市圏が形成されている。また，北陸における金沢・新潟・富山の関係，四国における松山・高松の関係など，行政機関の配置と都市圏のランクサイズは必ずしも一致しない。見方を変えれば，行政機関の配置がなくとも，西南日本では北九州・下関圏，岡山・倉敷圏などのような100〜200万規模の都市圏が自生的に生成してきた。しかし，東北においては，自生的に大規模な都市圏が生成する土壌がなく，行政による機関配置により大規模な都市圏が生成し，また，都市圏の階層を規定してきたといえよう。

第2に，都市間集積は，主に対東京との流動により形成されているということである。新幹線，航空路など高速交通網は，距離的に近接する地域同士ではなく，距離的に遠隔地の都市同士を結合する。高速交通網の整備により，もたらされた都市間集積は，距離によらない遠隔の大中規模の中心地機能をもつ地域同士の結合を増大させている。福島県であれば，隣接の山形県や宮城県よりも，東京に向かう高速鉄道の流動が高い。北海道であれば，札幌千歳空港から東京の羽田空港へ向かう航空機の便数は1時間に4〜5便にものぼっている。距離的に近い北海道と東北ではなく，北海道は首都圏と深く結合している。

高度経済成長期に至るまでは，東北地方は小規模な都市同士が，地理的に非常に限られた地域で連結していた。しかし，高度経済成長以後の，高速交通網が整備された時代に入ってからは，大中規模な都市が，自然地理的な制約を超

えて結合している。単に，近接する都市同士がその規模に応じて結びつくという重力モデルでは単純に説明できない現象である。なかでも，全国的に対東京に向けてなど大都市との往来が高まっている。隣接県よりも大都市に向けての結合が強く，特に東北地方においては，その傾向は顕著である。東北各県から首都圏に向けての流動が大きいにも関わらず，秋田と山形，青森と秋田の交流の流動は希薄である。

全国的には，東京や大阪などの大都市に向けての移動が大きい。また首都圏から北部九州にかけて大中規模の都市が連担している域内での移動も多い。中でも，特に東京の吸引力は強い。それに準じて，各地方ブロックの中心的都市に向けての移動も大きい。ところが東北地方の場合，鉄道・航空路の流動をみてみると，6県とも地方ブロックの中心的都市である仙台に向けての流動よりも，対東京に向けての流動が最大となっている。2000年代に入り，東北でもようやく県庁市間を中心に運行する高速バスが充実してきており，これによる仙台へ向けての移動は確かに増加している。しかし，ビジネス需要で主に利用される鉄道・航空路の利用において，東北地方は，各々が東京と結合した都市間集積を形成している。

このような都市間集積がもたらされてきた原因としては，やはり「行政機関の配置によるテリトリー設定」や「行政の許認可権限」が重要である。単に，旧来の交通（鉄道，バスなど）の制約から解放され高速鉄道，航空機が発達した面だけをみれば，世界的に起こっている現象である。しかし，全ての国で首都圏や首位都市に向かっての流動が増加したわけではなく，アメリカなどのよ

コラム③

国土構造と21世紀のオフィス立地の動き

20世紀は，大企業の全国的な営業展開活動により，オフィス立地，なかでも支社・支店・営業所などの地方圏への立地が，地方の主要都市の成長をもたらしてきた。卸売業（商社），電気機器業（家電メーカー），都市銀行をはじめとして，成長型の企業は，全国的なマーケット拡大を主目的として，全国各地にオフィスを立地させてきた。

21世紀に入ってからは，上場企業数（＝本社数）は増加しているものの，支

社・支店・営業所は，人口減少型社会の到来，高速交通網の整備（新幹線，高速道路などの拡充）により減少している。これを地域別にみると，本社は首都圏，なかでも東京都心部への新規立地が増加している。特に情報通信系の企業を中心に，東京での本社数は増加している。他方で，日本第2の本社の集積地である大阪，そして京都・神戸といった京阪神圏では大幅に減少している。支社などは大半の地域で減少している。戦後の日本の国土構造上の歪みである東京一極集中は，21世紀初頭においても本社立地の面では依然として継続している。

近隣の東アジアでは，韓国では首都集中（ソウル集中）を是正すべく，行政機能の忠清南道への移転を柱とした首都移転計画が進行している。台湾においても，これまで政治と不可分であった公営企業の民営化がより一層と推進されている。また，2000年から06年までの間の上場企業の増加率は，首都の台北よりも，新竹科学工業区の方が高くなっている。

日本と同じく，政治・行政と企業活動が密接な関係にあることを反映し首都一極集中型の国土構造が形成されてきた韓国や台湾においては，21世紀に入り，着実に中枢管理機能の首都圏から外に向けての移転が進行している。対照的に，日本においては21世紀においても，本社立地をみる限り，依然として東京一極集中は加速されている。市場メカニズムに委ねておけば，本社の東京一極集中という趨勢は，ますます加速されると予測される。日本においてこの歪みを是正するためには，韓国のような首都移転，台湾のような行政と企業の可分性の増大など，抜本的な政策転換が必要とされる。

開業中の高層ビルでは531mで世界一の高さ（2008年8月現在）である台北101（台北市信義区）

韓国の新首都建設予定地
忠清南道　世宗（2008年2月撮影）

うに，本社立地において首都や首位都市の地位が低下している国もある。日本のように，首都でありなおかつ首位都市である東京への本社立地が強化された国は特異ともいえる。高速交通網の整備それ自体は，日本の場合は，たしかに大都市に向けての流動増大を促したものの，高速交通網の整備それ自体というより，その背後にある別の力（行政の規制など）が大きな要因である。

第3に，上下の編成からみると，戦後においては，上からの編成が，下からの編成をつくってきた歴史ということである。

行政機関であるが，明治期には省庁（内務省）と都道府県の関係が強く，県が省庁の出先機関であった。郵政関係，農政関係など一部の機能が地方ブロックをテリトリーとして出先機関を置いていたものの，明治期にかけては，都道府県庁所在都市が横並びの状態であった。それが，戦時経済体制により，中央と地方の連絡の円滑化のために，行政協議連絡会が設立された。この連絡会の置かれた都市が，札幌，仙台，東京，名古屋，大阪，広島，高松，福岡である。これにより，各地方でブロック体制が敷かれる。

戦後は，都道府県制度がそのまま温存されたことに加え，出先機関の配置形態としての「ブロック体制」も温存された。この出先機関は，省庁により権限配分が違っている。通商産業省のように集権型の行政システムもあれば，国土交通省（旧建設省，運輸省）などのように分権型行政システムの出先機関もあり，一概に，出先機関全てが同等の権限をもっているわけではない。しかし，地方各ブロックにおける中心都市が，上からの編成により生成されたことは事実である。戦後の寡占型経済構造の成立による大企業の全国的展開の一環として，出先機関が配置される都市への支社・支店立地を増加させていった。

もともと，東北地方においても企業の支社・支店立地は，戦前は一律ではなかった。日本銀行が東北ではじめて支店を開設したのは福島市であるし，都市銀行の支店は，戦前は仙台にはほとんどなかった。戦時中の出先機関配置により，東北の中心都市としての役割を果たしてきたのである。仙台の成長は，仙台の内部のメカニズムに焦点をあてては見えてこない。それよりも，仙台に置かれる出先機関を配置した主体である本省庁との関係，仙台に立地する支社・支店を置いた主体である本社・本部との関係において，はじめて仙台市の成長メカニズムが見えてくる。

東北，北海道といった北日本における大規模都市の生成は，行政機関の配置により，上から編成されて，ブロックの中心となっていた事例の典型である。特に，行政機関配置数や就業者に占める他地域からの進出によるオフィス労働者比率などをみると，福岡，広島と比べて，札幌，仙台の高さは際立っている。このような，上からの編成により，都市が形成され，それがさらに居住人口の増大をもたらし，消費人口の増大をもたらした側面が強いのである。

■考えてみよう！
(1)　表3-4をみると省庁によって地方ブロックを分割する数は異なっているが，なぜこのような違いが生じているのか考えてみよう。
(2)　地方ブロックの中心都市に選定された都市が，もしかりに選定から外れていた場合には都市の成長が可能であったのか，各地方ブロックごとに考えてみよう。
(3)　本社・支所などのオフィス立地は，都市にどのような経済的影響を与えるのであろうか，考えてみよう。

■参考文献
①阿部和俊『先進国の都市体系研究』地人書房，1997年
②田坂敏雄編『東アジア都市論の構想－東アジアの都市間競争とシビルソサエティ構想』御茶の水書房，2005年
③松原宏編著『立地論入門』古今書院，2002年

第4章　商店街振興から商業まちづくりへ

1　小売業の構造と立地の変化

1　都市経済としての商業活動

　まずは小売業の活動状況を概観しておこう。『国民経済計算』によれば，1996年から2005年までの10年間に，**日本の国民総生産**（GNP, Gross National Product）は523兆円から520兆円へと0.5％減少した。この減少の大きな原因は国民総生産の9割をしめる産業部門が1.7％減少したことにある。しかし産業部門のすべてが一律に減少したわけではない。金融保険業（+12％），不動産業（+11％），サービス業（+16％）などは，この10年間で増大している。減少した産業部門を順に並べると，建設業（−23％），農業（−23％），製造業（−10％）や卸小売業（−8％）となっている。卸小売業部門では，卸売業は堅調であったのに対して，小売業（−24％）は落ち込みが大きかった。小売業の動きは日本経済全体の動きを過敏なほど反映していることがわかる。

　次に都市にとって商業活動はどのような役割を果たしているのであろうか。『国勢調査2000年』のデータから産業部門別に従業者比率を計算し，これを市町村の人口規模階層順に並べてみると，程度の差こそあれ，農業，林業，漁業，鉱業，建設業，公務は市町村人口規模が大きくなるにつれて，構成比率は低下していく。製造業は市町村人口規模が大きくなるにつれて一旦は高まるものの，やがて低下していく。これらに対して，電気・ガス・熱供給・水道業，運輸・通信業，卸売・小売業・飲食店，金融・保険業，不動産業，サービス業，分類不能の産業は市町村人口規模が大きくなるにつれて，程度の差こそあれ，構成比率は上昇していく。卸売・小売業・飲食店の従業者比率は，2000年の場合，比率がもっとも低いのは500人未満の8.8％であり，人口規模が大きくなるにつれて放物曲線的に高まり，100万人以上500万人未満で頂点29.0％に達する。つ

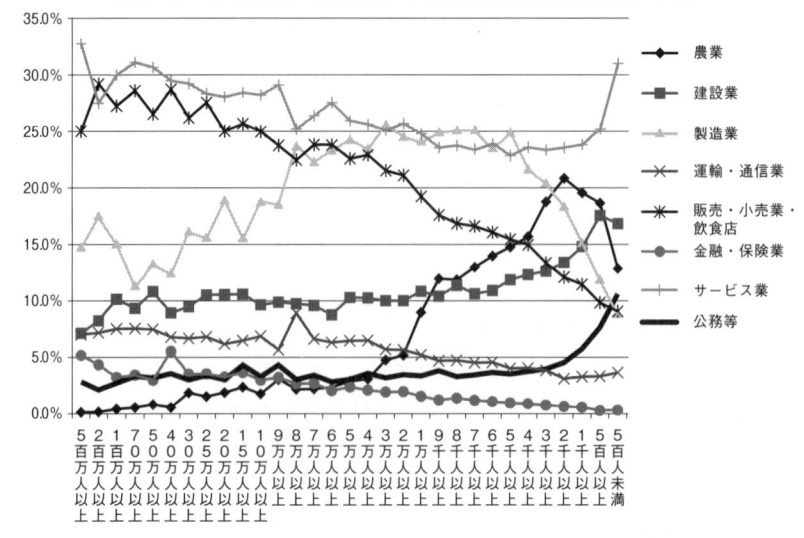

図4−1 市町村人口規模別にみた産業部門別従業者数の比率

凡例：農業, 建設業, 製造業, 運輸・通信業, 販売・小売業・飲食店, 金融・保険業, サービス業, 公務等

注：林業, 漁業, 鉱業, 電気・ガス・熱供給・水道業, 不動産業, 分類不能の産業は省略。
資料：2000年「国勢調査」により作成。

まり都市経済にとって商業活動は大きな意味をもっていることがわかる。

2 小売業の構造の変化

小売業の動向は1964年に調査が開始された『商業統計』によって知ることができる。この小売業に関する基本的データは，店舗数，従業者数，年間販売額，売場面積などであり，調査年によって異なるが，業種別，業態別，大規模小売店舗別，都道府県別，市町村別，立地環境特性別などで集計されている。

小売業の店舗数は，1964年の130万店から増加して，1982年には1.3倍の172万店となった。その後は減少に転じ，2007年には114万店舗に減少した。従業者数は1964年の381万人から1999年の803万人へ2.1倍増となった。その後は減少に転じて，2007年には759万人となった。年間商品販売額は1964年の8兆円から急増して，1991年には16.8倍の141兆円となり，その後伸び率は鈍化したものの，1997年には史上最高の148兆円に到達した。1997年からは減少に転じ，2004年の133兆円，2007年の135兆円と低迷している。

売場面積は，1964年では3908万m²であったのが，ほぼ一直線状に増加し，2007年には3.9倍の1億5191万m²に達した。これらの動きの特徴は1店舗当たりでみるとよくわかる。1964年から2007年の間に従業者数は2.92人から7.57人へと2.6倍となり，1店当たり年間販売額は640万円から3億7067万円へと57.9倍となり，1店当たり売場面積は30m²から159m²へと5.3倍となったのである。

年間商品販売額の動きを業種別構成比でみると，飲食料品小売業では，生鮮品が減少したことから店舗数の割合（1972年47.6％→2002年35.9％）は縮小が続いているものの，コンビニエンスストアや料理品小売業等の販売増もあって，販売額の割合はおおむね3割を安定的に推移してきた。1972年に2番目に割合が高かった織物・衣服・身回品小売業は次第に縮小し，2002年には1割を下回り6番目となった。一方，ドラッグストアや調剤薬局が含まれる医薬品・化粧品小売業，ホームセンターなども含まれる前記以外の小売業の割合は拡大傾向にある。

小売業の動向は，規模別業種別だけでは実態を把握できなくなったので，1982年からは専門店，中心店，スーパー等（百貨店・スーパー・ホームセンター・ドラッグストア・コンビニなど）の**業態別**の集計が行われるようになった。2007年の年間商品販売額では，専門店・中心店が79兆4183億円（59％）ともっとも多く，次いで専門スーパーが23兆6842億円（18％），コンビニエンスストアが6兆9609億円（5％）と続き，ホームセンターは3兆430億円（2％），ドラッグストアは3兆1億円（2％）であった。年間販売額の変動をみると，コンビニエンスストアは一貫して増加している。専門スーパーも販売額は増加したが，2000年代に入って伸びが鈍化した。総合スーパーは1980年代までは販売額を増加させたが，1990年代に入ると低下傾向を示した。中心店・専門店及び百貨店は1980年代以降，一貫して販売額が低下している。

3 小売業の郊外展開

小売業の立地動向は，都道府県別と市町村別の統計のほかに，1982年より特性地区別統計が公表され，より詳細な把握が可能となった。特性地区別編においては，小売店舗の立地特性を商業集積地区，オフィス街地区，住宅地区，

工業地区,その他地区に区分し,これらは都市計画法での用途地域と対応している。**商業集積地区**は都市計画法において**商業地域**および**近隣商業地域**にある商店街を指している。**オフィス街地区**は同地域内の商店街以外の小売店舗を集計したものである。**住宅地区**は第1種・第2種住居地域及び準住居地域の小売店舗を,**工業地区**は準工業地域・工業地域・工業専用地域の小売店舗を,それぞれ対象としている。こうした区分によると,中心商店街とはこの商業集積地区をさしている。

商店街としての商業集積地区における小売業活動が低下していく転機は1988年にある。小売業全体にしめる商業集積地区比率を,1982年,1988年,2002年の3時点でたどると,店舗数は39.4% → 43.5% → 38.5%,従業者数は45.1% → 47.7% → 39.9%,年間商品販売額は48.5% → 51.1% → 41.9%,売場面積は51.2% → 54.5% → 46.4%となっており,小売業活動は1988年までは商業集積地区への集中傾向を示したものの,その後は非商業集積地区に活動の重点を移動してきている。

商業統計でいう商業集積地区には,都市計画法でいう商業地域と近隣商業地域とが含まれている。そのうち近隣商業地域は国道・県道のバイパス沿線が用途地域指定されていることも多いので,中心商店街の動向を知るためには商業集積地区をさらに細かい立地特性で地区区分を行う必要がある。幸いなことに,1997年から商業集積地区は駅周辺型,市街地型,住宅背景型,ロードサイド型に区分して集計されている。こうした区分によれば,集客力の高い**駅周辺型**の商業集積地区は,2005年では事業所数の35%,年間商品販売額の41%,就業者数の39%,売場面積の35%をしめている。市街地型はそれぞれ,24%,23%,22%,23%をしめている。

郊外の典型である**ロードサイド型**の商業集積は,事業所数では7%に過ぎないが,大型店の立地が多いことから売場面積では17%をしめ,1事業所当たりの年間商品販売額が1億9700万円であり,群を抜いて高い。大型店が多いロードサイド型は,交通の利便性が高く,広い商圏を対象とする地区が多い。またロードサイド型の店舗の開店時期は1995年以降が40%と高く,近年において急速に店舗の立地が進んでいる。これは規制緩和やモータリゼーション,道路のインフラ整備を背景に,広い商圏を対象とした大型店が増加したことによ

る。なお駅周辺型は1995年以降の開設割合は4分の1にとどまっている。

2 大型店の郊外出店とまちづくり三法の改正

1 大型店の出店動向

都市計画法の改正は大型店の出店動向に変化をもたらしている。『大店立地法の届出状況』によれば、まちづくり三法が施行された2001年から2006年までの6年間に、売場面積1000m²以上の新設大型店は3583件を数え、売場面積は1964万m²に達した。6年間での新設大型店の売場面積は、2004年小売業の総売場面積1億4413万m²の約14％に達した。新設大型店は、件数では2004年がもっとも多く805件であり、その後は720件前後を推移した。売場面積は2001年の120万m²から3年間、年約100万m²ずつ増加したが、2004～06年には410万～420万m²を推移した。新設大型店の平均売場面積は、6年間平均では5639m²であった。新設大型店の売場面積規模ではもっとも多いのが1000～3000m²（以下、1000m²クラス）で52％をしめ、これに3000～6000m²（同、3000m²クラス）の25％が続く。改正都市計画法で出店調整の対象となる1万m²超クラスの大型店は、13％に相当する464件であった。なお2万m²超の新設大型店も179件で5％をしめ、5万m²超の大型店が25件を数えた。

核店舗別で6年間での新設大型店がもっとも多かったのは「しまむら」の190件である。「しまむら」は新設店舗の91％を1000m²クラスに集中させている。第2位はヤマダ電機の158件で、そのうち61％が3000m²クラスであり、1000m²クラスが33％で続く。ヤマダ電機と競合するコジマは60件で第6位につけ、ヤマダ電機と同様の傾向をもつものの、相対的には1000m²クラスが多く、3000m²クラスが少ない。第3位はイオンの98件である。イオンの主力は2万m²超クラスであり50％に達し、1万m²クラスが27％で続く。イオンと対抗関係にあるイトーヨーカ堂は件数では24件で少なく第23位である。しかし売場面積は大きく、2万m²超クラスが71％、1万m²クラスが29％をしめている。ドラッグストアであるコスモス薬品とカワチ薬品はそれぞれ81件と61件で第5位と第6位に並び、売場面積別ではいずれも1000m²クラスがもっとも多い。ただしコスモス薬品よりカワチ薬品の方が平均売場面積では大きい。こ

のように主力売場面積は業種業態によってかなり異なるものの，同一業態では主力売場面積は似ている。

　小売チェーンの多店舗展開は，エリアマーケティングに基づく**ドミナント（集中出店）戦略**を基本としている。これは，消費者ができるだけ近くでしかも便利に買い物できるように，同一規模の商圏を設定する同一業態の店舗をくまなく配置するという経営立地手法である。これにより地域の消費者を丸ごと囲い込むことが可能となる。しかし消費者は，ほぼ毎日購入するもの，週1回程度で間に合うもの，年に数回程度しか購入しないものなど，購入商品の種類によって買い物の頻度に違いがあり，利用する店舗が違ってくる。商品にはそれぞれ固有の広さの商圏があてがわれている。異なる買い物頻度の商品は対応する商圏の広さが違ってくるので，すべての要望に単一の店舗のみによって対応することは難しい。そのため，すべての需要に対応するには，重層的に異なる売場面積規模の店舗を消費生活圏のなかに配置していかなければならない。これが**重層的ドミナント戦略**である。

　重層ドミナント戦略の典型例は，例えばイオンホールディング（以下，イオンH）の場合であれば，イオン・ジャスコ～マックスバリュー～ミニストップという利用頻度と商圏の大きさの異なる業態店を組み合わせて，消費生活圏を完全に押さえる立地戦略をとっている。イオン・ジャスコの業態は2万m^{2}超店を基軸として，マックスバリューの業態は1000～3000m^{2}店を基軸として，全国的に重層的チェーン展開をする。セブン＆アイホールディング（セブンH）の場合には，イトーヨーカ堂～ヨークベニマル～セブンイレブンが業態の組み合わせの基本である。イオンHとセブンHとの違いはセブンHが百貨店業態としての西武とそごうを傘下におくミレニアムリテイリングをもつのに対して，イオンHは郊外店に三越を引き込みダイヤモンドシティを形成している。

　改正まちづくり三法による大型店の出店への影響はどのようであったであろうか。第1は06年上半期では大型店の出店届出が対前年比で9.2%減少し，駆け込み出店届出はみられなかったことである。核店舗のテナント別では，ドラッグストアやホームセンター，家電専門店などが目立つ。3万m^{2}超の大型店はダイヤモンドシティ仙台名取など11件にとどまった。イオンはJR金沢駅東口に北陸の90万人を商圏と想定する大型複合ショッピングセンター「金沢

フォーラス」を開業した。「しまむら」は2007年2月には都心に近いかどうかによって2グループに分け，品揃えに差別化を図りつつ，都市部に出店を加速する。セブンHはサービス機能を高めるため都市部の近隣型ショッピングセンターに医療モールを誘致している。郊外立地の規制強化に対する既存の大型店側の対応は，改装等で既存店を強化すること，都市近郊への出店を増やすことや1万m^2以下の小型店を開発するというものである。

2　商店街は衰退している

　商店街の状況は，中小企業庁が3年に1回実施する『商店街実態調査』によってみることができる。全国商店街振興組合連合会が作成する名簿によれば，全国には1万3322の商店街がある（2004年）。商店街を立地環境別でみると，一般商店街が44％でもっとも多く，これに駅前商店街18％，一般住宅街16％，繁華街12％，住宅団地3％と続いている。また商店街を商圏の広さ別でみると，近隣型が54％ともっとも多く，これに地域型36％，広域型7％が続き，超広域型商店街は3％であった。

　大型店の郊外出店により，旧来型の商業集積である商店街は厳しい景況におかれている。最近の景況についてたずねると，繁栄していると回答した商店街は，1995年2.7％，2000年2.2％，2006年1.6％であり，全面的な崩壊状況にある。この景況を商店街の商圏広狭別でみると，繁栄していると回答した比率は，超広域型で13.6％，広域型5.4％，地域型1.9％であり，近隣型はわずか0.3％というように，商圏が狭いタイプの商店街ほど悪いことがわかる。

　商店街がかかえる問題は，景況の悪化を反映して空き店舗が増加してきているという「商店街の空洞化」である。空き店舗率の変化は1995年6.9％，2000年8.5％，2006年9.0％であり，商店街の空洞化は確実に進行している。空き店舗率は商店街の商圏が狭いほど高く，都市人口規模が小さいほど高い。また立地環境別では駅前や繁華街でも空き店舗率は7％あり，決して低くないが，一般商店街，一般住宅街，住宅団地などの生活に密着した商店街では10〜12％と高い。生活空間における買い物環境は悪化しているのである。空き店舗が埋まらない理由はといえば，「商店街に活気がない」がもっとも多く，これに「所有者に貸す意思がない」や「賃貸条件が厳しい」などが続いている。

商店街の空洞化は，空き店舗の増加と並行して来街者の減少にも現れている。来街者の減少の要因をたずねると，56％の商店街が大型店の影響をあげている。商店街の大きな問題としては，たしかに2000年までは外部との関係では「大規模店舗に客足がとられている」ことが，内部との関係では「魅力ある店舗が少ない」ことがあがっていたが，それ以降は「個店の改善」や「参加意識の向上」，「後継者不足」などが次第にクローズアップされてきている。過去3年間に退店（廃業）した理由の3分の2は「商店主の高齢化，後継者の不在」にあり，これに「他の地域への移転」とか「同業種との競合」が続いている。

3　消費者の購買行動はどうなっているか

大型店の増加と商店街の衰退は消費者の購買行動の変化からもみることができる。消費者が購買する店舗を選択する理由は，『小売店等に関する世論調査』（2005年）によると，「生鮮食品など最寄り品を主に買う店」は「家に近い大型店」がもっとも多く49％であり，「家から離れている郊外大型店」10％や「家から離れている中心部の大型店」8％もあがっているが，「家に近い商店街・中小小売店」は23％にすぎない。都市規模別では，「家から離れている郊外大型店」の割合は小都市や町村で比較的多く，大都市や中都市では「家に近い大型店」の割合は高い。中小小売店はいずれの都市規模にあっても厳しい環境におかれている。

消費者に生鮮食品など**最寄品**を主に買う店を選択する理由をたずねると，「交通が便利（近いなど）」が43％でもっとも多く，これに「品揃え（同じ商品でも何種類もある）」が42％で肉薄して高く，「一度の買い物で用が済む」（37％）や「価格」（36％）などが続く。性別では「一度の買い物で用が済む」の割合が女性で高く，年齢別では「品揃え（同じ商品でも何種類もある）」の割合が50歳代で，「価格」の割合が40歳代で，それぞれ高い。

次に，外出用の洋服や大型家電などいわゆる**買回品**を買う場合，主にどのお店で買うことが多いか聞いたところ，「家から離れている郊外大型店」や「家に近い大型店」の割合がそれぞれ30％と高く，これに「家から離れている中心部の大型店」24％が続き，「家に近い商店街・中小小売店」や「家から離れている商店街・中小小売店」はそれぞれ7％と5％にとどまる。都市規模別で

は,「家から離れている郊外大型店」の割合は町村で,「家から離れている中心部の大型店」の割合は大都市で,「家に近い大型店」割合は大都市と中都市で,「家に近い商店街・中小小売店」の割合は小都市で,それぞれ高い。性別では「家から離れている中心部の大型店」の割合は女性で,「家に近い大型店」の割合は男性で,それぞれで高い。年齢別では,20歳代で「家から離れている中心部の大型店」の割合が,30歳代と40歳代で「家から離れている郊外大型店」の割合が,70歳以上で「家に近い商店街・中小小売店」の割合が,高いのである。

　こうした買回品の購買先を選択する理由は,最寄品とは異なり,「品揃え(同じ商品でも何種類もある)」が53％ともっとも高く,これに「価格」(38％),「駐車場が整備されている」(27％),「品質(ブランド・安全性など)」(24％)などが続く。都市規模別では,「価格」の割合は町村で,「駐車場が整備されている」の割合は中都市で,それぞれ高い。性別では,男性が「駐車場が整備されている」の割合が,女性で「品質(ブランド・安全性など)」の割合が,それぞれ高い。年齢別では,40歳代で「品揃え(同じ商品でも何種類もある)」や「駐車場が整備されている」の割合が,30歳代や40歳代で「価格」の割合が,20歳代で「品質(ブランド・安全性など)」の割合が,それぞれ高い。

3　まちづくり三法の改正

1　まちづくり三法の目的と挫折

　まちづくり三法制定の目的は,郊外における大型店の立地場所問題への対応と中心市街地における商店街などの商業活動の空洞化問題への対応とにあった。すなわち**都市計画法**により大型店の立地が可能な地域と不可能な地域を決め,**大店立地法**(大規模小売店舗立地法)により主として郊外において交通渋滞や騒音,廃棄物処理など周辺の生活環境への影響を配慮することを大型店に求め,**中心市街地活性化法**により商業活動の空洞化が懸念される中心市街地の活性化について,商店街を軸にして進めようとしたものである。しかし都市計画法による土地利用調整としての**社会的規制**が全く機能せず,立地規制が弱かった郊外への大型店の新規出店が加速したことから,中心市街地の活性化のために多

額の国費を投入したにもかかわらず，中心市街地の空洞化，とりわけ地方都市の中心商店街は衰退の一途をたどった。2004年9月には，総務省はまちづくり三法の政策効果がほとんどなかったことを『中心市街地の活性化に関する行政評価・観察結果に基づく勧告』によって明らかにした。

大型店を含む**大規模集客施設**の立地動向からしても，このことはわかる。特に地方圏では，大規模商業施設は商業系地域（商業地域・近隣商業地域）には4割弱しか立地せず，工業系地域（準工業地域・工業地域・工業専用地域）や市街化区域外地域（市街化調整区域・非線引白地地域・都市計画区域外）への立地が4割強に及んでいる。地方圏では劇場・映画館についても同様の立地傾向を示している。また社会福祉施設とか医療施設など公共公益施設にはそもそも許可申請が不要であった。**市街化調整区域や非線引白地地域**に市民病院やデイケアセンターができ，病院に来る人を当て込んで店舗や事務所の開発が進んでいる。特

図4-2　延床面積 3000m² 以上の大規模集客施設の圏域別土地利用区分別立地状況

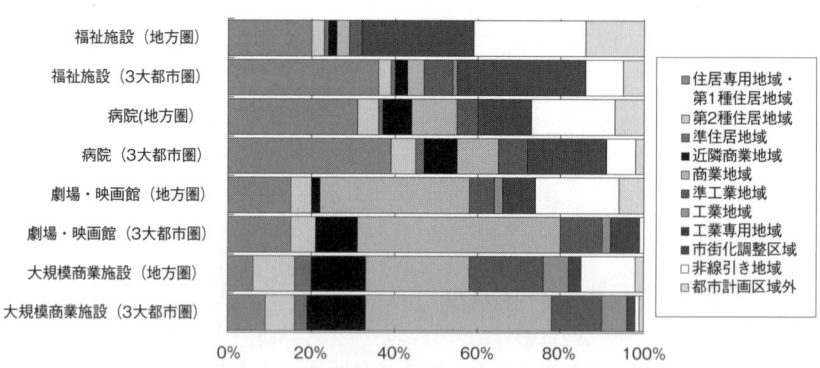

注：1）3大都市圏は，東京都・埼玉県・千葉県・神奈川県・愛知県・京都府・大阪府・兵庫県・奈良県。地方圏は3大都市圏以外の地域。
　　2）福祉施設は児童福祉施設等・老人ホーム・身体障害者福祉ホーム・老人福祉センター・児童厚生施設の合計であり，3大都市圏では1452件，地方圏では2436件。
　　3）病院は病院・診療所の合計であり，3大都市圏では1441件，地方圏では3298件。
　　4）劇場・映画館は，3大都市圏では124件，地方圏では202件。
　　5）大規模商業施設は，物品販売業を含む店舗で，3大都市圏では2921件，地方圏では4886件。
　　6）データは2004年末現在で，国土交通省調査。
出典：社会資本整備審議会『人口減少等社会における市街地の再編に対応した建築物整備のあり方について（答申）補足説明資料』2006年2月1日。

に地方圏の福祉施設は3分の2が市街化区域外の地域に立地している（図4-2）。

こうした立地傾向は年度を下るに従って強くなっている。3000m^{2}以上の大店舗が立地可能な用途地域に立地している割合は，3大都市圏では80％であるものの，地方圏では66％にとどまっている。つまり原則として立地できないはずの用途地域，市街化調整区域，非線引き白地，都市計画区域外などに立地する大店舗の比率は，3大都市圏では20％，地方圏では実に34％にも達している。すなわち1980年代までは大型店は商業地域にもっとも集中して立地していた。しかし，1990年に大店法（大規模小売店舗法）の「運用適正化」という立地規制の緩和が行われると，商業地域での開店比率が縮小し始めた。三大都市圏では1990年代前半には第一種・第二種・準住居地域での開店が目立つようになり，1990年代後半から2000年代前半にかけては準工業・工業地域での開店が目立つようになった。ただし市街化調整区域・非線引き白地・都市計画区域外地域での開店率は，地方圏ほどは高くはない。

また地方圏においても同様な傾向が見られるが，三大都市圏の場合よりも先行して，しかもより強く現れている。1980年代前半には大型店開店比率は商業地域のみで7割弱をしめていたが，90年代前半には近隣商業地域を含めても5割ほどに低下し，90年代後半以降は2割台に落ちている。これに対して準工業・工業地域での開店率は80年代前半までは1割弱であったものが，90年代前半には2割台になり，2000年代前半には3割台に上っている。また市

図4-3 地方圏における大規模小売店舗（3,000m^{2}以上）の開店時期別土地利用区分立地状況

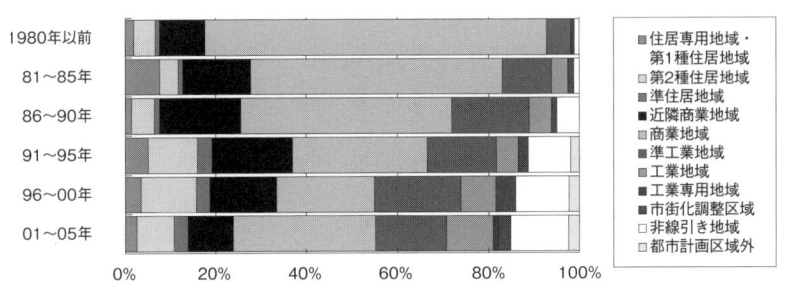

注・出典：図4-1とおなじ。

街化調整区域・非線引き白地地域・都市計画区域外の地域での開店率は，80年代前半までは5％程度であったのが，80年代後半には1割を，そして90年代後半には2割を超えた。3大都市圏と地方圏との違いは，3大都市圏は準工業地域や工業地域への立地が目立つが，地方圏ではこれらに非線引き地域での立地が加わっていることにある（図4-3）。つまり，まちづくり三法が制定される前後からこうした地域への立地が急増しており，期待された社会的規制はほとんど作動しなかったのである。

2 大型店立地規制とまちづくりへの希望

社会的規制がきかなかったことの問題は，『小売店等に関する世論調査』での国民の声からもわかる。大型店の新規出店に関する立地規制やまちの中心部の役割への期待が国民の間でたしかに高まっている。それは「住んでいる地域や近くのまちに，新たな大型店は必要だと思うか」との問いに対して，不要だと思うとする者の割合が51％となり，必要だと思うの40％を上回ったことに表れている。

これは国民の不安の反映でもある。「住んでいる地域や近くのまちに新たに大型店が開店することになった場合，その大型店のどのようなことが心配か」との問いに対しては，交通事故や交通渋滞の発生への心配が60％ともっとも高く，以下，騒音公害の発生（34％），周辺の中小小売店がさびれ，買い物が不便になる（23％），ゴミ問題の発生（20％），子どもの教育など青少年への悪影響（19％）などが続いている。またどのような対策をすべきかを聞くと，地元住民との話し合いが51％でもっとも高く，駐車場や防音壁などの生活環境への影響を緩和するための設備の充実が50％，まち全体を見て，立地できるところと立地できないところを分ける（立地場所の規制）が41％，地元商業者との話し合いが32％で，上位にでている。

ではまちの中心部が果たしている役割や中心部に望んでいることは何かと聞くと，「小売店舗，金融機関，役所，病院などの施設が集中し，まとまったサービスが提供されること」が32％ともっとも高く，生鮮食品などを中心とした生活必需品が買えること（27％），地元の人々が集まり，話し合うコミュニティとしての役割（22％），車社会に対応できない高齢者の生活の支援活動（買

い物などの支援）(22%)，公共交通機関が充実（電車やバスの増便など）すること (21%)，まちの中心部やその周辺地域の防犯活動（商店街の商店主などによる防犯パトロール，緊急避難場所の確保など）(20%) などが続く。都市規模別では，小売店舗，金融機関，役所，病院などの施設が集中し，まとまったサービスが提供されることや，車社会に対応できない高齢者の生活の支援活動（買い物などの支援）は小都市で，生鮮食品などを中心とした生活必需品が買えることは大都市や町村で，地元の人々が集まり，話し合うコミュニティとしての役割は小都市や町村で，公共交通機関が充実（電車やバスの増便など）することは中都市で，それぞれ高い。

3　都市構造のあり方の転換

これらの世論の動きを受けて，産業構造審議会流通部会・中小企業政策審議会中小企業支援分科会商業部会合同会議は，2005年12月に「コンパクトでにぎわいあふれるまちづくりを目指して」の副題をもつ『中間報告』を取りまとめた。少子高齢社会でのまちづくりを進めるためには，税収減への対応として持続可能な自治体財政を確立し，コミュニティを維持しつつ交流が生み出す価値を高めるという中心市街地の**コンパクトシティ**戦略が打ち出された。この『中間報告』を受けて，商業機能だけでなく福祉，医療，保健，教育など**都市機能のすべてを中心市街地に集める**ことをめざして，**中心市街地活性化法**が改正されることになった。

　大店立地法については，騒音・廃棄物・渋滞など周辺生活環境問題について大型店設置者が適切な配慮を行うことや，施行後に新設された大規模小売店舗の方が，交通対策，防音対策，廃棄物対策，景観対策，歩行者の利便性確保等の対策が進んでいると評価されている。ただし規制対象を小売業以外の集客施設一般にも広げることや，大型店の退店問題にも適切に対応することが求められ，逆に中心市街地に立地しようとする大型店については大店立地法で要求している基準等を緩和できるようにすべきことなどがあげられた。

　中心市街地の衰退や空洞化の原因については，中心市街地は地価・賃料，道路アクセス，敷地の広さ，権利関係等の面で，廉価・大区画の用地供給が進む郊外部に比して条件が悪く，近年の消費形態に対応しにくいという，競争条件

の違いが指摘された。

　また商店街は独立する主体（商店主）が細分化されて多数存在するという特性を持っているので，主体間の意向が食い違うケースが多く，商業地区関係者が一丸となった取り組みが極めて困難であること，まちづくりに協力的な地権者が少ないこと，店舗・用地の未利用と賃料の高止まりが並存するという問題点を抱えている。そのため個人的な取り組みと共同的な取り組みとがなかなかかみあわず，空き店舗とまちの魅力低下とが悪循環をなし，中心市街地はコミュニティとしての魅力も低下している。

　中心市街地には，歴史，文化，伝統等を含めた広い意味での社会関係資本が蓄積されており，人間関係を育み楽しめることこそがコミュニティたる中心市街地固有の魅力であるので，こうした特性をどのように回復していくのかが課題となっている。

　このような課題にどう答えていくのかが，中心市街地活性化法に求められた。たしかに中心市街地活性化法は，市町村が**中心市街地活性化基本計画**の策定等でイニシアティブを発揮できることとか，具体的な活性化事業に民間（まちづくり会社，中小組合等）が取り組んだという意義はあった。しかしその法律の目的が「市街地の整備改善及び商業等の活性化を一体的に推進する」に限定されていたことなどから，住宅，オフィス，学校・市役所・高齢者福祉施設・保育施設・病院といった公共施設など都市機能全般が対象とはなっていなかった。また基本計画は国や都道府県に送付されるのみで詳細な評価等がないとか，作成段階において地域住民や商業関係者のニーズの把握が不足していたとか，対象地域の選定がむやみに広く，しかも数値目標の設定がないなどの問題が指摘された。策定された計画についても，経済・社会情勢の変化に対応した適切な見直しがないとか，国や都道府県による支援が事業毎の個別評価にとどまるとか，支援策の効果や実績を報告させる仕組みがないとかの問題も指摘された。

　都市計画法はたしかに市町村の事情や特性に応じて独自のイニシアティブによって柔軟かつ機動的に土地用途規制を行い得る制度に改正され，**特別用途地区制度**及び**特定用途制限地域制度**なども導入された。しかし土地利用規制と広域的観点の反映について問題があった。土地利用規制の問題点としては都市計画区域外の地域（特に農地），市街化調整区域，白地地域，市街化区域におけ

る規制が，郊外に行けば行くほど緩やかな体系になっているので，郊外開発が比較的容易に認められていた。また都市計画手法が市町村に権限があるものが多く，広域的観点が反映されにくいとの問題もあった。ただし，こうした法律を活用して規制等を先行させた地方自治体もある。京都市や金沢市では，各エリアに建築できる施設の面積上限を定め，施設設置者に届出義務を課すゾーニング型条例を制定するなど，自治体が条例により立地制限を行おうとする動きが，まちづくり三法の改正に先立った。

　まちづくり三法は2006年5月に改正され，少子高齢社会でのまちづくりはいかにあるべきかが前面に掲げられた。すなわち高齢社会での税収減への対応に向けた持続的な自治体財政をどのようにはかるのか，また中心市街地のコミュニティの維持をはかりつつ，価値を生み出す交流をどのように促進するのか等をめざしている。まちづくりの方向性はコンパクトシティという言葉で端的に表現されている。ここには郊外ではなく中心市街地に商業機能の他，福祉・医療・保育・教育など都市機能全般を集約し，地域コミュニティが生み出す多様な価値を創出するとともに，中心市街地のにぎわいを回復させるという戦略がみられる。期待される効果は高齢者でも歩いて暮らしていけるという高齢社会対応であり，またマイカー中心社会の見直しをすることで地球温暖化対策に貢献できるとしている。

　中心市街地に都市機能を集約するには，特に郊外部での土地利用規制を強化する必要がある。2006年2月1日の社会資本整備審議会『新しい時代の都市計画はいかにあるべきか（第一次答申）』と『人口減少等社会における市街地の再編に対応した建築物整備のあり方について（答申）』とを受けて，都市計画法が改正された。大型店を含む1万 m^2 以上の大規模集客施設の立地可能な用途地域は商業地域・近隣商業地域・準工業地域に厳しく限定されただけでなく，準工業地域については特別用途地区制度の活用が附加された。事実上なし崩しになっていた第二種住居地域，準住居地域，工業地域，非線引き都市計画区域や準都市計画区域の白地地域での立地が原則的に不可となったのである。

4　商業まちづくりの展望

1　福島県商業まちづくり条例の意味するもの

こうした動きを先取りしつつ，地域との共生をより強く求めているのが2006年6月に制定された**福島県商業まちづくり推進条例**（以下，県条例）である。県条例は持続可能な共生社会の実現を政策理念とし，立地ビジョンに基づき県内小売商業施設を適正配置することで，歩いて暮らせる**コンパクトなまちづくり**と環境負荷の少ない**持続可能なまちづくり**を推進するものである。県条例は持続可能な**共生社会**の実現を図る福島県の政策理念に基づいて制定された。目指そうとする持続可能な**共生社会**とは経済的効率性等を重視した競争の論理を優先してきた20世紀型社会経済システムからの転換を図ろうとする思想をもつ。21世紀型社会経済システムとしての持続可能な共生社会は，多様な選択肢が保障された中で一人ひとりが「個」としての尊厳を認め合い，支えあうことによって人間が人間らしく生きられる社会であり，地球規模や未来世代にも配慮した社会的，経済的，環境的に持続可能な社会である。この持続可能な共生社会は，自然との共生，世代間の共生，人と人との共生，地域間の共生，価値観の共生の5つによって構成されており，地域固有の伝統や文化，自然環境，さらには人と人とのつながりを大切にしながら，魅力と個性のある美しい地域の再生を目指すのである。

県条例の第1の特徴は，小売商業施設の立地の誘導と抑制に関して，県と市町村とが売場面積に応じて役割分担をし，立地ビジョンを策定することにある。県は**商業まちづくり方針**を提示し，県が売場面積6000m^{2}以上の**特定小売商業施設**は立地の誘導と抑制を広域的に行うこととし，市町村には6000m^{2}未満の小売商業施設の立地の誘導と抑制を行うべき地区の**商業まちづくり構想**の策定を求めている。

このモデル案は基本的な方向として，人口減少や急速な高齢化の進行等の社会状況を踏まえ，広域的な見地から，都市機能が集積し公共交通体系が整備されている地区に小売商業機能の高度な集積を図るとともに，それ以外の地域においても生活に密着した最寄品が身近で買えるよう，小売商業施設が適正に配

置された持続可能な歩いて暮らせるまちづくりの実現を目指し，住民，小売商業者，行政等が連携・協働し，商業の振興に関する施策に併せて，土地利用に関する施策を一体的かつ戦略的に取り組むことを明記している。まちづくりを推進する上で重要と考えられる企業，公共公益施設，公共交通，住宅等についても適正な立地を求めている。

具体的には，第1に6000m^{2}以上の特定小売業施設は**広域的都市機能集積地区**，6000m^{2}未満の小売商業施設を**地域的都市機能集積地区**に集積させ，少なくとも食料品や日用雑貨品などの日々の生活に密着した商品（最寄品）は，身近な場所で無理なく買うことができるまちづくりを推進しようとしている。都市機能集積地区には単に商業施設だけでなく，公共・公益施投等を積極的に立地・誘導し，賑わいを創出することが求められた。誘導地域では，「商業集積の中心となるべき中心核（中心市街地がある場合は，当該中心市街地の全部又は一部）」の他に，「各地域の核（複数も可）となるべき地区を設定」できる。こうしたことから，商業集積を図るために，商業基盤施設等の整備，賑わいの創出，居住人口の増加，公共交通の確保などのための施策の明記が求められている。

第2は持続可能なまちづくりを推進するためには，自動車を利用しないと日々の生活に密着した商品の買い物に支障を来たすことや，将来にわたって自然環境への負荷や自治体の財政負担を増大させることなどがないよう，郊外部の無秩序な小売商業施設の立地を抑制することが必要である。小売商業施設の出店が抑制される地域は，市街化調整区域，都市計画白地，農用地区などである。一定規模（例えば100m^{2}以上で500m^{2}以下）に満たない小規模の小売商業施設については，市町村の判断で基本構想における誘導・抑制の要件の対象外とすることも可能とされた。ただし，準工業地域では延べ床面積1万m^{2}超の大規模集客施設の立地を抑制すること，農業振興地域では持続的な農業振興及び計画的土地利用の観点から制度の厳格な適用を図ること，さらに近隣商業地域においても用途地域の指定の状況を検証して見直しもあるとしている。

第3は都市機能の集積を図る地区と抑制される地区とが鮮明にされることから，生活圏内の非集積地区から都市機能の集積を図る地区にアクセスが容易にできるように，公共交通機関の確保が求められている。

第4は小売業が地域密着型の産業としての特性を持つので，小売商業施設設

置者による自発的な地域への貢献活動を促進し，地域と小売商業施設の相互の連携・協働により共存共栄のまちづくりを進めることが期待されている。

2　商店街の活力を求めて

それでは商店街を活性化するにはどのようにすればよいのであろうか。そのためにはまず，どのような商店街が活性化しているのかを知る必要がある。いうまでもなく商店街は個別の商店（個店）の集合体でもあることから，商店街が活力あるためには魅力があり集客力もある個店が多くなければならない。ただし，個店が活き活きとしていくためには，組織体としての商店街の取り組みを活発化させなければならない。こうしたことについて，福島大学地域経済論受講生による『商店街調査（2007年1月）』の結果（コラムも参照）を活用して接近したい。調査対象となった商店街は63件であり，宮城・山形県・福島県が対象となっている。

調査された商店街は平均で8店の空き店舗を抱え，過去2年間での閉店舗数は平均では4店，開店舗数は3店であった。総店舗数との関係で整理すると，空き店舗率12％，過去2年間での閉店舗率が6％，開店舗率が4％であった。商店街内にどのような店舗があるのかをみると，薬局は8割，ラーメン屋，飲み屋，菓子屋は7割台で，八百屋，食堂，スナックは6割台で，魚屋，肉屋，食品スーパーが5割台であり，コンビニと蕎麦屋は4割台であった。商店街の景況別では，八百屋，食品スーパー，ラーメン屋は繁栄度のある商店街に残っている。とりわけ八百屋の有無は商店街の景況較差が大きい。これに対して，魚屋，肉屋，コンビニ，薬局，そば屋，食堂・レストラン，スナック，菓子屋などは活力のあまりない商店街で比較的多く残っている。

どのような店舗が閉店しているのかをみると，飲食店，衣料品，酒屋，薬局，文具店などが比較的多く，金物店，靴店，雑貨店，鮮魚店，洋服屋，中華料理店，呉服屋，菓子屋，居酒屋などは比較的少ない。閉店した店舗の活用は，繁栄度や活性度が高い商店街ではお花屋や100円ショップが新しく入っている。そうでない商店街では飲食店等が目立つ。逆に開店業種ではもっとも多いのが飲食店であり，これに衣料品店，コンビニ，美容院，雑貨屋などが続いている。

商店街の活性化は商店街組織がどのくらいしっかりしているかを基盤として

いる。景況の良い商店街は，商店街組織が**法定組織**となっている割合が高い。当然，商店街リーダーも活力ある商店街にとっては不可欠である。リーダーは年齢別で見ると50歳代から60歳代が中心で，良好な商店街ほどリーダーは若く，彼らの本業は在来型業態の零細自営業主である。商店街の活性化の実行部隊は青年部と女性部である。青年部がある商店街は景況が相対的によい。女性部は比較的厳しい商店街でがんばっている。青年部リーダーの年齢層は30～40歳台，女性部のリーダーは50～60歳代が中心で，景況が良い商店街ほど年齢層が若い。

過去3年間での商店街ハード事業は3分の1が実施済みであり，繁栄している商店街では実施済み比率が8割を超えている。しかしハード事業の実施済み商店街での実施効果は，来街者・売上とも増加したのは3割にとどまり，残りうち3割は来街者が増加しても売上は増加していない。また4分の1の商店街

― コラム④ ―

魅力あるユニークな店舗

　商店街で集客力のある個店（専門店）を尋ねたところ，食品等スーパー，飲食店，鮮魚店，薬局，百貨店，精肉店，洋品店，書店，八百屋，ラーメン店などがあった。これら店舗の特徴をみると，飲食店は「入りやすさ」が，鮮魚店は「良品な品揃え」や「種類が豊富」が，スーパーは「低価格」が，八百屋は「鮮度の良さ」「産直品」「地場野菜」などが，精肉店は「品揃え」「惣菜」が，薬局は「対面販売」「品揃え」が，ラーメン店は「雰囲気」「個性的」などが，それぞれキーワードとなっている。また店主の特徴は，「若い」「気さく」「元気」「大きい声」「親しみ」「優しい」「職人」「地域に根ざす」「知識豊富」「独創性」などがキーワードである。

　ユニークな店舗には，電気店，豆腐店，飲食店，菓子店，工芸店，お茶店，喫茶店，肉店などがあがってくる。店舗の特徴でキーワードとして複数が回答されているのは，「修理」（電気店），「手作り」（豆腐，菓子，パンなど），「伝統」「和風」（工芸，菓子）などである。また店主の特徴は「60～70歳」「女性」「おばあちゃん」「自家製」「味」「頭がよい」「うでが立つ」「おもしろい」「家族経営」「作家」「知識」などである。

　（福島大学地域経済論受講生による『商店街調査（2007年1月）』結果から）

では来街者・売上とも増加していない。来街者・売上とも増えた事業としてはアーケードの設置，道路の整備，歩道の整備などである。

ソフト事業の実施効果は，調査商店街では来街者は増加したが売上は増加しないが4割ともっとも多く，これに来街者・売上ともに増加したが3割で続いている。ハード事業よりも若干効果が大きいようである。景況別では繁栄あるいは活性化との相関性は正である。来街者・売上ともに増える事業として目がつくのは，朝市，ナイトバザール，一店逸品などである。七夕や年末売出しは来街者を増やすことはできるが，必ずしも売上を増やすとは限らない。しかし空き店舗対策は約4分の1で実施されているに過ぎない。空き店舗対策の具体的な事業では，アンテナショップ，リサイクルショップなどでの効果が出ているが，高校生の販売体験学習やホームページでの募集では効果が見られなかった。

高齢者対策にそれなりに取り組んでいる商店街は増えてきており，5割を越えている。高齢者対策の事業効果があった商店街は6割強にのぼり，特に繁栄あるいは活性化している商店街ではその事業効果が高い。高齢者対策の内容をキーワードで検索すると，宅配がもっとも多く，これにバリアフリーや段差解消，道路，休憩などが続いている。また環境問題への取り組みも進んできている。商店街での環境問題での取り組みの事業効果は，7割弱で現れているが，高齢者対策とは違って繁栄度や活性度が劣位にある商店街の方でよく取り組まれている。具体的な取り組みとしては，エコステーション，リサイクル事業，ゴミ出し，花壇の整備，店舗前の掃除，除草活動，マイバックなどがある。

3　中心市街地再生の視点

なぜ中心市街地の活性化が必要なのであろうか。第1は**コミュニティ**の維持発展の基盤となる安全・安心の視点である。中心市街地が定住に値するには，なによりも生活上での安全・安心の確保が必要である。近年，地方都市郊外で犯罪が多発しているが，中心市街地が意外に落ち着いているのは，まちなか町内会等による自主防犯活動が存続しているからである。安全・安心は中心市街地の持続的発展に不可欠で，これは商店街や自治会が定住人口を持たなければ確保できないのである。

第2は**サービス利便性**の視点である。街中に住みたい理由でもっとも多いの

は，日常の買物の利便性がよいから（以下，買物利便性）の70％で，これに医療や福祉などの利便性が良いから（医福利便性）の58％や通勤や通学の利便性が良いから（通勤利便性）の55％などが続く。買物利便性が相対的に高いのは，都市規模別では町村，政令指定都市，中都市など，性別では女性，年齢別では高い年齢層である。医福利便性は都市規模別では町村と政令指定都市で，性別では女性が高く，年齢別では年齢を重ねるに連れて急速に高まる。これに対して通勤利便性は都市規模別ではそれほどの較差がなく，性別では男性が高く，年齢別では20〜40歳代までは高いものの，50歳代以降では急速に萎える。ただし理由での上位3位の順位が，小都市は他の都市とは逆転し，通勤利便性が1位，医福利便性が2位，買物利便性が3位となっている。

第3は**経済的機能**である。中心市街地には商業施設や公共施設など交流機能やサービス機能が集積しており，これらが**苗床機能**を醸成して，NPOや新産業を創出し，時宜にかなった雇用機会を生み出している。さらに重要なのは中心市街地（商業地）が固定資産税を多く支払い，住民税とともに自治体財政を底支えしていることである。市町村民税は97年以降減少傾向にあるものの，固定資産税額は依然高止まりにあり，全国的には商業地が固定資産税の6割以上を負担している。

第4は**歴史的文化的な豊かさの再発見**である。歴史ある家屋等の修景事業が，まちなか観光資源として注目を集め，経済効果をもたらしている。例えば三重県伊勢市では，協議会を設立して，雑多な屋外広告物と乱雑な電線類で統一感のない街並みを，無電柱化，表示・掲出物の制限，建築物等の形態意匠の誘導などを行い統一感のある街並みへと変貌させた。

第5はコンパクトで良好な中心市街地は**地球環境対策**に貢献できるという視点である。温暖化等の地球環境問題は国際政治問題でもある。京都議定書で掲げたCO_2削減率6％を達成するには，産業分野だけではなく地域交通分野での削減も求められる。ここではマイカーからの公共交通機関への利用の転換がもっとも効果的である。欧米では都市再生戦略の一環として，マイカーの都心乗り入れ制限と郊外・都心を直結する路面電車LRT（Light Rail Transit）の整備が進んだ。国内でも広島市・熊本市・岡山市・函館市・富山市など地下鉄がない地方拠点都市で，路面電車に低床式新型車が導入（LRT化）されている。

また富山市では停車駅の増設やJR線や私鉄との接続計画がある。
　若年世代が郊外住宅を志向したこともあり，中心市街地では一般世帯にしめる独居老人の割合や一人暮らし，夫婦のみ高齢者世帯の比率が上昇した。しかし近年，地価の下落でマンション購入が比較的容易になり，地方中核都市では若年世帯だけでなく，高齢者が郊外から街なかへの転居が現れているのである。

■考えてみよう！
(1)　大型店の出店の状況を参考文献（山川，荒井他）や経済産業省のホームページや大規模小売店舗のホームページを見て，考察しよう。
(2)　地方都市の中心市街地活性化基本計画について，ホームページ（http://www.kantei.go.jp/jp/singi/chukatu/nintei.html）を活用して，どんな特徴があるのか，また中心商店街がどのような役割を果たせるのか，考えてみよう。
(3)　まちづくり三法はなぜ改正されなければならなかったのか，またどのような都市の構築をめざしているのか，考えてみよう。

■参考文献
①山川充夫『大型店立地と商店街再構築』八朔社，2004年
②荒井良雄・箸本健二編『日本の流通と都市空間』古今書院，2004年
③鈴木　浩『日本版コンパクトシティ』学陽書房，2007年

第5章　国際化農政と地域の農業

1　産業としての農業の特質とグローバリゼーション

　農業という産業は，農産物というモノを作ることでは工業と同じだが，工業生産とは異なる大きな特質を持っている。

　第1に，農業は広大な土地（農地）を利用する**土地利用型産業**である。しばしば「日本の農家は零細である」といわれるが，都府県農家の平均は1960年に1ヘクタール（ha）であり，現在ではそれを大きく越えている。1haとは1万m^2であり，正方形で示せば，100メートル四方である。大きな農家も小さな農家も含めて，数百万もの農家の1戸当たりの平均経営面積は，縦100m・横100mを越えているのであり，通常のいわゆる中小企業の工場の面積と比べてもその大きさは際だっているといって良い（野球場の東京ドームでも，グラウンドが1.3ha，全体で4.7haである）。

　その日本の農家の経営耕地面積の10倍がヨーロッパ，100倍がアメリカ，1000倍がオーストラリアである（正確には2005年で，日本1.8ha。EU16haで9倍，アメリカ178haで99倍，オーストラリア3385haで1881倍。参考文献①8頁）。

　ところで生産要素としての土地は，技術や原料資源と異なって，輸出入はできない。そして経営耕地規模の拡大は簡単には進まない。したがって**機械化**（トラクターや刈取機の普及）や**化学化**（除草剤や農薬の利用）が進んでいるトウモロコシや大豆，麦等の穀物生産では，アメリカやオーストラリア等新大陸の生産コストが決定的に低く，一般の工業生産のように，技術的な努力で日本の穀物生産のコストを，アメリカ等に対抗できるようにすることは困難となる。つまり農業においては，各国間での生産物コストの格差は固定化する傾向をもっているのである。

　そしてこの事情が，とくに各国間での**農業摩擦**，とくに新大陸（南北アメリ

カ大陸とオーストラリア大陸)と旧大陸(アジア大陸とヨーロッパ大陸)との間での農産物貿易の摩擦を，必然的に発生させる根拠となっているといえる。

　第2に，農業は光合成植物を利用した有機的生産である(動物を利用した畜産も大きな意味では農業に含まれるが，畜産も植物(草あるいは穀物)を食して生産されるので，ここでは基本である植物利用生産としての農業を問題とする)。**植物を利用した生産**は，工業とは異なって，生産の自動化・機械化は大変に困難である。気温，風，水や湿度の変化，土壌の違いや病害虫への対応，収穫作業の複雑さや，出荷作業の難しさなど，直接生産を担う個々の人々の作業に依存する度合が高く，その作業者の労働意欲(労働のモチベーション)が大きな意味を持ってくる。その結果として，大人数を雇用する大規模な資本主義的経営は成立しにくく，かわって家族労働を基本とし，土地を含めた農業生産手段を所有ないし保有する自営的な**家族農業経営(農民あるいは小農)**が担い手の中心部分となっている。家族の労働の成果が，直接自分に返ってくる家族経営でなければ，労働のモチベーションが十分に保てないからであるといえる。

　上記の2点の産業的特徴は，農業政策のあり方にも大きく影響してくる。まず第1に，家族農業経営を中心とする農民層は，大規模でないが故に，かえって国家を形成する国民全体の中に占める比重が大きかったという事情もあって，政府としては政治的に無視できず，不十分といわれながらも**農業農民保護的政策**がとられることがしばしばであった。

　そしてその保護的政策をとろうとすれば，第2に，零細な経営が支配的で，土地面積の違いからくるコスト高に苦しむ国においては，当然ながら外国からの安い農産物の輸入を規制するという**国境調整政策**が必要となる。この事情は，各国間の壁を低くするグローバリゼーションとは大いに矛盾するところである。

　各国間の経済的摩擦の中でも，農業にかんする摩擦がとりわけ解決困難なのは，こうした理由からである。

2　高度経済成長期の日本の農業・農村・農政

　日本の高度経済成長期(1955〜71年)において，日本農政は大きくは以下の3つの柱で運営された。

その第1は，**農業構造改善事業**であり，とくに水田地帯の構改事業は，圃（ほ）場整備事業＝土地改良事業（不整形な水田を機械で作業しやすくするために区画整理し大きくする，用水と排水の便利を良くする等）と機械導入の促進等によって，水稲生産の省力化を可能にした（農業構造政策あるいは**構造政策**とよぶ）。これによって，狭く不整形の田んぼが並ぶかつての農村景観は大きく変化したが，同時にこの事業によって，農業への就業時間・就業者数は減り，都市部あるいは第2次・第3次産業への就業者の増大を可能にした。

　第2の柱は，農業生産の**選択的拡大政策**といわれるもので，需要が増加する農産物に生産の重点を移すとともに「外国産農産物と競走関係にある農産物の生産の合理化」（1961年「農業基本法」第二条参照）を図るとするもので，実際は飼料穀物や小麦等輸入の増大につながるものであった。

　第3は，農産物の**価格保障政策（価格政策）**で，とくに米や牛乳，一部の特産物について行われた。その価格政策のタイプは，1977年の農林大臣企画室の整理によれば，管理価格制度，安定帯価格制度，安定指標価格制度，最低価格保証制度，抑制価格制度，交付金制度，安定基金制度の7種類であるが，うち3つを紹介しておこう。

① 　米とたばこを対象とする「管理価格制度」は，「価格の安定を図るため政府が市場流通量の全量について流通を規制し，政府が買い入れるものについては，その買入価格及び売渡価格を政府が定める」ものである。輸入についても政府が管理する。

② 　指定食肉（豚肉・牛肉），まゆ・生糸を対象とする「安定帯価格制度」は，「自由市場を前提とし，政府関係機関の売買操作等により，一定の価格の幅の中に市場価格を安定させる」ものである。

③ 　大豆やなたね，加工原料乳（バターやチーズ用牛乳）を対象とする「交付金制度」は，「市場価格の形成は需給の実勢に委ねられているが，市場価格が基準価格よりも下落した際に，基準価格と生産者販売価格との差額を交付金として支払う仕組み（大豆，なたね）及び乳業メーカーの支払い可能価格の差額を交付金として支払う仕組み（加工原料乳）があるが，いずれも不足払い制度であり，生産者に対しては最低価格保証制度に類似した効果をもつ」。

こうした価格保障政策の対象作物は，上記の他に指定乳製品（バター・脂肪粉乳・加糖練乳），いも（でんぷん等），甜（てん）菜・さとうきび，麦類，飼料，野菜，肉用子牛，子豚，鶏卵，加工原料用果実，配合飼料など多岐にわたったが，もっとも重点が置かれたのは米（コメ）であった。

コメは，完全に輸入規制がなされ，国内で政府が買い入れる生産者米価については1960年以来**生産費所得補償方式**が採用された。政府買入価格は連年上昇して，相対的に高い価格設定がなされ，農家の増産意欲を刺激した。実際価格政策関連予算の推移を見ると，1960年に農業関係予算の2割強が「米麦管理制度の運営」に充てられていたところから，1970年には42％が「米麦管理」に充当されている（農業白書附属統計表より暉峻衆三氏作表による。日本科学者会議編『日本の食糧問題　上』大月書店，1978年，213頁参照。なお畜産物の価格安定に使われたのは1970年時点で増加はしているがなお1.8％，野菜・果実は0.1％，その他農産物でも0.3％である）。こうした中1960年代の末からコメの**過剰生産**と**財政赤字問題**が浮上し，一定の政策見直しを余儀なくされる。しかし1976年においても「米麦管理」に要した予算は全体の39.2％（暉峻）を占めており，高度成長期型の農業政策体系からの転換は容易ではなかった。

この第3の柱の価格政策は，農業保護政策の中心を成しており，一定の輸入規制を行いつつ，コメを始めとしてさまざまな品目において定められた農産物の**行政価格**が，十分ではないにしても，生産する際の収益性を保持し，農家と農村を支えた。そして実はこうした価格政策を軸とする「農業保護」政策は，日本だけでなく，より経営規模の大きいEU（当時はEC＝ヨーロッパ共同体）でも採用されていた（さらにいえば100倍の経営規模を誇るアメリカでも価格保障政策が行われているが，詳細は省く）。そしてヨーロッパでも日本と同様に，過剰問題・財政問題が70年代以降深刻になるのである。

3　プラザ合意と国際化農政

1　プラザ合意と農産物の国際比価

この価格政策を柱とする農業保護政策は，過剰問題と財政問題等からその維持が難しくなっていたのであるが，日本の農政の転換を決定づける経済環境の

大きな変化は，1985年10月の**プラザ合意**をきっかけとする。

プラザ合意とは，先進5カ国の大蔵大臣（財務大臣）と中央銀行総裁がアメリカのニューヨークで一同に会し，アメリカのドル高を是正することを容認した会合であるが，この結果日本円は85年の10月からおよそ10カ月間で2倍の円高となった。1ドルがおよそ240～50円から，1年にも満たない間に130～40円で売買されることになったのである。

日本で生産されるコメが10kgで2400円であったとする。日本での生産コストは，10カ月という短期間では変わらない。当時コメは海外から輸入されていないので，1985年に生産されるコメの国内価格は1986年のそれと変わらず，2400円である。ところがそれを海外から眺めてみると事態は大きく違って見える。1ドル＝240円から1ドル＝120円に変化したとすれば，1985年に日本の国内のコメ価格は10kgで2400円＝10ドルであったものが，1986年には同じく2400円であっても20ドルに跳ね上がっている。一方でアメリカ産のカリフォルニア米（日本のコメの品種が持ち込まれており，日本人も食することができる）は，10kgで5ドル程度であったと仮定しても，その値段は変わらず5ドルである。

つまり**ドル換算**して比較すれば，1年に満たない間に，アメリカのコメは5ドルであるのに，日本のコメは10ドルから20ドルに跳ね上がった。コメの**内外価格差**は日米で一挙に2倍から4倍へと変化してしまったのである。アメリカからすれば，輸送コストを考えても十分に日本へのコメ輸出で利益を生み出せると考えても不思議はない。

事実1986年に，アメリカの精米業者協会は日本のコメ市場の開放を要求して，当時日本がとっていたコメ輸入の制限を不当であるとしてアメリカの通商代表部に訴えている。そしてコメだけでなく牛肉やオレンジの市場開放もこの時期大きな問題になってくるのである。

2　農業保護政策の転換とガット・ウルグアイ・ラウンド

先述のように日本の農業政策は，このプラザ合意以前までは，不十分ながらも，いわゆる農業保護政策といわれるもので，コメを初めとした主要農産物について，輸入をコントロールし，最低価格や基準価格等の行政価格を設定して，

農家の所得の安定を図ってきた。例えばコメについてはなお自由な国内流通は制約され、政府の買い入れ（そして売り渡し）が相当数量を占めていて、政府の買い入れ価格が価格形成に大きな役割を持っていた。タバコや養蚕も輸入が規制されると同時に行政価格の対象で、相対的に高値が維持され、福島県のいわゆる中山間地農業の柱として、阿武隈山地や会津地域の農家生活の支えとなっていた。農産物価格保証政策が農業保護政策の大きな柱だったのである。

1985年以降の円高の定着による内外価格差の拡大は、こうした「農業保護」政策・価格補償政策の転換を強く迫ることとなった。「**国際化農政**」という言葉がこの時期以降使われるようになるが、農産物市場の開放圧力がアメリカを初めとした農産物輸出国からだけでなく、財界や政府部内の通商産業省（現在の経済産業省に連なるもので、相対的に日本の産業界・財界の意向を汲む度合が強いといわれる）筋からも強く打ち出されるようになってくる。そして農産物の輸入規制（国境調整措置）の緩和要求とともに、とくに農産物の価格補償に関わる財政支出の節減も強く主張されるようになる。コメその他の農産物の行政価格を高く維持すれば農水省の支出は嵩むことになるが、多くの行政価格は1985年をピークに以降大幅に引き下げられていくことになる。

実際コメの政府の買い入れ価格は、1987年5.95%、88年4.6%、90年1.5%、91年0.65%と引き下げられていく。また中山間地農業の柱であったタバコについていえば、現在のJT（日本たばこ産業株式会社）の前身である日本専売公社は、日本産の葉タバコ買い取りから外国産の葉タバコに重点を移すことになり、日本葉タバコの価格は低下し、買取量そのものも減少することになり、日本の葉タバコ生産農家の収益性を低下させ、農家経済は疲弊していくことになる。

ところで1980年代半ばの農産物貿易をめぐる国際的な対立の構図としては、まず農業大国アメリカによる**自由貿易主義**の主張が一つの極であった。広大で肥沃な大平原プレーリーで大規模農業を展開するアメリカは、大豆、トウモロコシ、小麦等で世界トップクラスの競争力を持ち、コメでも南部地域やカリフォルニア州で巨大な経営を有し競争力を持っていた。この背景のもとに、他国で行われている農産物の輸入規制を廃止し、価格保障・価格支持を撤廃する完全自由化を主張した。

第2の極は，ヨーロッパ（当時はヨーロッパ共同体EC）であった。ECでは**共通農業政策**のもと，「介入価格」を設定して小麦や牛乳等の域内農産物の価格を下支えし，外国農産物に対しては域内農産物との差額について「可変課徴金」を課し，農産物輸出については輸出補助金をつけて国際競争力を確保し，とくに東欧・ロシア地域へ輸出攻勢をかけて，アメリカから小麦の輸出市場を奪っている状況であった。しかし財政の負担の増大に悩んでおり，農業保護については，保護的支出全体の削減を各国協調的に進めたい（実はアメリカも農業保護的政策を行い，輸出補助金を支出していた）との思惑があった。

　第3の極は，日本に代表される農産物輸入国で，スイスや韓国等もほぼ同様の立場であった。日本は**食料安全保障論**を展開し，輸入制度については現状維持ないし，数量制限の強化を主張した。とくに基礎的食料＝コメについては，国民の主たる栄養源であり，優先的な国内生産・国内供給を認めるべきであるとした。

　こうした構図のもとに，農産物をめぐる多国間国際交渉がGATT（General Agreement on Tariffs and Trade 関税と貿易をめぐる一般協定）のもとに，1986年以来展開された。GATTの閣僚会議が南米ウルグアイで開催され，新たな多国間交渉を行うことが決定されたので，この国際交渉は**ガット・ウルグアイ・ラウンド**と呼ばれている。このラウンドにおいても，農業にかんする交渉が最も困難であったが，ついに1993年12月に新たな合意が形成された（全体としては1994年4月にモロッコで交渉締結）。この合意は，WTO（World Trade Organization 世界貿易機関）の**農業協定**に引き継がれ，1990年代そして2000年代以降の各国の農業政策を大きく規制することとなった。

　GATT農業合意＝WTO農業協定に規定される農業政策の世界的転換は，大きくは以下のように整理される。

　第1に，「生産から切り離された所得支持（下支え）」が一部認められることになった。これはこれまでの価格政策が，農業生産物の価格を支持し（支え），結果として農民の所得を支えていた点を見直すもので，**デカップリング政策**（decouple＝切り離すとの意味。価格支持と所得支持を切り離し，所得支持のための直接支払い政策をいう）と呼ばれる。この政策は，現在ヨーロッパとアメリカで大いに活用されている。

第2は，農業者の利益のみでなく，地域的・国民的視点からの農業・農村政策の展開については削減義務がなく，むしろ促進的に位置づけられていることである。**農村地域政策・農業環境政策**といわれる政策類型である。

　具体的には，1つは「地域政策のもとでの支援」であり，ヨーロッパで山間傾斜地等の農業条件の不利な地域に対して行われている「条件不利地域政策」や，都市から離れ就業条件そのものについてハンディキャップをもっている地域について行われる地域振興政策がある。これらは，直接的には農業者のための政策・農村地域住民のための政策ではあるが，農村地域も含めて美しく均衡のとれた国土・地域を維持するという観点から，大局的に見て市民・国民が妥当であり必要だと判断して行われる政策である。このタイプの政策は日本においてもなお予算的には小規模であるが，2000年から**中山間地域対策**として実施されている。

　2つ目は「環境政策のもとでの支出」政策であり，ヨーロッパ等では，農薬や化学肥料を削減して，環境に負荷をかける度合いの少ない農業方式を採用した場合，減収相当分を直接支払いする等の形態の政策が行われている。日本では国レベルでの政策展開の前に，琵琶湖をひかえる滋賀県等で独自の環境に配慮した農業に対する助成政策が行われてきた。

　そして農水省の政策として2007年度より**農地・水・環境保全向上対策**が行われている。本政策は，「農地・水・農村環境の保全と質的向上のための共同活動を支援する」というもので，「国土の保全・地下水かん養」，「耕作放棄地の発生防止」，「水路や畦畔の適切な保全管理」「農道の適切な保全管理」等の共同活動を支援して「農村景観の維持形成」，「生態系の保全」，「環境体験学習の場の提供」を図ろうとしている。さらには化学肥料・農薬の大幅使用低減によって，「農業が本来有する自然循環機能の維持・増進による地域の環境保全に向けた先進的な営農活動」をも支援するというものである。予算規模が限られており，また支援助成金の受領には書類作成等で多大の手間を要するといった難点はあるが，今後の農政の方向性を示すものとして大いに注目される。

　第3に，そしてこれが最も重要な政策的特徴といえるが，これまでの農業保護政策の主要手段であった輸入制限と農産物価格助成が，**「貿易を歪曲する効果を持つもの」**として，基本的に否定され大幅な削減対象とされたことである。

こうして日本を含む各国の農政は，これまでのような形での保護的手段を大きく制約されることになった。ただしこれらの「農業保護」政策は日本政府自身としてもその維持は困難と考えており，WTO農業協定という外圧による保護政策の見直しとばかりはいえない。内的論理としても従来的な保護農政を見直したいという判断はあったといえる。先述の「行政価格」の引き下げはまさにこうした政策の流れを反映していたのである。

4 日本における農業政策の転換

WTO農業協定等をうけた日本の農政転換は，まず何よりも農業基本法の見直しに象徴される。1961年に制定された**農業基本法**を根本から見直し，1999年には「**食料・農業・農村基本法**」と名称も変わって，内容は革新された。名称の変更から想起されるように，農業と農業者のための基本法から，より国民全体的視点に立った基本法へと内容は変化している。

その「基本理念」は，条文上では①国民に対する「食料の安定供給の確保」，②「国土の保全，水源のかん養，自然環境の保全，良好な景観の形成，文化の伝承等」につながる「農業の多面的機能の発揮」，③「生産要素の確保と望ましい農業構造の発展」そして「自然循環機能の維持増進」につながる「農業の持続的発展」，④「農業発展の基盤」としての「農村の振興」と示されているが，これまでの現実的な政策展開の特徴は，以下の3点に整理されうる。

その第1は，コメ政策の大きな見直しである。高度経済成長期までに確立したコメ政策は，過剰と財政負担上の問題から政策転換が進んできていたが，とくに1995年からの**新しい食糧法**の制定によって，米流通のあり方は大きく変わった。政府が全面的に流通に関わる方式から，流通面では完全自由化の方向にカジを切った。生産調整（コメ需要量を生産量・生産能力が上回るため1970年以来大幅な生産制限を行ってきた）においても政府の介入（責任）をはずすべく，コメ政策改革を進めている。コメ価格もますます低落している。

コメのみでなく，その他の価格保障政策からも撤退する政策がより加速されているのが実態である。

第2は，**規模拡大**を進め，上層のより少数の「担い手に施策を集中化・重点

化し，構造改革を加速化するための対策」を強化していることである。

具体的には，1993年の**農業経営基盤強化促進法**等であるが，2007年度（年産）からは**品目横断的経営安定対策**が行われている。これは，個別品目ではなく経営全体に着目し「諸外国との生産条件の格差から生じる不利を補正するための補てん」と「収入減少の影響を緩和するための補てん」を実施して経営の安定を図ろうとするものであるが，その経営安定対策の対象を，4ha以上の個人経営か，20ha以上の「集落営農」（数戸あるいは数十戸の農家で組織を作り農業を行うかたち）に絞るものである。

この対策に対しては，小規模農家の切り捨てにつながるものとして農民の反発が強く，2007年の参議院選挙での自民党の大敗北の一因となったものである。また「経営安定対策」といいながら米価の低下を償う仕組みがなく，大規模な農家に対しても十分な政策になっていないとの批判がある。

さらに規模拡大政策自体についても，1961年の農業基本法以来進められてきたものであるが，その限界を指摘しておきたい。アメリカの農業経営との規模間格差は容易には埋まらないのである。

第3の日本の現行農政の特徴は，既に指摘したWTO農業協定でも許容されている**地域政策・農業環境政策の新たな展開**である。具体的には先述のように「農地・水・環境保全向上対策」や「中山間地域対策」が挙げられ，その政策的意義は大いに評価されるが，運用面での問題も多々あり，また実際の予算規模は未だ少なく，なお端緒的政策であるといわざるをえない。

5　農業生産の変化
―― プラザ合意以降の農産物輸入の加速的増大 ――

1　農業総生産と品目別生産額の変化

1960年以降，農業生産はどのように変化したであろうか。表5-1から見える特徴の第1は，農業総産出額は曲がりなりにも1985年までは増加していたが，1985年以降は名目額でも減少していることである。1985年のプラザ合意による円高の影響と農業保護政策の後退が，この**農業産出額の絶対的減少**に反映している。国内の農業生産は後退して，輸入に頼る度合いがいっそう強まっ

たのが，1985年以降である。

こうした農業生産の空洞化は，とくに山間農業地域（林野率80%以上かつ耕地率10%未満の地域）および中間農業地域（都市的地域および平地農業地域以外の地域）に深刻であり，そうした**中山間地域**においては，農業生産の空洞化から，**人の空洞化**（担い手および人口そのものの減少），**土地の空洞化**（農林地の荒廃化），**ムラの空洞化**（寄り合いや集落活動が低下し，地域の機能そのものが低下）

表5-1　全国における農業総産出額の推移

		総額	米	野菜	果実	花卉	工芸農作物	畜産	畜産のうち養蚕
総産出額（億円）	1960	19,148	9,074	1,741	1,154	87	819	3,477	564
	1965	31,769	13,691	3,744	2,100	192	1,534	7,355	727
	1970	46,643	17,662	7,400	3,966	425	2,040	12,096	1,261
	1975	90,514	34,658	14,673	6,462	792	3,891	24,867	1,463
	1980	102,625	30,781	19,037	6,916	1,719	4,946	32,187	1,510
	1985	116,295	38,299	21,104	9,383	2,302	5,064	32,531	845
	1990	114,927	31,959	25,880	10,451	3,845	4,303	31,303	466
	1995	104,498	31,861	23,978	9,140	4,360	3,895	25,204	79
	2000	91,295	23,210	21,139	8,107	4,466	3,391	24,596	20
	2005	84,887	19,650	19,952	6,810	3,980	3,012	25,548	記載無し
比率（%）	1960	100%	47.4	9.1	6.0	0.5	4.3	18.2	2.9
	1965	100%	43.1	11.8	6.6	0.6	4.8	23.2	2.3
	1970	100%	37.9	15.9	8.5	0.9	4.4	25.9	2.7
	1975	100%	38.3	16.2	7.1	0.9	4.3	27.5	1.6
	1980	100%	30.0	18.6	6.7	1.7	4.8	31.4	1.5
	1985	100%	32.9	18.1	8.1	2.0	4.4	28.0	0.7
	1990	100%	27.8	22.5	9.1	3.3	3.7	27.2	0.4
	1995	100%	30.5	22.9	8.7	4.2	3.7	24.1	0.1
	2000	100%	25.4	23.2	8.9	4.9	3.7	26.9	0.0
	2005	100%	23.1	23.5	8.0	4.7	3.5	30.1	＊
5年間変化率（%）	1965	65.9	50.9	115.0	82.0	120.7	87.3	111.5	28.9
	1970	46.8	29.0	97.6	88.9	121.4	33.0	64.5	73.5
	1975	94.1	96.2	98.3	62.9	86.4	90.7	105.6	16.0
	1980	13.4	▲11.2	29.7	7.0	117.0	27.1	29.4	3.2
	1985	13.3	24.4	10.9	35.7	33.9	2.4	1.1	▲44.0
	1990	▲1.2	▲16.6	22.6	11.4	67.0	▲15.0	▲3.8	▲44.9
	1995	▲9.1	▲0.3	▲7.3	▲12.5	13.4	▲9.5	▲19.5	▲83.0
	2000	▲12.6	▲27.2	▲11.8	▲11.3	2.4	▲12.9	▲2.4	▲74.7
	2005	▲7.0	▲15.3	▲5.6	▲16.0	▲10.9	▲11.2	3.9	＊

注：1）農林水産省統計部『平成17年生産農業所得』農林統計協会，2007年による。
　　2）平成17年の数値は概算値。
　　3）「5年間変化率」は，（当該年の数値－5年前の数値）÷5年前の数値×100。

が生じており、地域そのものが崩壊の危機に瀕している（参考文献②1～3頁）。

第2に、作目別に見るとコメの比重が小さくなっており、1960年には農業生産額全体の半分近くの47.4％を占めていたものが、2005年には23.1％と4分の1を切るまでになっていて、代わりに18.2％であった畜産が30.1％に増加し、さらに野菜が9.1％から23.5％に増加している。農産物輸入のあり方、価格体系や食生活の変化等を反映しているものといえる。

第3に、1985年から90年にかけての5年間に着目すると、この間はコメや工芸農作物（タバコに代表される。イグサ等もある）、養蚕は大きく減少しているが、野菜と果実はなお生産額を伸ばしていた。畜産の減少も未だそれほどでもなかった。しかし1990年から95年になるとついに野菜と果実でも生産額は減少してくる。畜産の減少額もより大きくなった。これら品目の輸入の影響がついに現れたと説明できる。

実際、主な食料の輸入率は、とうもろこし、大豆、小麦では1970年代頃にすでに8割以上の高い割合になっていたが、1985年頃から果実、肉類、牛乳・乳製品、野菜といった品目の輸入率が上昇している（参考文献①30頁）。つまり大豆を含めた穀物類の輸入はアメリカが中心で、すでに1970年代に進んでいたが、グローバリゼーションがより決定的に進行した1985年以降は、穀物以外の畜産品や野菜・果実といったあらたな需要増大品目についても輸入が拡大し、その輸入先として中国等の近隣アジア諸国からの増加が著しいところに特徴がある。

より近年の数値であるが、1996年から2006年の10年間を見ると、日本の農産物輸入の相手先としては、アメリカの比率が39％から30％へと低下し、逆に第2位の中国は9％から13％へと増加している（参考文献①29頁）。

土地利用型の作物である穀物類はすでに1970年代にアメリカ依存となっていたが、1985年以降は、畜産品のみならず、新鮮さがより求められる品目でありかつ労働集約的な作目である野菜までもが、中国に依存する度合いを強めてしまったのである。さらには農産物輸入額に占める加工食品類の割合も非常に高まっていて、1996年に29.8％であったものが、2005年には37.9％になっている。その加工食品の輸入先は、東アジアが35％から43％にまで上昇している（参考文献①31頁）。

— コラム⑤ —

米の生産調整

　米（コメ）は2000年をはるかに越える以前から日本列島で栽培されて日本人の主食となってきた。しかし日本人が米を十分に食べることができるようになったのは，たかだか40年ほど前からである。第2次世界大戦中には米は（麦などとともに）国民に十分に行き渡らないが故に，食糧管理制度の下，いわゆる配給制度の対象で自由流通ではなく政府がほぼ完全に買い入れから売り渡しまでを管理し，それは戦後の食糧難以降も続いた。

　本文中にあるように，1960年代には政府の買入価格が連年上昇し，一方で米の一人当たり消費量は食生活の多様化の中で減少する。60年代の末にいたって，ついに政府米の過剰在庫問題が表面化する。1967年産米が米生産のピークで1445万トンであり，米の平常の生産能力は1400万トンを越えているのに，米の総需要量は1970年には1200万トン程度で，持ち越しの古米（前年以前の産米）在庫量は1968年10月末時点で300万トンで，1970年10月末には史上最大の720万トンに及んだ。

　ここにいたってついに米の生産調整（減反政策ともいう）が本格的に行われることになる。「稲作転換対策」（1971〜75年）は，全水田面積の17％が休耕を主体として行われ，米を作らなくとも10アール（1000m^2）で3.5万円の奨励金が支給されるという制度であった。その後は単純な休耕ではなく，麦や大豆，野菜，果樹，飼料作物等への転作が奨励されたが，転作作物の価格は米価に比して収益性が悪く，また米作に比して作業も容易でないという点もあって，転作は定着しなかった。

　米の消費がさらに減少する中，生産調整の比率は「水田農業経営確立対策」（2000〜04年）期には，36.7％と，全水田面積の3分の1を大きく越えるようになってきた。

　生産調整における助成制度は頻繁に制度変更されており，また大変複雑である。2002年度の福島県の助成は，①「稲発酵粗飼料用稲」（稲をモミのついたままですべて刈り取って発酵させ牛等の飼料として利用。ホールクロップサイレージ用稲），②「麦・大豆・飼料作物」，③「子実前刈取り稲」（実がなる前の稲が青い段階で刈り取り飼料として利用。青刈り稲），④「そば」，⑤「花卉・なたね・地力増進作物」，⑥「タバコ，景観形成等水田」，⑦「こんにゃく，果樹等」，⑧野菜，⑨「調整水田」（水を張り常に水稲の生産力が維持されるよう管理され

た水田），⑩「保全管理（水田預託），自己保全管理（水田を常に耕作可能な状態に管理すること），土地改良通年施行（土地改良事業又はこれに準ずる事業を通年施行により行うこと）」の10のタイプに即して概念図が示され，それぞれ10アール当たりの助成金額が最高9万9000円から最低3300円になることが説明されている。

　これらの助成には，「水田作付体系転換緊急推進事業」，「経営確立助成交付単価」，「とも補償交付基準」，「緊急拡大助成（福島県独自上乗せ助成）」，「緊急拡大対策助成（JA＝農協グループ福島の上乗せ助成）」の種類が関わる。

　しかし生産調整は定着しない。いっぽう行政のコストは膨大にかかる，ということで1995年の新しい食糧法は2004年に大幅に改正され，「米政策改革」が実施された。その改編ポイントの第1は，生産調整をネガ方式（転作面積基準）からポジ方式（生産数量基準）に切り替えた上で，その実施主体をこれまでの国（県・市町村）から農業者団体に移行するというものである。

　第2は，助成制度の改変で，全国一律の助成体系から，地域が「地域水田農業ビジョン」を策定し独自に使途や配分方式を決められる「産地づくり対策」に変わっている。

　第3に，「品目横断的経営安定対策」で，「ナラシ」と呼ばれる価格変動緩和対策（市場価格の低下を補てんする制度，米，大豆，麦，てんさい，でん粉用ばれいしょの5品目対象）と「ゲタ」と呼ばれる生産性格差是正策（米を除く前期4品目対象。輸入品との生産コストの不利を補正）をから成る。特に議論を呼んだのは，この助成対象が，規模の大きな農家（都府県4ha以上，北海道10ha以上）や集落営農（20ha以上で「一元的な経理」を行う等の条件あり）に限定され，選別的な農政であった点である（ただし大規模農家へのメリットが拡大したわけではない）。

　こうした米政策改革のもと，生産調整からますます多くの農家が離反している。特に福島県は主食用水稲作付で生産目標面積6万8422haに対し，実際の作付面積は8万958haであり，過剰作付は1万2530haで2年連続日本一となったという（「福島民友新聞」2008年7月4日）。他県でも未実施面積が増加しており，現行の生産調整方式の抜本的な見直しが求められている。

【以上は，農水省資料，福島県・JA福島五連『平成14年度「水田農業確立対策」等のあらまし』，佐伯直美「米政策改革はどこまで進んだか」（『農業と経済』2007年3月臨時増刊号，昭和堂），参考文献③，等による】

地理的に近く，輸送費や人件費が安い中国からの輸入は，1985年以降の円高定着を受けて進出した日本企業の**開発輸入**（輸入国の企業が，品種や技術を持ち込み，生産指導も行って，その生産品をそっくり本国に輸入する形態）により，結局1990年代に入って急増した。海に面する広大な国土があり，耕作地が広く季節を通じて多品種の農産物が供給できることも輸入が増えた原因といえる（『福島民友新聞』2008年3月2日）。

2　福島県の農業・農村とグローバリゼーション

以上は，1985年以降の日本農業全体の動向であるが，地域別に見た場合，農業はそれぞれの特徴を持っている。例えば，宇佐美繁氏は，**東北農業の地帯構成論**（河相一成・宇佐美繁編著『みちのくからの農業再構成』日本経済評論社，1985年，216頁）として，①稲単作地域（大河川流域で，山形庄内・宮城北部・秋田県南・青森県津軽西北・福島会津等），②稲・果樹複合地域（福島県北から山形県，および津軽地域），③稲・園芸・畜産複合地域（青森南部・岩手北上山系・奥羽山系東麓・福島阿武隈山系），④米単作的な漁業兼業地域（青森から岩手・宮城・福島県浜通り）の4類型を提示されたが，それぞれの地域農業への1985年以降のグローバリゼーションの影響もそれぞれ異なってくる。

日本全体としてみた場合，東日本と西日本の農業の違い，そしてグローバリゼーションの両地域に与えるインパクトの違いに留意する必要がある。農業経営そのものの規模の違い，地形や気候の違いによる作物の違い，農外への就業機会の違い（労働市場への距離，労働市場の質や量等も関連）などがその要点である。

その観点から，東北の農業を概観しておけば，東北農業の特徴の第1は，西日本と対比して農家は比較的大規模な土地を所有して，経営規模が相対的には大きいことである。第2の特徴は，労働市場は比較して展開がなお弱く，相対的には農外就業機会に乏しい。第3に，商業的農業の進展が比較的弱く，コメあるいは価格政策対象作物の生産に重点があった地域が多いことである。

その一例として，福島県についてみれば，まず農業総産出額のピークはやはり1985年の4002億円であり，2005年には2500億円へと1500億円も減少している（表5-2）。しかもその減少率は日本全体の減少率27％をはるかに上回る38％である。

1985年以降の政策転換・経済環境の変化が，なぜ福島県についてはより強烈に影響して農業生産額減少につながったかといえば，①阿武隈山系や南会津地域で盛んであったタバコ等の工芸農作物が1980年・85年には250億円から330億円を越える生産額であったところから56億円まで減少してしまったこと，②福島県北から阿武隈山系地域にかけて盛んであった養蚕も1980年には222億円と大きなものであったところから2005年には壊滅状態になっていること，

表5-2　福島県における農業総産出額の推移

		総額	米	野菜	果実	花卉	工芸農作物	養蚕	畜産
総産出額（億円）	1960	623	318	49	30	0	48	40	60
	1965	1,063	517	99	53	1	112	59	151
	1970	1,590	706	191	79	3	135	127	282
	1975	3,254	1,453	373	225	13	332	183	590
	1980	3,328	1,066	555	220	21	336	222	798
	1985	4,002	1,757	591	305	23	253	144	815
	1990	3,747	1,497	666	339	66	168	110	799
	1995	3,140	1,381	573	294	84	106	12	606
	2000	2,651	1,112	499	283	83	80	2	521
	2005	2,500	1,012	492	267	74	56	記載無し	529
比率（％）	1960	100%	51.0	7.9	4.8	0.0	7.7	6.4	9.6
	1965	100%	48.6	9.3	5.0	0.1	10.5	5.6	14.2
	1970	100%	44.4	12.0	5.0	0.2	8.5	8.0	17.7
	1975	100%	44.7	11.5	6.9	0.4	10.2	5.6	18.1
	1980	100%	32.0	16.7	6.6	0.6	10.1	6.7	24.0
	1985	100%	43.9	14.8	7.6	0.6	6.3	3.6	20.4
	1990	100%	40.0	17.8	9.0	1.8	4.5	2.9	21.3
	1995	100%	44.0	18.2	9.4	2.7	3.4	0.4	19.3
	2000	100%	41.9	18.8	10.7	3.1	3.0	0.1	19.7
	2005	100%	40.5	19.7	10.7	3.0	2.2	＊	21.2
5年間変化率（％）	1965	70.6	62.6	102.0	76.7	＊	133.3	47.5	151.7
	1970	49.6	36.6	92.9	49.1	200.0	20.5	115.3	86.8
	1975	104.7	105.8	95.3	184.8	333.3	145.9	44.1	109.2
	1980	2.3	▲26.6	48.8	▲2.2	61.5	1.2	21.3	35.3
	1985	20.3	64.8	6.5	38.6	9.5	▲24.7	▲35.1	2.1
	1990	▲6.4	▲14.8	12.7	11.1	187.0	▲33.6	▲23.6	▲2.0
	1995	▲16.2	▲7.7	▲14.0	▲13.3	27.3	▲36.9	▲89.1	▲24.2
	2000	▲15.6	▲19.5	▲12.9	▲3.7	▲1.2	▲24.5	▲83.3	▲14.0
	2005	▲5.7	▲9.0	▲1.4	▲5.7	▲10.8	▲30.0	＊	1.5

注：1）東北農政局福島統計情報事務所及び福島農政事務所『福島農林水産統計年報』及び『市町村を単位とした生産農業所得累年統計書』各年次版による。
　　2）「5年間変化率」は，(当該年の数値－5年前の数値)÷5年前の数値×100。

③コメの比重が高く，逆にいえば野菜や畜産の生産が不振であること，等のためであった。総じていえば，福島県の農業は，かつての農業保護政策の対象作物であった作目に依存する度合いが強かったため，保護政策が決定的にはずされた1985年以降，より深刻な生産不振につながったといえる。**耕作放棄**された農地面積が全国1位となったことはそうした事情の反映でもある。

地域の側から見れば，とりわけ阿武隈地域，会津地域の中山間地域では事態は深刻で，かつての地域農業の柱であった葉タバコや養蚕が大打撃を受け，コメも生産調整や価格低下で希望が持てない中で，農業の担い手の減少から総人口の減少となって，地域機能の維持すら困難になる状況へと事態は進んでいる（**人・土地・ムラの空洞化**）。

とはいえ，そうした困難な中山間地域でも，いやそうした困難な地域であるからこそ，農業破壊・地域崩壊の流れに抗する，新たな動きが見られる。例えば福島県喜多方市の旧熱塩加納村では，**有機農業**の歴史の上に，学校給食における地場産農産物の利用を進め，**食農教育**さらには**都市農村交流**（生産者と消費者との交流，グリーンツーリズムなど）を発展させている。昭和村の花や鮫川村・飯舘村の農業を軸にした試みも全国的に注目され，評価されている。

いっぽうで，県北地域や会津平野などの農業生産条件が相対的に恵まれている地域でも，果樹と野菜，花卉等の生産振興が，新しい流通のあり方（**直売所**や**地産地消**）と結びつきながら進んできている。表5−2に立ち戻れば，福島県では果実の生産比率が高いこと，2000年から2005年にかけては野菜生産額の減少は下げ止まってきていることなど，良い兆候も見てとれる。

6　食の全体像と農業・農村・農家の方向性

水産物も含めての**食の全体像**として2000年時点についての農水省の試算であるが，図5-1が示されている。本図は例えば飼料穀物の流れを把握することはできない，などの難点はあるが，いくつかの重要点を示唆している。

まず簡単に図の意味するところを説明しておこう。

第1に，**輸入比率の大きさ**である。食用農水産物は国内生産が12.1兆円，輸入生鮮品が3.2兆円である。この点からだけ見ると輸入品の比重が小さく見

えるが，じつは国内農水産物 12.1 兆円の生産のために，例えば 2002 年に 2500 億円が支払われてトウモロコシが 1640 万トンも輸入され（日本全体のコメ消費量は 2002 年で 960 万トンである），日本の酪農家や畜産農家によって使用されて，日本の牛乳や豚肉・鶏肉等になっているのである。さらには図にあるように一次加工品（塩蔵処理された野菜等）輸入 0.5 兆円，最終製品輸入（チーズや加工食肉類，菓子類等）1.9 兆円がある。生鮮品 3.2 兆円と合わせ，単純に輸入品を合計しただけでも 5.6 兆円となる。輸入品の比重は大きい。

第 2 に，**加工と外食への流れ**である。国内で生産された食用農水産物は，3 方向に流れて行くことを図は示している。つまり 12.1 兆円の国内産は，①直接消費向けに 64.5%，7.8 兆円，②加工向けに 24.0%，2.9 兆円，③外食向けに 11.6%，1.4 兆円である。同じく 3.2 兆円の輸入生鮮品は，①直接消費向けに

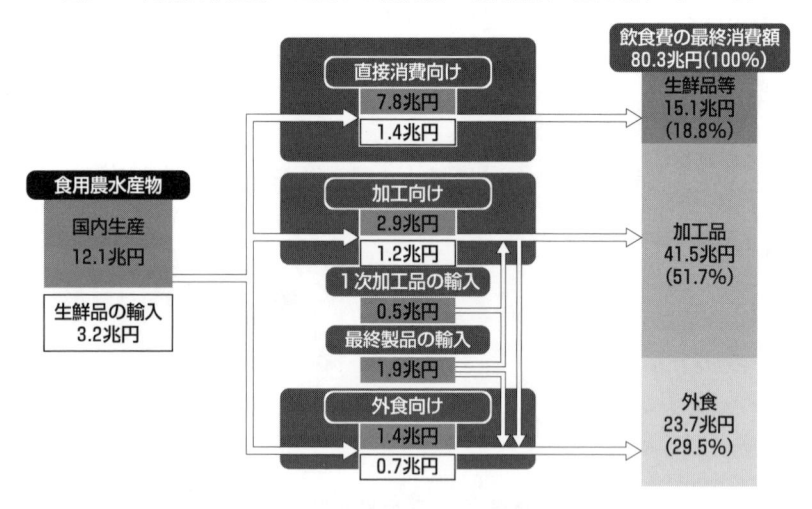

図5-1　食用農水産物の生産から飲食費の最終消費に至る流れ（2000 年）

注：1）『食料・農業・農村白書　平成 19 年版』74 頁による。
　　2）総務省他 9 府省庁「産業連関表」を基に農林水産省で試算。
　　3）食用農産物には特用林産物（きのこ類等）を含む。また，精穀（精米，精麦等），と畜（各種肉類），冷凍魚介類は食品加工から除外し，食用農水産物に含めている。
　　4）飲食費の最終消費類は，旅館・ホテル等で消費された食材費（材料として購入）を含む。
　　5）外食産業は，一般飲食店（レストラン，すし店，そば・うどん店等），喫茶店，遊興飲食店（料亭等）である。

43.8％，1.4兆円，②加工向けに37.5％，1.2兆円，③外食向けに21.9％，0.7兆円となっていて，**輸入品は加工向け，外食向けの比重が高い**ことがわかる。加工向け・外食向け需要に，**国内産は十分に応えていない**ともいえる。

第3に，**加工・流通段階での付加価値**の問題である。まず直接消費に向けられた国内産7.8兆円，外国産1.4兆円の合計9.2兆円は，最終消費額としては15.1兆円と，1.64倍に膨れている。流通段階のみで64％が付け加えられていることになる。

さらに，①加工向けに利用された国内産2.9兆円と輸入品＝外国産1.2兆円，②輸入されて加工向けと外食向けに利用された外国産の一次加工品0.5兆円と外国産の最終製品1.9兆円，③外食向けに利用された国内産1.4兆円と外国産0.7兆円，の合計8.6兆円は，**最終消費の段階では65.2兆円**（加工品41.5兆円，外食21.5兆円）と，7.58倍に膨れあがっている。実に658％もの価格が上乗せされたことになる。

このように最終消費の段階の「食」の価格と生産直後の「農（水）産物」との間には大きな価格差が存在しているのである。

第4に，**食のあり方の変化**についてである。飲食費の最終消費額は80.3兆円であるが，「生鮮品」の形で消費されるのは15.1兆円と18.8％にすぎず，加工品（41.5兆円，51.7％）や外食（23.7兆円，29.5％）の形態で消費される度合いが強まっている。これは「**食の外部化**」といわれるもので，家庭での調理の比率が下がり，**中食**（なかしょく——弁当や総菜）・**外食**が増加していることを反映している。

付け加えれば，第5に，飲食費の最終消費80.3兆円に対して，日本の農家漁家は農水産品として15.1％の12.1兆円しか確保していないことになる。農家や農業団体が経営する**農家民宿**や**カントリーレストラン**等での消費額の推計値は不明であるが，生産農家が最終消費を見据えて，つまり加工や食事提供をも視野に入れていく必要があると言えよう。

国レベル・自治体レベルでの，時代にあった農業・農村施策の充実を求めていくのは当然であるが，政策に依存するだけの時代ではない。図5-1に示されるこうした事実を踏まえれば，グローバリゼーションのもとにあって農業生産単独での回復が簡単ではない中で，福島県内そして全国各地の先進事例同様

に，農業を軸とした流通・加工・観光まで視野を広げた形で追及し，就業機会の拡大を図って，農村地域の維持・振興を図っていく必要があろう。

■考えてみよう！
(1) 東日本の農業と西日本の農業の違いを，例えば岡山県と福島県（あるいは自分の出身県）を事例として，農産物別生産額の比較，経営規模や兼業化の違いなどで考えてみよう。
(2) 図5-1を参照しつつ，食と農が連携した優良事例を農林水産省ホームページ等から検索し，食農連携の意義について考えてみよう。
(3) 農業の「多面的機能」とは何か，考えてみよう。

■参考文献
①農林水産省『食料・農業・農村白書　平成19年版』農林統計協会，2007年
②小田切徳美・安藤光義・橋口卓也『中山間地域の共生農業システム』農林統計協会，2006年
③田代洋一『新版　農業問題入門』大月書店，2003年

第6章　少子高齢化と福祉のまちづくり

1　日本社会の高齢化

1　日本の高齢化はなぜハイスピードなのか

　人口構成の高齢化は先進諸国に共通の現象である。経済が未発達で国民の生活も苦しい社会では「多産多死」が通例だが，経済の発展とともに出生率は低下し死亡率も小さくなって「少産少死」社会に移行する。出生率の低下の原因はさまざまだ。女性の就労が進み非婚や晩婚が多くなること，また子どもが一人前になるまでの期間が長期化し経済的な負担もふくらんで多くの子どもをかかえることが困難になったことなどである。

　日本の場合は，欧米諸国とくらべて高齢化率の上昇スピードが異常に速いという特徴がある。これは，多産多死型社会から少産少死型社会への移行が非常に短い期間になされたことに起因している。第二次大戦後1950年頃まで，日本の人口ピラミッドは典型的な農業国型の三角形構造になっていた。その後，高度経済成長期に急激に少子化が進んだが，三角形の底辺にあたる部分（**団塊世代**と呼ばれる第1次ベビーブーマー）はそのまま年齢を重ね，その子どもの世代（団塊ジュニアと呼ばれる）とともに人口ピラミッド上に2つの「突起」を描き出す結果になった。これらが厚い労働力の層を構成している間は経済にとって有利に作用するが，高齢化して被扶養人口を構成するようになった段階で国民経済的な負担がきわめて大きくなる。これが**高齢化社会危機論**の人口論的な根拠である。

　戦前の日本が国力を軍事優先で費やし，国民生活の向上につながらなかったことが多産多死の人口構造を戦後に遺産として残し，さらに戦後の混乱が一段落したところで爆発的なベビーブームが生じた。二重の意味で，日本の急速な高齢化現象には戦争の影響が深く刻印されていると言える。

2　高齢化社会を誰が支えるか

　高度経済成長は日本の家族の形を大きく変えた。人口の都市への流出にともなって農村の多世代家族は分解し，都市では**核家族**（夫婦のみ，夫婦と子ども，または片親と子ども）が支配的になった。近年は家族単位の縮小はさらに進み，核家族にさえならない単独世帯がふえている。国立社会保障・人口問題研究所の推計では，2020年に単独世帯の割合は29.7％になる見込みだという。総世帯の3割は一人暮らしになるというのである。さらに同年における推計値では，65歳以上の高齢者が世帯主になっている世帯の31.2％が単独，75歳以上の**後期高齢者**が世帯主である世帯の37.0％は単独になるとの予想である。

　日本人の平均寿命は2006年で男子79.00歳，女子が85.81歳で，7年近い差がある。また夫婦の年齢差は，縮まってきたとはいえ1.8年ほどある。したがって，夫に先立たれた妻は平均で8〜9年の人生を独り身で過ごす計算になる。高齢社会は，とりわけ女性にとって切実な問題だといえるだろう。

　世帯の形がこのように細分化され，高齢化も進むとなると，家族同士が互いに支え合っていた関係が稀薄になっていくのは避けられない。高齢者の扶養や子育てが家族の中で自然に営まれていた時代ではなくなり，何らかの社会的しくみが必要とされてくる。その場合，ただちに政府がその役割を担うべきかどうかは一概にはいえない。民間企業がそうした機能を代替することも考えられるし，地域社会のコミュニティ機能がしっかりしていれば，ある程度そこに期待することもできる。しかし市場経済に多くを委ねてしまうと支払い能力のない者は排除されてしまう恐れがある。また地域コミュニティの機能は現状では十分とはいえず，それを回復させることが大きな課題になっている。やはり政府部門がしっかりと制度的な枠組みを作って家族や地域を底辺から支えなければならない。信頼の置ける社会保障制度の確立が必要となる所以である。

　日本の社会保障の三大支柱は「医療・介護・年金」である。政府支出の大きさでいえば年金が一番大きく，財政問題としての最大の課題はそこにある。しかし地域の課題としてここで主として取り上げる医療と介護でも，公的負担の膨張が深刻な問題になってきており，さまざまな制度改革が行われてきた。そこで問われているのは，国民の医療や介護を「社会の相互扶助のしくみ」で支

第6章　少子高齢化と福祉のまちづくり

── コラム⑥ ─────────────────────────────
人口問題からみた高齢化社会危機論

　人口高齢化による国民経済的負担の増加を表すものとしてしばしば示されるのが下の図だ。分母には生産年齢人口（20〜64歳），分子に65歳以上の高齢人口を置き，2人の高齢者を7人の働き手が支えていたのが3人で支えなければならない時代がやってくるから大変だ，というわけである。この図はしかし，必ずしも額面通りには受けとれない。まず第1に，分子に高齢者だけが置かれているのはおかしい。働き手が支えなければならないのは高齢者だけではなく，子どもも扶養しなければならないが，その子どもの数は減っている。高齢者と年少者の合計数を分子に置くべきで，そうすると高齢者の増加は年少者の減少と一部相殺されるはずだ。第2に，高齢者がすべて分子に置かれているのも実はおかしい。高齢者は働いていないという前提を立てるのは正しくない。日本では高齢者の就労率が高いし，今後も定年後の人生設計の意味で高齢者の就労促進は重要な課題になっている。分母に回る高齢者はふえていくはずだ。第3に，この図では，分母のところで年寄りを支えているのがなぜか男子ばかりである。これも明らかにおかしい。現在では，有配偶女性の過半数が何らかの収入を得ている。つまり働いているのである（政府当局もこのことには気づいたとみえ，2007年度版のパンフレットから女性の絵を加えるようになった）。

　要するに，分母には「働いているすべての人」を，分子には「働いていないすべての人」を立たせなければ，負担の重さを正しく表したことにはならない。しかしながら，そもそもこのように年齢別の人口数を使って高齢化社会の負担を云々する方法自体に，限界があることを知らなければならない。たとえば年寄りが1人ふえることと子どもが1人減ることとを，果たして「相殺」してしまっていいものか，大いに疑問だ。人口数をもとにした議論は，たしかに必要ではあるけれども，その限界をきちんと踏まえないと現実をゆがめる恐れがあることに注意したい。

出所：財務省資料より。

えるという場合，その費用負担をどこまで租税に求めるべきか，そしてまたどの程度まで市場の論理で扱うべきかということである。

2 医療費の膨張と医療行革

1 医療費の膨張

　国民医療費は膨張の一途をたどっているが，その要因はいくつか考えられる。第1が「疾病構造の変化」である。かつては，日本人の死亡原因でもっとも多かったのは結核をはじめとする感染症だった。感染症は病原体をつきとめてこれを死滅させたり，免疫をつけることによって対処することが可能で，先進諸国では多くの感染症は克服された。新型感染症であるエイズに対しても，いずれは優秀な特効薬が開発されるだろう。ところが，かつて成人病と呼ばれ最近は**生活習慣病**と言われている癌・脳卒中・心臓病の三大疾患や糖尿病などは，細菌やウィルスが原因でかかる病気ではなく特効薬というものがない。慢性化することも多く，完治することがむずかしい。したがって高齢化の進展とともに医療費も拡大していかざるを得ない。

　第2に「医療技術の進歩」である。医療技術は日進月歩で，とくにCTスキャンやMRIに代表される検査技術の発達はめざましい。かつては考えられなかった高度な手術も可能になった。しかしそれにともない高額な医療機器を用いることが多くなり，医療費の膨張につながった。人命にかかわる事柄である以上，当人の支払い能力などは顧慮せず，すべての患者にその時点で可能な最高度の医療を施すのが「医の倫理」の建前なのである。

　第3が「医療保障の発達」である。医療保障の制度が整備された結果，患者が一時に多額の負担をすることなく医療を受けることができるようになったのは，もちろん喜ばしいことである。しかしそうした環境の成立が，従来は潜在的でしかなかった医療への需要を顕在化させることにつながり，医療費膨張の一因になったことも否定できない。

　医療費膨張のもう1つの原因として「乱診乱療」ということを挙げる人もいるかもしれない。不必要な検査や無駄な投薬が医療費を拡大している面のあることは，たしかに否定できない。しかしそういったことが医療費膨張の主要な

原因であると考えるのは正しくないし，またそのようなことが起こりうる背景には医療サービスの供給システムがあるのであって，単なる個々の医師や病院の姿勢の問題として議論すべき事柄ではない（後述）。

2 医療保障のしくみ

次に日本の医療保障の特徴について述べよう。第1の特徴は「保険システム」をとっていることである。保険とは，人々が一定の確率で疾病や災害その他の災厄に見舞われる危険を共有しているとき，自らがそうした事態に直面して多額の出費を余儀なくされる場合に備えてお互いに保険料を拠出しあう相互扶助のしくみだ。日本の医療保障は**医療保険**の制度になっていて，基本的な財政基盤を保険料に求めている。これに対し，保険料ではなく租税を財源として医療サービスを供給するシステムがあり，これを「保健サービス方式」という。イギリスのNHS（国民保健制度）がその例である。もっとも，日本の医療保険も保険料だけで維持されているわけではなく，相当額の租税を注ぎ込んでいる。

第2の特徴は**国民皆保険制度**である。日本国民はいずれかの医療保険制度に加入することを義務づけられている。強制加入になっていることが重要で，保険料の徴収にも強制力がともなう。高齢者や低所得者を除く一般の国民は民間の医療保険に加入するしかないアメリカでは，3000万人を超える無保険者がいる。日本の医療における皆保険は非常にすぐれた制度であるが，近年その一角が崩れてきていることについては後述する。

第3の特徴は「現物給付」である。医療の保険サービス給付は，現金ではなく現物で行われている。理論的には現金給付も可能だが，それは好ましくない。なぜなら，現金先払いにした場合，現金を給付された患者がそれを確実に医療サービスの消費に使う保証がないし，また現金後払いにしようとすると，とりあえず窓口での全額支払いを求めることになり，それだけの持ち合わせのない患者は医療を受けることができない。いずれにしても低所得者が医療から排除される可能性が生じるからである。

第4は「出来高払い」である。保険の給付は，実際にかかった医療行為すべてに対してなされることになっているということである。これに対し，特定の診断・治療には特定の額の保険給付しか行わないのが「定額払い」である。治

療にかかる時間や費用は患者の個々の事情に応じて異なるものだから，定額払いでは十分な医療を保障できない。しかし半面で，出来高払いだと医療サービスの供給量が必要以上に増大する恐れがある。医療行為については，専門家である医師の側に情報が一方的に偏在しており，患者は医師の言うがままに治療を受けざるを得ない立場にある。これを**情報の非対称性**の問題と呼ぶが，医療サービスの供給者である医師のほうがサービスの供給量を事実上決定することができるという事情は，医療行為の過剰供給をもたらす恐れがある。これが「乱診乱療」ということの制度的背景である。したがって医療費の膨張を抑える方策の１つとして，この出来高払い制の見直しに焦点が当てられることになる。

3　医療の行政改革

日本の医療保険制度は大きくは**被用者保険**と**国民健康保険**の２本柱になっている。前者は企業や官庁に雇用されている人とその家族がメンバーになっていて，大企業の従業員で構成する組合管掌健康保険（組合健保）と，中小企業の従業員に対して政府が保険者＝経営主体になっている政府管掌健康保険（政管健保），および公務員と私立学校教職員とがメンバーになっている共済組合，それに船員保険からなっている。後者の国民健康保険（国保）は自営業者，自由業者，農家，無職者が加入する地域単位の医療保険で，保険者は市町村である。加入者数はこの国保がもっとも多い（約5200万人）。

このように，歴史的に形成されたいくつかの医療保険制度が並立しているのが日本の医療保障の特徴である。しかも制度が違うと医療サービスの水準（患者負担の大きさ）が異なり，保険料にも差があることが問題であった。なかでも，一番おくれて成立した国保に最も多く財政的負担がしわ寄せされ，矛盾がそこに集中していた。なぜなら，定年退職で勤め先の被用者保険をぬけた労働者の多くが，地域保険である国保に流れ込む構造になっているからである。退職者は高齢になっているので医療の厄介になる確率が高い半面，収入が乏しいので保険料の負担力は小さい。しかも，被用者保険では保険料は労使折半になっているが，国保にあっては労使の「使」の部分が存在しないので，国が補助金の形で肩代わりをしなければならない。財政の苦しい国としては，何とか国保の財政問題を改善して国の補助金を削減する必要がある。そこで**医療行革**と

呼ばれる一連の制度改革がスタートすることになった。

　医療行革の基本的構造は，被用者保険の資力を国保財政への支援に動員し，国庫負担の伸びを抑えるというものである。その結果，被用者保険に財政ストレスが生じて被保険者の負担増や保険給付の切り下げにつながるが，それはやむを得ないとされる。具体的には1983年，**老人保健制度**が創設され，70歳以上（のちに75歳以上に引上げ）の高齢者の医療費に関しては各医療保険制度からの拠出金でまかなうこととした。その際，拠出金の額をそれぞれの保険制度における高齢者の加入比率に反比例する形で決める「加入者按分」の方法を導入した。高齢者が一番多いのはもちろん国保であるから，それは国保を救済する財政調整制度として機能することになる。それと同時に，それまで10年間続いていた高齢者の医療費無料制度を廃止して，一部定額負担を求めることにしたことも重要である。次いで，企業等を定年退職した人が70歳になって老人保健制度の適用を受けるまでのつなぎとして，国保の中に「退職者医療制度」を導入し，保険料の一部を現役の労使に負担させるしくみを入れた。

　国保救済を目的に掲げた財政調整は当然，被用者保険の財政を悪化させる。被用者保険では保険料の引き上げを行うとともに，診療を受ける際の患者本人の負担も，無料であったのが1割，2割，3割と順次引き上げられていく。結局，医療行革は，医療サービスにおいても患者負担においても，一番レベルの低かった国保に合わせる形で平準化する結果になった。

4　地域医療の危機

　ところで一方，このように「救済」の対象となった国保の側においては「自助努力」が強調されるようになる。そして自助努力の度合いを示す具体的な指標として取り上げられたのが保険料（または保険税）の収納率だった。職域保険ではなく地域保険である国保にあっては保険料の源泉徴収ができず，しかもその保険料自体が相当に高い（最高限度額は現在年間53万円）こともあって，収納率がどうしても低くなる。都市部ではとくにその傾向が強い。そこで収納率を上げるために国保に導入されたのが**被保険者資格証明書**の制度である。これは，正当な理由なく1年以上にわたって保険料を滞納した者に対して保険証の返還を求め，その代わりに資格証明書を発行するというものであり，これ

を持たされた人は医療を受けた際に医療費の全額を負担しなければならず，滞納を一掃して初めて保険給付分を還付されることになる。資格証明書の発行は，当初は「発行することができる」となっていたのが，やがて「発行するものとする」と義務づけされ，さらには，半年間滞納した時点で有効期限の短い「短期保険証」も発行されることになった。資格証明書や短期保険証の発行状況は図6-1に見るとおりである。

　このようにして，国民健康保険における保険料滞納者は，事実上，国民皆保険制度から排除される事態が出現した。滞納の理由はさまざま考えられるが「悪質な滞納者」が多くを占めているとは考えにくく，経済的に困窮している住民層が無保険状態になっているとすれば深刻な社会問題である。

　さらに2008年度からは，老人保健制度に代わって**後期高齢者医療制度**が発足した。これは75歳以上の高齢者を既存の医療保険制度から切り離して独自の保険制度に所属させるもので，後期高齢者一人ひとりが被保険者になり保険料を負担しなければならないことになった。保険料は年金から天引きされる。年金以外に収入のない高齢者にはきわめて負担の重い医療保険である。新たな医療保険システムは図6-2のようになる。給付を受けることが多く負担能力の乏しい後期高齢者だけをくくって保険制度をつくるのは，財政的にきわめて困難な

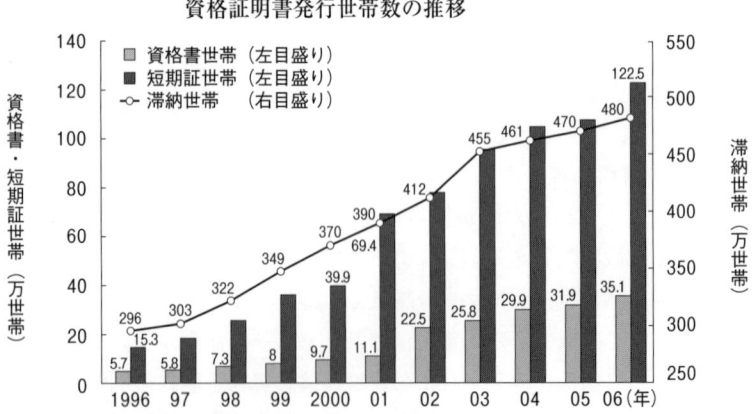

図6-1　国保保険料（税）の滞納世帯数，および短期証，資格証明書発行世帯数の推移

出所：全日本民主医療機関連合会編『明日をひらく社会保障（新版）』㈱保険医療研究所，2007年。

図6-2 後期高齢者医療制度の導入

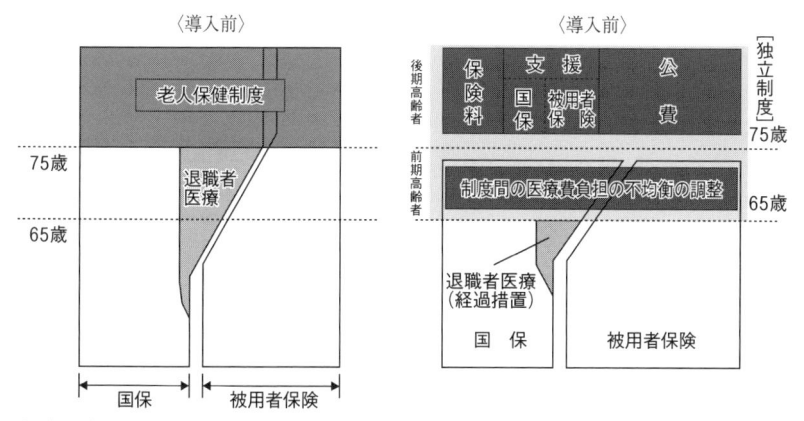

〈導入前〉　　　　　　　　　　〈導入前〉

出所：厚生労働省ホームページより。

選択であり，今後の医療保障の矛盾がここに集中することになりかねない。

　また，医療の供給側においても大きな問題が表面化している。その1つが地域的な医師不足の問題である。産婦人科や小児科で医師のなり手がないという診療科における医師の偏り，開業医はいるが病院で医者がいないという勤務医不足，そして農村地域で医者が足りない地域的偏りといった，さまざまな形で医師不足は現れている。免許を取ったばかりの医師を対象とした研修医制度が変わり，民間病院での研修が多くなったため，研修医を確保できなくなった大学病院が地域の病院へ派遣していた医師を引き揚げた結果，地域の病院経営が立ちゆかなくなる事態も生じている。最近は地方自治体の経営する公立病院が経営困難に陥るケースも多く，地域の病院が統廃合されて医療が受けにくくなる問題も生じている。

　以上見てきたとおり，日本の国民医療は，政府の財政困難を背景にして非常にむずかしい現実に直面している。とりわけ農村部の地域医療は，場所によっては危機的な段階にいたっている。病院や診療所の閉鎖で救急医療がなりたたなくなり，ヘリコプターで患者や医師を運ぶ方策を講じるところも出てきた。地域で安心して医療を受けられるしくみを構築していかないと，憲法が保障しているはずの基本的人権の達成も望めなくなる恐れがある。

3 高齢者福祉と障害者福祉

1 介護保険の意義

2000年度から，最後の社会保険制度とも言われる**介護保険制度**が発足した。介護保険が作られた背景にあるのは国民医療費の膨張問題である。介護は「福祉」に属する領域だが，医療と福祉の間に境界を画するのはなかなかむずかしい。実際には治療の必要がなくなっているのに家庭の事情や家計の都合などで退院せず，長期入院を続けているようなケースを社会的入院と呼んでいるが，医療保険財政でそういった長期入院患者の面倒まで見ている現状を変える必要があるというのが，介護保険制度の1つの趣旨である。医療と介護とでは，必要とされる人的・物的な資源の量が違う。直接に人の命がかかっている医療にあっては資源の節約はそう簡単にできないが，介護の場合は，比較的柔軟に対応する余地がある。したがって，いわば「医療に埋め込まれた福祉を分離する」ことによる資源節約の効果が期待されるのである。

それ以前，高齢者の介護は，法律にもとづく措置として地方自治体が税金を用いて行ってきた。介護保険はこの「措置」を「契約」という形に転換した。この点が画期的な意味をもっている。後述するとおり，介護保険の被保険者は介護サービスを供給する事業者との間で契約を結ぶことになる。画一的に供給されてきた介護サービスを，利用者の選択にもとづく契約関係の下で，言い換えれば市場取引ベースで供給するわけである。費用負担の面でも，保険システムをとることにより，高齢者を含む国民の相互扶助で介護の必要に応えようとするのである。

2 介護保険のしくみ

介護保険は40歳以上の国民の皆保険で，被保険者（加入者）には2種類ある。65歳以上の人は第1号被保険者と呼ばれ，原因のいかんを問わず介護が必要になった場合に保険給付を受けることができる。40歳から64歳までの被保険者は，加齢によって生じることの多い特定疾患で介護を要するようになったときに限って給付の対象になる。保険者＝経営者は市町村またはその連合体であ

る。

　介護保険は，保険証を施設に持参しただけでは給付を受けられない。まず本人または家族が市町村の窓口に申請をしなければならない。自治体の調査員が訪問調査をして，当人の運動機能障害や精神障害の程度を客観的に判断し「第一次判定」を行う。そこに「主治医の意見書」が添えられ，専門家で構成する介護認定審査会に提出されて「第二次判定」がなされ，最終的に市町村が**認定**する運びになる。認定は「要支援」または「要介護度１～５」のランクづけの形でなされる。認定から外れれば介護の給付はない。要支援とは，そのまま放っておけば介護を要するようになる恐れがあるので予防の対策をとる必要があるというケースである。

　認定された場合は，そのランクごとに定められた最高限度額の範囲内で介護サービスを受ける権利を得る。利用者は介護の専門家（ケアマネージャー）と相談しながら，訪問介護やショートステイ（後述）あるいは施設入所などの介護を組み合わせた「ケアプラン」を作成する。そして半年たった時点で更新のために再び認定の手続を行うのである。

　医療保険制度と対比させながら介護保険制度の特徴を整理してみよう。第１に，上述のとおり介護保険では認定という手続をへなければ保険給付を受けることができない。保険証さえあれば保険のきく医療とはそこが違う。第２に，介護保険は出来高払いになっていない。要介護度ごとに限度額が決められていて，その範囲で給付が行われる定額払いになっている。第３に，法律上は現金後払い（償還払い）になっていて，現物給付とはなっていない。もっとも，実際にはほとんどのサービスは現物給付になっていて，保険料を滞納した場合に限り償還払いの扱いになることがある。

　介護費用は，保険料と利用料および公的負担（税金）の組み合わせでまかなわれる。第１号被保険者は各人が介護保険料を支払う。保険料の基準額は月3500円程度，夫婦なら２倍になる。介護サービスの利用者は保険料とは別に１割の利用料を負担しなければならない。「要介護度５」と認定されれば限度額35万8300円（月額）まで利用が可能だが，満額利用するときは３万5830円の利用料が必要だ。家計の負担能力に限界があって，たとえば月額２万円までしか負担できないと判断されれば20万円までの範囲でケアプランを作成するこ

とになる．利用料の存在が「過剰な」需要を抑制する効果をねらっているわけである．

　介護に関連する施設にはいくつかある．介護老人福祉施設（特別養護老人ホーム），介護老人保健施設（老健），介護療養型医療施設の3つを「介護保健三施設」と呼んでいるが，最後の療養型医療施設は廃止する方針を国は打ち出している．医療と福祉の切り離しをさらに徹底させようという趣旨である．老人保健施設などで行っている**ショートステイ**は短期間の入所サービスで，介護する家族に休息が必要な場合とか，家業が繁忙な時期とかに高齢者を一時的に預かるものである．日帰りのサービスは**デイサービス**と呼ばれ，多くの場合，送迎車両を用意して高齢者に食事や入浴，あるいは運動や娯楽の機会を提供する．

3　介護保険の現状とこれからの高齢者介護

　介護保険は3年を区切りとして保険料の見直し等を行うことになっている．発足以来の状況を見ると「要支援」ないし「要介護度1」に認定される軽度の要介護者の増加がもっとも大きく，介護保険財政を圧迫しつつあることが問題になっている．そこで2006年度の制度改正により，要介護度1の一部を要支援に組み入れ，「予防給付」を充実強化する措置がとられた．また施設利用者の費用負担をふやす改正が同時になされた．施設に入所している期間の食費や滞在費（ホテルコストと呼ばれる）が利用者負担になり，施設利用の費用が格段に増加した．

　介護サービスの利用状況をみると，限度額のうちどれくらいを実際に利用しているかを示す利用率は30〜56％程度（要介護度が高いほど利用率は高くなる）になっていて，必ずしも高くない．その原因はいろいろ考えられる．医療と違って介護は給付の量に幅を持たせることができる．つまりは「我慢する」ことが可能であり，家族の力でカバーできるからとの理由で公的サービスの受給を絞るケースが少なくないと推測される．利用料負担の大きさがそうした選択を促していることも当然想定される．施設の利用者負担額が大幅にふえたので，その傾向はいっそう強まるだろう．

　高齢者福祉の将来を考える際，在宅介護と施設介護との関係をどう作ってい

くかが課題になる。高齢者は，病院や介護施設に入ることを必ずしも望んではいない。できることなら自宅で家族と一緒に過ごしたいと願うのが普通だろう。しかし家族の介護力が低下していることは前述したとおりであり，費用の節約を理由に，条件整備もしないまま在宅介護を強引に進めるなら，高齢者も家族もストレスに耐えられなくなる恐れがある。在宅介護を成立させるためには，福祉施設や医療施設との連携が肝要である。ショートステイやデイサービス，介護士や保健師の巡回を組み合わせ，家族の負担を軽減しながら在宅介護を支えるシステムが必要だろう。

4　障害者福祉と「自立支援法」

　障害者（「害」の字を避けて「障がい者」と表記することもある）には身体障害者，知的障害者，精神障害者の3種類がある。障害をもつにいたる事情はいろいろあり得るが，本人の責任には帰せられない原因で障害者になるのが普通である。障害をもって生まれてくることも多い。というより，誰もがその可能性を共有しながらこの世に生まれてくるのである。そう考えるなら，たまたま障害をもたずに生まれた健常者が障害者を支援するのは自然なことであり，それを社会システムとして行うのが障害者福祉だと言えるだろう。

　障害者福祉に関しては**障害者自立支援法**が2006年から施行されている。この法律は，3種類の障害者を同じ1つの制度の下に置き，基礎自治体である市町村が都道府県の支援を得ながら「自立支援」をモットーに施策を行うこととしたものである。市町村は，「自立支援給付」（居住介護やショートステイ等の介護給付，就労移行支援や就労継続支援等の訓練等給付，および自立支援医療）ならびに「地域生活支援事業」（相談支援，移動支援，コミュニケーション支援等）を実施する。

　保険システムはとっていないものの，そのしくみは介護保険とよく似ている。自立支援給付を受けようとする者は市町村に申請をする。市町村は専門家の審査会で「障害程度区分」の認定を行う。障害の程度により，また個別事業ごとに，医療における診療報酬のような「点数」が決められていて給付がなされる。旧来は施設等に対して包括的に行われていた援助を，いろいろな事業に分解して給付額を定め，しかも1割の「利用料」負担を求めることになった。介護保

険に類似した制度設計になっているのは，遠からず介護保険と障害者支援とを制度的に合体させることが意図されているからだと見られている。

この制度に関してはいろんな問題が指摘されている。「自立支援」という表現は「自立保障」とは微妙に異なっている。自立は基本的に障害者本人の課題であり，行政はそれを支援するにとどまるというニュアンスである。そして支援は「就労支援」を中心に組み立てられ，民間の事業所で働けるように訓練することが障害者施設の役割だとされる。その一方で，法律をもって障害者の雇用を民間企業に求め，雇用義務率を達成しない企業には課徴金を課すことになっている。しかし実際には，一般企業で働くようになるのは障害者にとって容易なことではないし，就労できたとしても不安定な非正規雇用にとどまる場合がほとんどである。

また1割の利用料負担も小さくない。**小規模作業所**で障害者が仕事することによって得るわずかな収入を，利用料のほうが上回ってしまうケースも少なくないと言われている。その負担が家族にかかるとなると，障害者は家族に気兼ねをするようになり，施設から足が遠のくことになりかねない。小規模作業所などの経営も困難になる。利用料は基本的に「利用」に対する対価という位置づけで，支援サービスをあたかも市場で売買するような形になる。障害者は，本人はもちろんその家計も苦しい場合が多く，社会全体で障害者を支援するという福祉の理念がこれで達成できるかどうか懸念がある。

4　福祉のまちづくりに向けて

1　保健・医療・福祉の三位一体の推進

世界一の平均寿命を達成した日本は，ある意味で人類の夢を実現したと言えるが，他方で自殺率が先進諸国中で最高レベルを記録しているのも日本である。高齢者の自殺は少なくないし，時には，高齢者が高齢者を介護する「老老介護」の果てに悲劇が起こることもある。今の日本は，素直に長寿を喜べる社会ではないと言わねばならない。どうしたら「安心して老い，満足して死ぬことのできる」社会をつくることができるだろうか。

岩手県沢内村は「自分たちで命を守った村」として有名である。貧乏と豪雪

と病気という三重苦に挑戦し，乳児死亡率が県内随一だったのをついにゼロにまでもっていったプロセスは，今日もなお自治体における医療行政のモデルたる意義を失わない。そこで構築されたのは「保健と医療」，言い換えれば「予防と治療」の結合ということであり，人間ドックなどの徹底した健康管理を進めることにより，病気が重くなってから治療するのでなく軽いうちに病気を発見して治療するという，発想としては単純なシステムである。それを可能にするために，高齢者と乳幼児の医療費を思い切って無料にする制度改革と，役場の健康管理課長と村立病院長を同一人にする組織改革を行った。医療費を無料にすれば病院の経営がもたないと誰もが考えるが，無料にした結果早期治療が促進されて医療費支出をかえって抑制することができ，病院財政が好転するという逆説的な快挙が達成された。

国が1973年度に老人医療費の無料化に踏み切ったのは，沢内村をはじめとする地方自治体の先行的試みがそれを牽引したのである。この年は「福祉元年」と呼ばれ，経済成長の果実を国民の福祉向上につなげる出発点になるはずだった。ところが同じ年に石油ショックが世界を襲い，日本経済の高度成長は終焉を迎えて，福祉国家づくりも出鼻をくじかれる結果になってしまった。国レベルの老人医療費無料制度は10年で幕となってしまったのである。それ以後はむしろ，患者や被保険者の負担増が一貫して図られてきたことは前述したとおりである。

高齢化が急速に進む今日では，「保健と医療と福祉の一体的推進」ということが政策目標になるべきだろう。民間の医療・福祉機関と行政との有機的な連携，医療機関と福祉事業主体との緊密な連携を構築することが課題になっている。

2　医療福祉の財政問題

医療や福祉の費用を誰がどう負担するかは大問題である。医療保険改革や介護保険の導入に見られる政策の方向性は，公的（租税）負担をできるだけ抑制し，国民の自己負担と相互扶助によってそれらの費用をまかなおうとするものである。被用者保険の財政を国民健康保険への支援に振り向ける医療制度改革がまさにそうであるし，高齢者介護において措置制度を契約制度に転換したの

も，「選択の自由」を旗印にして市場原理を福祉分野に導入する効果をねらったものと言える。

　後期高齢者医療制度に見られるように，高齢者自身に医療福祉の負担を担ってもらおうという方向性も顕著である。高齢者がすべて経済的な弱者だとは言えないのは確かだ。高齢者医療制度において患者の自己負担に収入にもとづく差を設けることがすでに行われていて，これはやむを得ない面がある。しかし他方で，概して収入が少なく病気になることの多い高齢者層に，とくに矛盾が集まっている事実は否定できない。高齢者が大きな資産を持っているというが，寿命が予定できない中でいつどんな出費を迫られるか分からない老後の備えの意味合いからは必要な蓄えであり，そこにむやみに財源を求めるのも考えものである。

　また医療や介護をもっぱら保険制度で行うとした場合には，自ら健康管理に留意して健康なまま終わった人の保険料が掛け捨てになり，不摂生な食生活や運動不足を省みなかった人が保険給付をたっぷり受けるといった理不尽な現象にどうしても目が行ってしまう。保険料が安いうちはそれも甘受できようが，ある水準よりも保険料が高額になればそういったことに不満が鬱積する。そうなると社会保険の持続可能性が怪しくなってくる。保険料だけで医療や福祉を支えることはできず，税金を投入せざるを得ない理由の1つがそこにある。

　租税から保険への制度のシフトというものが持つ意味についても考えてみなければならない。租税にはいろんなものがあるが，どこから上がってきた租税であろうとすべて一緒にして議会で使途を決定するのが予算の原則である。そして能力に応じて支払うという応能主義的な所得課税が主たる収入源になっている。これに対して社会保険においては，医療なら医療，介護なら介護というように目的を限定して保険料は徴収され，しかも徴収の原則は定額ないしは定率の応益主義にのっとっている。租税原理から保険原理へのシフトは，したがって**応能主義**から**応益主義**へのシフトという負担原則の転換を意味しており，低所得者の負担が増加することにつながる論理を含んでいることに注意すべきである。

　医療や福祉のサービスについても，他の一般の財貨サービスと同様に市場原理の下に置くのがもっとも効率的だとするのが新自由主義的・市場本位の考え

方である。医療費が非常に高い環境に置けば，人は強制されなくとも健康に気をつけるようになる。逆に医療費を仮に無料にしてしまうと，人は健康管理をおろそかにするモラルハザードに陥る。市場原理からすれば，なまじの医療保障は国民の健康を害する方向に作用する理屈である。しかし実際には，医療保障の後れている国ほど平均寿命が長いとか国民が健康であるとかいったことはもちろんない。事実は逆である。人間は，市場の想定する合理性に厳密にしたがって行動する架空の経済人（ホモ・エコノミクス）などではないのである。

　障害者福祉に関しては，医療や介護一般と同列に論じられないところがある。経済的な意味における価値の生産に貢献することのむずかしい障害者を，応能主義であれ応益主義であれ，租税負担の原理で扱うこと自体に無理がある。まして自己責任や自助努力を持ち出すなどは全くもって理不尽である。すべての家族が一定の確率で障害者を抱える可能性を共有しているとはいえるが，障害者福祉を保険制度，すなわち国民の自助・互助システムで支えることには慎重でなければならない。

3　まちづくりと医療福祉

　今日の日本では，いくら努力して働いても生活保護水準以下の収入しか得られないワーキングプアと呼ばれる階層が拡大している。そして多くの場合，その背景にあるのが失業と病気である。自殺が多いことは前述したが，自殺の原因でもっとも多いのも病苦だ。また寝たきりや認知症になった高齢者，あるいは障害者をかかえた家族の労苦は経験してみないと分からないものがある。憲法第25条の謳っている「健康で文化的な最低限度の生活」を享受できていない人々がなお少なくないどころか，高齢化と格差社会化の中でかえってふえているようである。

　病人や高齢者や障害者を支えるためには，ミクロな観点からいえば何よりも「家族の再建」が必要だろう。ところが現実は逆に，病気や障害が原因で家族がばらばらになったり経済的に崩壊したりするケースがある。こうした状況は個人や家族の自助努力では打開することが困難であり，政府が手を差し伸べなければならない。とりわけ地方自治体，なかでも市町村の役割に期待するところが大きい。しかしながら中央政府も地方自治体も，いま深刻な財政危機に見

舞われていて，公共サービスのアウトソーシング（外部化）に熱中しているのが残念ながら現状である。

　社会保障の枠組みは国家レベルで構築されるべきものだが，医療や福祉は一人ひとりが対象になる**対人社会サービス**だから，人々に最も身近な「地域」のレベルでしっかりと地歩を固めていかねばならない。そして市町村の使命が重要だとはいっても，自治体に任せっぱなしでは問題は解決しない。住民自らの活動や運動があってはじめて，市町村も乏しい予算を割くようになる。

　NPO（非営利民間組織）の設立が拡大しているが，一番多いのが福祉系のNPOである。それだけ社会のニーズが多いことを示していると同時に，介護保険などの制度がNPOにとってある程度の経営的基盤になっていることをも意味している。ただし現状では，介護報酬があまりにも低水準であることから，若い人材が介護福祉の仕事をまともな職業に選ぶことは困難であり，外国人労働力に頼る動きにさえなっている。非営利ベースであってすら経営に将来を託せないような福祉システムは，明らかに欠陥品である。

　住民同士が力を出し合って健康を守る運動の1つに医療生活協同組合（医療生協）がある。住民が組合員になり出資して病院を作り，学習と日常的な健康管理活動を行い，政府に向かって制度的な要求活動も展開する。市場原理にゆだねるのとは全く違った意味において，住民の自助努力で医療を発展させようというものである。生活協同組合も一種のNPOであり，地方自治体がこのような住民活動を制度的・財政的に支援するしくみを地域で構築することが望まれる。

■考えてみよう！
(1) 患者負担を重くすれば人々は病気にかからないように気をつけるようになるはずだ（逆の場合は逆）という見方は，どこまで当たっているだろうか。
(2) 農村の診療所に医者が来てくれないという厳しい現状がある。農村の地域医療を維持するうまい方策がないものだろうか。
(3) 高齢者が安心して地域で暮らせるようになるために，何かできることはないか，話し合ってみよう。

■**参考文献**
①相野谷安孝『医療保障が壊れる』旬報社，2006年
②小松秀樹『医療崩壊－立ち去り型サボタージュとは何か』朝日新聞社，2006年
③相澤與一『障害者とその家族が自立するとき』創風社，2007年

第Ⅱ部　地域づくりの方法と担い手

第7章 「循環・共生」と持続可能な地域づくり

1　問題の所在

　近年，地球温暖化，酸性雨，森林減少，砂漠化など地球規模の環境問題（**地球環境問題**）が深刻化して人々の大きな関心を集めている。主として人間活動に起因する温室効果ガス増大によってもたらされた地球温暖化によって，21世紀末には，気温は1.8～4度，海面は18～59cm上昇すると予測されており（気候変動に関する政府間パネル（IPCC）「第4次評価報告書」，2007年2月），異常気象，旱魃，氷河崩壊，サンゴ礁水没など，人類社会が被る影響の大きさは計り知ることができないほどである。

　環境に国境はなく，地域の環境が無数につながって地球全体の環境を構成している。したがって，地球環境問題は地域社会の環境に大きな影響を与え，また，地球環境問題を解決するために，私たちは地域社会における生活や生産のあり方を足元から見直していかなければならない。地球環境と地域環境とは密接に関連しており，「地球規模で考え，地域で行動する（Think globally, Act locally）」，あるいは，「地域で考え，地球規模で行動する（Think locally, Act globally）」ことが求められているのである。

　しかし，現在，地域の環境問題が注目されるのは，地球環境問題との関連においてだけではない。ともすれば，地球環境問題に目を奪われがちであるが，都市においても農山村においても深刻な環境問題（**地域環境問題**）を抱えている地域は少なくない。

　本章で取り上げる農山村の環境問題に目を向けてみよう。本来，農山村においては，土地・水・大気といった自然環境は生産の基盤であり，人々は持続的な生産活動を通じて二次的自然（里地・里山）を生み出してきた。だが，生産性の増大を最大限に追求した近代的な農林業は，化学肥料や農薬の多用によっ

て生態系を破壊し土地を疲弊させるなど，むしろ環境破壊を促進する側面をもっていたのである。

加えて，過疎化・高齢化が急速に進展した農山村の集落では，適切な農林業が行われず人手が加わらないことにより，地域の環境が悪化するという状況が生まれている。たしかに，日本列島改造ブームの時のような乱開発やバブル期のリゾート開発は沈静化して，一見のどかな田園風景と豊かな緑が広がっているように見える。だが，**中山間地域**では耕作放棄地や放置林が増加して，人為と自然とのバランスが崩れ，里が山によって呑み込まれる「山の里下り」と言われる現象が起きている。

たとえば，近年，全国の農山村において，クマ，イノシシ，サル，シカなどによる鳥獣害が頻発している。2006年度には，全国各地でクマの出没が相次ぎ，5185頭のクマが捕獲され，うち9割の4679頭が補殺された。エサになるブナの実が不作だったこともあるが，かつては緩衝地帯の役割を果たしてきた里山や田畑が荒廃してクマが人里に近づきやすい状況が生まれてきたことも，クマ出没の要因の一つではないかと指摘されている。

また，いまや国民の約10人に1人が花粉症に罹っていると言われるが，その直接的な原因は，スギなどの人工林の手入れが行き届かず放置されていることにある。戦後の拡大造林政策によって1000万haにも及ぶ人工林が植栽されたが，木材価格の低迷や高齢化・過疎化の進展によって，下刈り，枝打ち，間伐などの保育管理が適切になされず放置されたままの森林が増加しており，伸び放題になった30～40年生のスギなどから大量の花粉が飛散しているのである。

農地や森林，農山村の荒廃は，食料生産や木材生産といった**経済的機能**だけではなく，それらが有する土砂災害防止，洪水調節，水源かん養，大気浄化，保健休養などの**公益的機能**を低下させ，下流の都市住民に対しても大きな影響を与えるものである（経済的機能と公益的機能を併せて**多面的機能**と称している）。今後，**限界集落**（コラム）が増加すれば，ますます農地や森林など**地域資源**の維持管理が困難になるのではないかと懸念されている。

現在，私たちに求められているのは，地球レベルにおいても地域レベルにおいても，人々が将来にわたって健康で文化的に住み続けることができる**持続可**

能な社会をつくることである。そのためには，環境保全と経済発展のどちらか一方ではなく，環境に配慮した経済発展，経済に配慮した環境保全を追求していくこと，つまり，地域社会において**持続可能な発展**を実現することが必要である。

本章では，まず，持続可能な発展という環境の基本理念と地域づくりとの関係について述べる。ついで，わが国における持続可能な社会実現のための長期的目標である，**循環**と**共生**という2つの概念とそれに基づく環境政策を整理する。そして，最後に，東北地方の3つの事例を取り上げて，循環と共生を基調とした持続可能な地域づくりの現状と課題について見ていくこととする。

2　持続可能な発展と地域づくり

1　持続可能な発展の概念

持続可能な発展（sustainable development）（政府の公定訳では「持続可能な開発」）は，環境と発展（開発）とは密接不可分の関係にあり両者は共存し得るものとして捉える環境保全についての基本的な理念である。持続可能な発展が行われ持続可能性をもった社会は，**持続可能な社会**（sustainable society）と呼ばれている。

すでに，1970年代には，20世紀の大量生産・大量消費・大量廃棄型の社会経済システムが人類の存続を危うくするものであるという認識が広がりつつあり，1972年，スウェーデンのストックホルムで国連人間環境会議が開かれた。また，同じ年にローマクラブの『成長の限界』が発表され，「世界人口，工業化，汚染，食料生産及び資源の使用などの点で，現在のような成長が不変のまま続けば，今後100年の間に地球上での成長は限界に達するであろう。」との見解が示された。

しかし，すでに一定の経済成長を遂げて環境保全への転換を求める先進国側と，これからの経済成長を求める発展途上国側の見解の隔たりは大きく，容易に一致することはなかった。そこで，南北間の対立を解消し，「環境か発展か」の二者択一ではなくその両者をともに実現する概念として提唱されたのが，持続可能な発展という理念だった。国連の「環境と開発に関する世界

委員会（ブルントラント委員会）」の報告書『われら共有の未来（Our Common Future）』(1987) が，持続可能な発展とは，「将来の世代が自らのニーズを満たす能力を損なうことなく，今日の世代のニーズを満たすような発展」であると定義づけたことによって，この理念は急速に広まることになった。

そして，この持続可能な発展の理念は，1992年にブラジルのリオデジャネイロで開催された，環境と開発に関する国連会議（UNCED，通称「地球サミット」）に引き継がれ，「環境と開発に関するリオ宣言」や同宣言の行動計画である「アジェンダ21─持続可能な開発のための人類の行動計画」に盛り込まれた。その後，アジェンダ21の実施状況をレビューするために，国連に「持続可能な開発委員会（CSD）」が設置され，1997年の国連環境特別総会ではそれまでの結果を総括して「アジェンダ21の更なる実施のためのプログラム」が採択された。2002年には，南アフリカのヨハネスブルクで，持続可能な開発に関する世界首脳会議（ヨハネスブルク・サミット）が開催されて，「持続可能な開発に関するヨハネスブルク宣言」が出され，「我々は，持続可能な開発の相互に依存し，かつ補完的な支柱，すなわち，経済開発，社会開発及び環境保護を，地方，国，地域及び世界レベルでさらに推進し強化するとの共同の責任を負う。」ことが確認されている。

このように，持続可能な発展は，地球環境問題を考える上でのキー概念であるが，環境保全，経済発展，社会的公正などの要素が包含されており，いずれに重点をおいて理解するかは論者によってさまざまである（森田恒幸・川島康子「『持続可能な発展論』の現状と課題」，淡路剛久ほか編『持続可能な発展：リーディングス環境　第5巻』有斐閣，2006年を参照）。また，アジェンダ21第40章（「意思決定のための情報」）の要請に基づき，CSDやOECDをはじめとする国連機関，国際機関，大学，研究所，NGOなどが，多様な観点から，持続可能な発展の指標の策定を進めている。

2　持続可能な発展と地域づくり

地球環境問題の原因や解決策は，国家や企業の活動だけではなく，私たち一人ひとりのライフスタイルや地域における暮らしと密接に関連している。したがって，地域社会における持続可能な発展を実現することなくして，人類社会

の持続可能な発展を実現することは不可能である。

　アジェンダ21第28章（「アジェンダ21の支持における地方公共団体のイニシアティブ」）では，地域の各主体（地方自治体，住民，企業，各種団体など）がその共通の地域像を共有しその実現のための行動計画である「ローカルアジェンダ21」を策定するよう求めている。また，ヨハネスブルク・サミットでは，「国際環境自治体協議会（ICLEI）」などのイニシアティブにより，ローカルアジェンダ21を具体的な行動に移していくためのプログラムである「ローカルアクション21」が採択されるなど，国際的にも地域における持続可能な発展への取り組みが求められている。

　このように，**持続可能な地域づくり**という考え方は，本来的には，地球規模での人類の永続的な生存を実現するために，つまりは地球環境の保全のために地域社会はどうあるべきかという観点から発想されたものだった。

　しかし，「問題の所在」でも述べたように，農山村では耕作放棄地や放置林が増大して地域における環境保全システムが崩壊しつつあり，一方，都市においても，中心市街地の空洞化，スプロール現象，公共交通機関の縮小などにより，環境負荷が増大して地域社会の維持が困難になっている。都市と農山村のいずれにおいても経済が停滞し環境が悪化している今日では，地域が健全性と活力を備えていくために，地域社会そのものの持続可能性を念頭に置いた持続可能な地域づくりが必要になっているのである。

　もちろん，一口に地域といっても，それぞれが抱える諸問題，気候，森林，動植物，河川などの自然的基盤，人口，交通，廃棄物処理，産業，教育などの社会的基盤，地域を構成する主体はさまざまであり，また，持続可能な地域づくりのあり方は，都市（大都市，中小都市）と農山村では大きく異なる。したがって，持続可能な社会についてのモデル（都市における「コンパクトシティ」や「サスティナブルシティ」，農山村における「エコビレッジ」など）を参考にしながら，それぞれの**地域資源**を活かして地域づくりを進めることが求められている。

3 「循環・共生」の理念と環境政策

1 「循環・共生」の理念

　現在,「持続可能な社会」以外にも,循環社会,資源循環型社会,環境保全型社会,循環共存型社会,環境共生社会などの類似の理念が提唱されている。たとえば,「環境立国・日本」の創造に向けて策定された「21世紀環境立国戦略」(2007年6月閣議決定)では,地球規模での環境問題の深刻化(①地球温暖化の危機,②資源の浪費による危機,③生態系の危機の3つの危機)に対応して,持続可能な社会は,低炭素社会,循環型社会及び自然共生社会として追求される,と記されている。

　これら多種多様な「持続可能な社会」像に共通しているもっとも重要な理念は,循環と共生という考え方である。

　地球サミットの成果を受けて,わが国では,それまでの公害対策基本法(昭和42年法律第132号)と自然環境保全法(昭和47年法律第85号)を統合する形で,**環境基本法**(平成5年法律第91号)が制定された。同法は,人類の生存基盤である環境を将来にわたって維持する(第3条)ために,環境の保全は「健全で恵み豊かな環境を維持しつつ,環境への負荷の少ない健全な経済の発展を図りながら持続的に発展することができる社会が構築されることを旨」(第4条)として行われなければならない,と定めている。

　もっとも,環境基本法それ自体の中には,持続可能な発展や持続可能な社会の定義は存在せず,同法第15条に基づき策定された**環境基本計画**の中に見出すことができる。

　「第1次環境基本計画」(1994年6月)では,「環境への負荷の少ない循環を基調とする経済社会システムが実現されるよう,人間が多様な自然・生物と共に生きることができるよう,また,そのために,あらゆる人々が環境保全の行動に参加し,国際的に取り組んでいくこととなるよう,『循環』,『共生』,『参加』及び『国際的取組』が実現される社会を構築すること」が長期的な目標として掲げられ,循環と共生の概念については,「第2次環境基本計画―環境の世紀への道しるべ」(2000年12月)の中でより詳しい内容が述べられている。

循環については,「大気循環,水環境,土壌環境などへの負荷が自然の物質循環を損なうことによって環境が悪化することを防止します。このため,資源採取,生産,流通,消費,廃棄などの社会経済活動の全段階を通じて,資源やエネルギーの利用の面でより一層の効率化を図り,再生可能な資源の利用の促進,廃棄物等の発生抑制や循環資源の循環的な利用及び適正処分を図るなど,物質循環をできる限り確保することによって,環境への負荷をできる限り少なくし,循環を基調とする社会経済システムを実現します。」とされており,もっぱら「社会経済システムにおける物質循環」の意味で用いられている。

　一方,共生については,「大気,水,土壌及び多様な生物などと人間の営みとの相互作用により形成される環境の特性に応じて,かけがえのない貴重な自然の保全,二次的自然環境の維持管理,自然的環境の回復及び野生生物の保護管理など,保護あるいは整備などの形で環境に適切に働きかけ,社会経済活動を自然環境に調和したものとしながら,その賢明な利用を図るとともに,様々な自然とのふれあいの場や機会の確保を図るなど自然と人との間に豊かな交流を保ちます。これらによって,健全な生態系を維持,回復し,自然と人間との共生を確保します。」とされており,もっぱら「自然と人間との共生」の意味で用いられている。

　そして,地域づくりとの関係については,同計画は,「『循環』と『共生』を基調とした地域づくり」を目指していくべきだとして,地域づくりにおいては,①生態系の持つ多様な機能の維持,増進,②自然環境と生産,生活を一体的に捉えた取り組み,③地域内資源の活用と地域内循環の尊重,④自然資源等の環境保全機能に係る受益と負担のあり方の見直し,⑤地域における情報と社会的合意の形成,⑥開発行為に対する慎重な姿勢の保持,の各点に環境配慮すべきであるとしている。さらに,最新の「第3次環境基本計画―環境から拓く新たなゆたかさへの道」(2006年4月)は,地域コミュニティ再生を通じた「より良い環境のための社会」と「より良い社会のための環境」の実現が必要であるとして,「環境保全の人づくり・地域づくりの推進」を重点分野政策プログラムの一つに掲げている。

2　循環に関する法政策

循環に関する法政策としては，2000年6月，廃棄物処理・リサイクル推進の基本方針を定めた，**循環型社会形成推進基本法**（平成12年法律第110号）が制定された。同法によれば，「『循環型社会』とは，製品等が廃棄物等となることが抑制され，ならびに製品等が循環資源となった場合においてはこれについて適正に循環的な利用が行われることが促進され，及び循環的な利用が行われない循環資源については，適正な処分が確保され，もって天然資源の消費を抑制し，環境への負荷ができる限り低減される社会をいう。」（第2条1項）と定義されている。同法は，廃棄物処理やリサイクル推進における事業者と国民の「排出者責任」と生産者の「拡大生産者責任」を定めるとともに，資源の循環利用及び処分の優先順位を，①発生抑制（リデュース），②再使用（リユース），③再生利用（マテリアルリサイクル），④熱回収（サーマルリサイクル），⑤適正処分と定めている。

また，同法第15条に基づき，**循環型社会形成推進基本計画**（2003年3月）が策定されたが，同計画では，循環型社会のイメージとして，①自然の循環と経済社会の循環，②暮らしに対する意識と行動の変化，③ものづくりなどに対する意識と行動の変化，④循環型社会形成へ向けた各主体の活動の活発化，⑤廃棄物等の適正な循環的利用と処分のためのシステムの高度化，の5つの場面を挙げ，また，循環型社会形成のための数値目標（物質フロー目標と取組目標）を掲げている。

そして，同法のもとに，資源有効利用促進法（資源の有効な利用の促進に関する法律）（平成3年法律第48号），廃棄物処理法（廃棄物の処理及び清掃に関する法律）（昭和45年法律第137号），グリーン購入法（国等による環境物品等の調達の推進等に関する法律）（平成12年法律第100号）のほか，個別分野のリサイクル法（容器包装リサイクル法，家電リサイクル法，食品リサイクル法，建設リサイクル法，自動車リサイクル法）が定められている。

3　共生に関する法政策

自然環境保全や野生動物の保護に関しては，従来から，自然環境保全法，自然公園法（昭和32年法律第161号），鳥獣保護法（鳥獣の保護及び狩猟の適正化に

関する法律）（平成14年法律第88号），種の保存法（絶滅のおそれのある野生動植物の種の保存に関する法律）（平成4年法律第75号）などが存在していた。ただし，人と自然との共生という観点から環境政策が展開されるようになったのは，地球サミットにおいて**生物多様性条約**（生物の多様性に関する条約）が署名されて1993年12月に発効し（日本は1993年5月に受諾），同条約第6条に基づいて，**生物多様性国家戦略**が策定されて以降のことである。

これまで，生物多様性国家戦略は3回（第1次1995年10月，第2次2002年3月，第3次2007年11月）策定されてきたが，このうち，「自然と共生する社会」実現のための政府の中長期的なトータルプランとして位置づけられた，「第2次生物多様性国家戦略」では，生物多様性保全の危機を，①人間活動や開発による危機，②人間活動の縮小による危機，③人間により持ち込まれたものによる危機，の3つの危機に区分して，今後展開すべき施策の方向性として，①保全の強化，②自然再生，③持続可能な利用の3つを提示している。

そして，これらの生物多様性国家戦略のもとで，過去に損なわれた生態系その他の自然環境を取り戻すために，地域の多様な主体が参加して，河川，湿原，干潟，藻場，里山，里地，森林その他の自然環境を保全・再生・創出・維持管理することを目的とした，自然再生推進法（平成14年法律第148号），特定の外来生物（移入種）の飼養，栽培，保管，運搬，輸入といった取り扱いを規制し，特定外来生物の防除等を行うことを目的とした，特定外来生物法（特定外来生物による生態系等に係る被害の防止に関する法律）（平成16年法律第78号）などの法律が制定されている。

4　環境政策の問題点

以上のように，現在，循環と共生という理念に基づき各種の法制度が定められ施策が実施されているが，これによって，わが国は持続可能な社会の実現に近づいていると言うことができるだろうか。

残念ながら，現時点では，社会経済システムや国民一人ひとりのライフスタイルに大きな変化は見られず，持続可能な社会の実現はまだはるか遠くの目標にすぎない。

たしかに，物質循環に関しては，リサイクル率が向上して最終処分場の延命

化が進むなど，一定の成果は挙がっている。だが，ごみの総排出量はほとんど減っておらず，最も優先順位の高い「発生抑制」が進まないまま，大量生産・大量消費・大量リサイクル社会化する様相を呈している。また，市場のグローバリゼーションのもとで，自動車，家電，プラスチックなど，多くの使用済製品が中国などのアジア諸国に輸出されており，国内での資源循環を想定したリサイクル制度は綻びをみせている。自然と人間との共生に関しても，全国各地で自然保護団体やNPO法人が立ち上がり，湿地や棚田の復元，森林の保育などの活動に積極的に携わるなど，大きな成果を挙げている。しかし，公共事業など人間の活動や開発による環境破壊には歯止めがかかっていないうえに，里地里山など二次的自然の荒廃に現れている，人間活動の縮小による危機は広範に拡がっており，これをボランティア活動のみによって解決することは不可能である。

　なぜこれまでの環境政策が有効に機能していなかったのかと言えば，とくに農山村については，国のエネルギー政策や食糧政策が転換されず，環境政策が，地域政策や産業政策と切り離されて実施されてきたことが大きな要因ではないかと考えられる。

　農山村には，大気，水，土，バイオマスなどの豊富な地域資源が存在しており，それらを活かして人々は生産・生活を行い，地域社会を長年維持してきた。ところが，燃料革命以降，薪や炭は，輸入化石燃料を主原料とするガスや電気に取って代わられ，薪炭林は放棄されてしまい，いまやわが国のエネルギー自給率は原子力を含めても2割に満たない。また，高度経済成長期以降，外国から安い食料や木材の輸入が急増して，現在の食料自給率（カロリーベース）は約4割，木材自給率は約2割まで低下している。農林業が産業として成立せず，過疎化・高齢化と相俟って集落が崩壊し，耕作放棄地や放置林が増加しているというのが農山村の厳しい現状である。

　もちろん，環境保全は農林業（産業）政策でも重視されており，たとえば，農林水産省では，「農業の持つ物質循環機能を生かし，生産性との調和などに留意しつつ，土づくり等を通じて化学肥料，農薬の使用等による環境負荷の軽減に配慮した持続的な農業」を**環境保全型農業**と位置づけて，この十数年来推進してきた。また，農業基本法（昭和36年法律第127号）に替わって食料・農

業・農村基本法（平成11年法律第106号）が，林業基本法（昭和39年法律第161号）に替わって森林・林業基本法（同前）が制定され，いずれにおいても，農地や森林，農山村の有する多面的（公益的）機能が重視されている。しかし，農業も林業も一部の「効率的安定的な経営」が生産の相当部分を担うことが想定されており，広大な農山村地域において多面的機能を維持することができるのか大きな疑問が残る。

　近年，ようやく中山間地域等直接支払制度や農地・水・環境保全向上対策など，多面的機能を維持するための集落の取り組みを支援する施策が始まったが，いまもっとも求められることは，環境政策，産業政策及び地域政策を統合して，人々が農山村に住み続けることができる持続可能な地域として再生することである（最近改定された「第2次循環型社会形成推進基本計画」（2008年3月）では，地域の特性に応じた循環型社会（**地域循環圏**）を構築することが提起された。地域循環圏とは，地域の特性や循環資源の性質等に応じた最適な規模の循環を形成しようとするもので，循環の範囲は，コミュニティ，地域，ブロック，国内，国際の5つに分類され，たとえば，バイオマス資源（間伐材や食品残渣など）については複数のコミュニティや主体が連携する「地域」での資源循環が想定されている）。

　それでは，持続可能な地域づくりとはどのようなものだろうか。次に，東北地方の3つの先進事例を取り上げて見ていこう。

4　循環・共生を基調とした持続可能な地域づくり
――東北地方の事例から――

1　「天と地と人のめぐみ」を活かして――岩手県葛巻町

　葛巻町は，盛岡から北東に約70kmの北上山地に位置し，周囲を1000m級の山々に囲まれた山村である。面積は434.99km^{2}とほぼ横浜市と同じ大きさで，2896世帯，8015人が暮らしている（2008年1月現在）。町の面積の86％が森林で林業が基幹産業であるが，明治25年にホルスタインが導入されてからは酪農が盛んになり，飼養頭数（約1万2000頭），牛乳生産量とも東北一の酪農郷である。

　高速道路も鉄道もゴルフ場も温泉もなく，かつては「岩手のチベット」と言

われた葛巻町だが，現在は，「北緯40度ミルクとワインとクリーンエネルギーのまち」をキャッチフレーズに「日本一の新エネルギーの里づくり」を進めており，全国の注目を集めている。

葛巻町で環境に対する意識が高まったのは，90年代に起きた産業廃棄物搬入問題だった。町民の間で反対運動が起き，町では95年に「自然とともに豊かに生きるまちの宣言」を行った。そして，産業振興や環境問題の観点から，風，太陽，畜産ふん尿，林業副産物といった未利用の地域資源を活用して，環境負荷の小さい新エネルギー（再生可能なエネルギー）の積極的な導入を進めることになった。

京都議定書が採択されて2年後の1999年3月に，「新エネルギービジョン」を策定し，同年6月には，袖山高原に3基の風力発電が稼働し，「新エネルギーの町・葛巻」を宣言した。同宣言は，「エネルギー問題や地球温暖化，酸性雨などの地球環境問題は，地域を越え，国境を越えた問題であり，わたしたちの将来にも大きな影響を与えようとしております。かけがえのない地域のために，一人ひとりの足下からの取り組みが今求められています。わたしたちは，先人からの贈り物である豊かな自然を守り育てるとともに，この恵まれた自然の中で『天のめぐみ』である風力や太陽光，『地のめぐみ』である畜産ふん尿や水力，そして豊かな風土・文化を守り育てた『人のめぐみ』を大切にしながら，町民一体となってクリーンでリサイクル可能な新エネルギーの導入に積極的に取り組んでいくことを誓い，ここに『新エネルギー町・葛巻』を宣言します。」と謳っている。

2003年には上外川高原に12基のグリーンパワーくずまき風力発電施設が稼働し，くずまき高原牧場内に畜ふんバイオガスシステムが稼働した。このバイオガスシステムでは，牛の排泄物200頭分と活性剤として生ごみ1トンを加え14トンを発酵させ，メタンガスを発生させて20～30世帯分の発電（37キロワット）を行い，2トンの堆肥を製造している。

2004年には，畜ふんによる燃料電池化の実証実験に日本で初めて成功し，翌2005年には木質バイオマス発電所（120キロワット）がくずまき高原牧場内に建設された。これまで町内では間伐材の8割が放置されていたが，町内の工場でチップ化された木材チップを1日3トン使いガス化し発電するもので，電

気と回収された温水は，ミルクハウスくずまき，宿泊施設プラトーなど牧場内にある5施設で利用されている。

このほか，葛巻中学校，老人保健施設，ペレットボイラー，小水力発電など，町の新エネルギー施設（図7-1）を合わせると，電力自給率は185%，エネルギー自給率は78%に達している。そして，これらの施設は，国や新エネルギー・産業技術総合開発機構（NEDO）の補助金などによって建設されており，建設費用約57億円のうち町の出資額は6500万円に過ぎない。

さらに，「人のめぐみ」としては，環境教育にも積極的に取り組んでいる。小中学校では，風力発電施設や太陽光発電施設など身近な教材を利用して環境教育が行われている。また，上外川集落には，NPO法人「岩手子ども環境研究所」が，廃校を再利用したエコスクール「森と風のがっこう」を設置して，「もったいない，ありがたい」を合言葉に，パーマカルチャーの手法を取り入れ，自然エネルギー教育，エコロジカルな生活教育の場として，循環型の暮らしが実感できる施設づくりを進めている。

このような新エネルギーの導入によって，町の収入が増大しただけではなく，町民の環境意識が高まり，自宅に太陽光発電やペレットストーブを設置する世帯も増えるといった成果が挙がっている。そして，葛巻町の地域づくりは，新エネルギーの導入をきっかけにして，林業振興や畜産振興にも広がりをみせている。

一方，課題としては，葛巻町にはさらに80基の風力発電施設を増設する余地があるが，電気事業者による新エネルギー等の利用に関する特別措置法（平成14年法律第62号）では，電力会社が買取義務量をクリアすればそれ以上は買わなくてもよいため，設置が進んでいない。また，発電した電気は電力会社に売電されており，町民に直接の恩恵はない。地産地消型の施設を建設して，エネルギーの自給100%を達成することが今後の課題である。

2 有機物資源の地域内循環を目指して——山形県長井市

長井市は，山形県の南部の置賜地方，朝日山系のふもと最上川の上流域に広がる214.69km^{2}の地方都市であり，9722世帯，3万417人が暮らしている（2007年12月現在）。この長井市を舞台に，有機資源である生ごみなどをリサ

図7-1 新エネルギーマップ

北緯40度ミルクとワインとクリーンエネルギーの町 くずまき 新エネルギーマップ

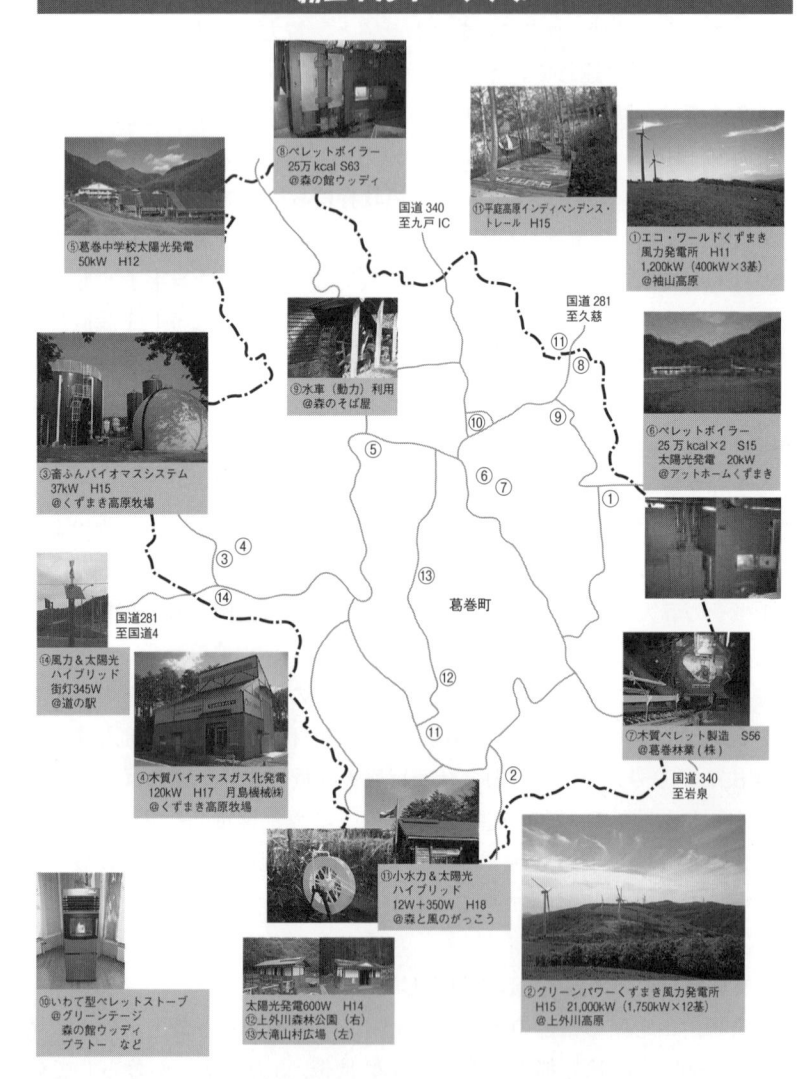

⑧ペレットボイラー
25万 kcal S63
@森の館ウッディ

国道340
至九戸IC

⑪平庭高原インディペンデンス・トレール H15

①エコ・ワールドくずまき
風力発電所 H11
1,200kW（400kW×3基）
@袖山高原

⑤葛巻中学校太陽光発電
50kW H12

国道281
至久慈

⑨水車（動力）利用
@森のそば屋

③畜ふんバイオマスシステム
37kW H15
@くずまき高原牧場

⑥ペレットボイラー
25万 kcal×2 S15
太陽光発電 20kW
@アットホームくずまき

葛巻町

⑭風力＆太陽光
ハイブリッド
街灯345W
@道の駅

国道281
至国道4

④木質バイオマスガス化発電
120kW H17 月島機械㈱
@くずまき高原牧場

②木質ペレット製造 S56
@葛巻林業（株）

国道340
至岩泉

⑪小水力＆太陽光
ハイブリッド
12W＋350W H18
@森と風のがっこう

⑩いわて型ペレットストーブ
@グリーンテージ
森の館ウッディ
プラトー など

太陽光発電600W H14
⑫上外川森林公園（右）
⑬大滝山村広場（左）

②グリーンパワーくずまき風力発電所
H15 21,000kW（1,750kW×12基）
@上外川高原

出所：葛巻町 WEB（http://www.town.kuzumaki.iwate.jp/w/map-H20.pdf)

イクルすることにより，土の活力を取り戻し，地域の環境改善と健康な食生活を生み出し，自然と人間の永続的な共生を図ることによって，地域循環システムを構築しようとする「レインボープラン」が展開されている。

　レインボープランは，たんにごみの処分や堆肥化を目的とした取り組みではない。①「循環（「土から生まれたものを土に戻す循環」と「まちとむらをつなぐ人の輪の循環」）」，②「ともに（住民自治と参加によって循環型社会をつくる）」，③「土は生命（いのち）のみなもと」の三つの理念のもと，①有機物の再資源化，②優良堆肥の生産，③土づくり・有機農産物の生産，④域産域消による農産物の流通，⑤農業担い手育成を実現することを基本目標としている。

　その背景には，慣行農法により化学肥料と農薬を多用した農業が続けられた結果，土が疲弊してきたことと，長井市では台所と農地が近いにもかかわらず地元の作物は大量消費地へと流れ地域自給率が低かったことが挙げられる。レインボープランという名称は，まちとむら，台所と農業，現在と未来との間に，希望のかけ橋をかけようと，虹に希望を託して名づけられたものである。

　レインボープランが提唱されたのは，1988年から1999年にかけて市の企画課が市民97人に呼び掛けて今後の長井市のまちづくりについて検討を依頼した「まちづくりデザイン会議」においてだった。このデザイン会議の提言を受けて設置された「快里（いいまち）デザイン研究所」によって，1991年10月，「快里（いいまち）デザイン計画」が提案され，その中で，レインボープランの考え方が示された。

　市長が代わったためレインボープランは潰えたかに思えたが，3人の市民（2人の農民と幼稚園の先生）が中心になって，婦人団体，商工会議所，地区長会，病院，清掃事務所などに呼びかけてネットワーク化して最後に行政も巻き込んで検討の場をつくった。1991年6月，「台所と農業をつなぐながい計画（レインボープラン）調査委員会」が設置され，200回を超える会議を重ねながら協議を進め，1992年3月，同委員会は，レインボープラン推進を市長に答申した。同年11月，市の農林課にレインボープラン係が設置され，「台所と農業をつなぐながい計画推進委員会」において，生ごみの収集方法，堆肥の利用方法，堆肥センターの設置，有機農産物認証制度，農産物の流通などが検討され，1996年12月堆肥センターが完成し，翌97年2月から分別回収が開始さ

れた。

　現在，レインボープランは，市民ボランティア，行政，農協，商工会議所の代表者からなるレインボープラン推進協議会（事務局は市の企画調整課）のもとで推進されている。

　その仕組み（図7-2）は，まず，市街地に住む約5000世帯の一般家庭は，週2回，生ごみを分別・水切りして約230カ所の収集所に出す（農村部の世帯では生ごみは自家処理している）。それを市が委託した業者が回収して堆肥センターに運び込む。堆肥センターでは，生ごみ約1000トンに，農業廃棄物であるもみ殻約250トン，畜ふん約500トンと合わせて，約80日間をかけて約400トンの堆肥を生産している。堆肥は，JA山形おきたまを通じて，市内の農家や市民に販売されている。農家ではたい肥を使って土づくりを行い，1999年に始まったレイボープラン推進協議会独自の農産物認証制度に基づいて化学肥料や農薬を抑制した農産物を生産している。学校給食，NPO法人レインボープラン市民市場「虹の駅」，JA直売所，小売店などを通じて，市民の食卓に届けられている。

　レインボープランの取り組みによって，①まちの5000世帯の生ごみが全量，土を豊かにする資源として田畑に戻った，②環境保全型農業への一つの流れを作った，③まちづくりへの市民参加が促進された，④市民と農業，まちとむらが近づいた，⑤環境教育，地域教育に貢献した，⑥異業種間の融合と加工品作りが進んだ，⑦可燃ゴミが約3割減少した，などの成果が挙がっている。

　まだ認定農家数や認定農産物の生産量は少ない，流通経路が整備されていないといった問題があるが，2004年3月，長井市が構造改革特区（食の安全安心＝レインボープラン特区）に指定されて，NPO法人レインボープラン市民農場が設立され，休耕田を借り受けてレインボープラン認証農産物の生産を拡大したり，消費者が有償ボランティアで農作業に携わるなどして，循環の輪を拡大する努力が進められている。

3　渡り鳥と農業との共生を探る――宮城県大崎市田尻地区（旧田尻町）

　蕪栗沼は，宮城県の北上川水系の迫川と旧迫川に挟まれた県内有数の穀倉地帯にある約150haの湿地であり，同じくラムサール条約登録湿地である伊豆

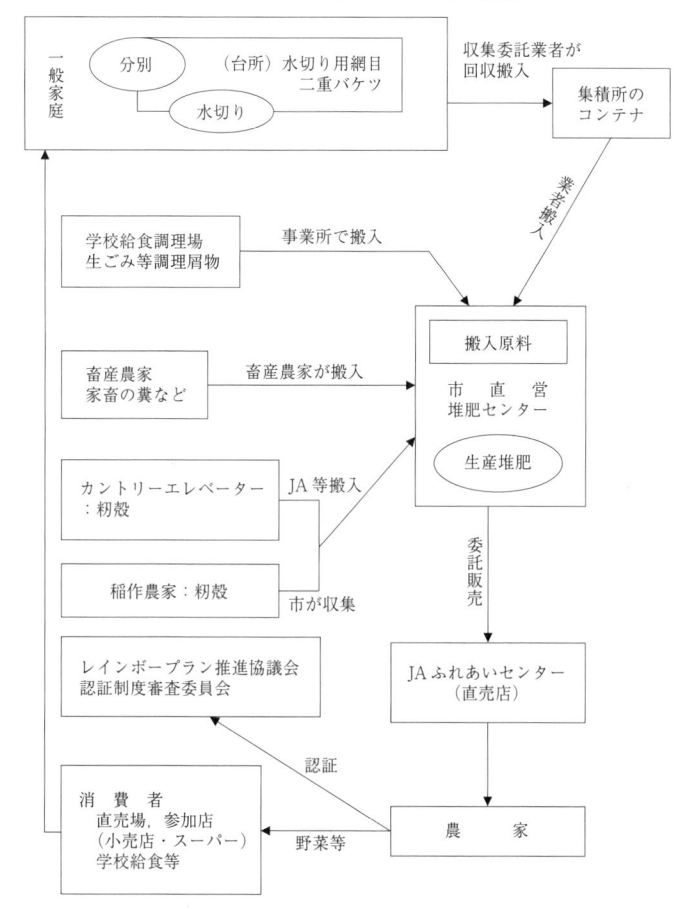

図7-2 レインボープランの仕組みと推進体制

```
┌─────────────────────────────────────────┐      収集委託業者が
│一  ┌─分別─┐ (台所)水切り用網目       │      回収搬入        ┌──────────┐
│般  │      │      二重バケツ            │─────────────────────→│集積所の   │
│家  └─水切り┘                           │                      │コンテナ   │
│庭                                       │                      └──────────┘
└─────────────────────────────────────────┘                            │
                                                                        │ 搬入
  ┌──────────────┐  事業所で搬入                                        │
  │学校給食調理場 │─────────────────────────┐                          │
  │生ごみ等調理屑物│                        │                          │
  └──────────────┘                          ▼                          ▼
                                    ┌─────────────────┐
  ┌──────────────┐  畜産農家が搬入  │   搬入原料      │
  │畜産農家      │──────────────────→│                 │
  │家畜の糞など  │                  │ 市 直 営         │
  └──────────────┘                  │ 堆肥センター    │
                                    │                 │
  ┌──────────────┐                  │ ┌─────────┐    │
  │カントリーエレベーター│ JA等搬入  │ │生産堆肥 │    │
  │ ：籾殻      │──────────────────→│ └─────────┘    │
  └──────────────┘                  └─────────────────┘
                                              │
  ┌──────────────┐                            │ 委託販売
  │稲作農家：籾殻│                            │
  └──────────────┘  市が収集                  ▼
                                    ┌─────────────────┐
  ┌──────────────┐                  │JAふれあいセンター│
  │レインボープラン推進協議会│       │  (直売店)        │
  │認証制度審査委員会│               └─────────────────┘
  └──────────────┘                            │
                          認証                │
  ┌──────────────┐                            ▼
  │消  費  者    │                  ┌─────────────────┐
  │直売場、参加店│                  │   農  家         │
  │(小売店・スーパー)│ 野菜等        │                 │
  │学校給食等    │←─────────────────│                 │
  └──────────────┘                  └─────────────────┘
```

出所：レインボープラン推進協議会 WEB (http://lavo.jp/rainbow/box/pdf/shikumi-zu.pdf)

沼・内沼から南方に約8km離れたところに位置している。現在は大崎市田尻地区（2006年3月合併以前は田尻町）に広がる蕪栗沼とその周辺水田において，人と渡り鳥が共存する環境保全型の農業と地域づくりが進められている。

　蕪栗沼周辺は，もともとは北上川の氾濫によってできた自然遊水地であり，洪水の常襲地であったが，明治以降，後背湿地が水田に転換され，約400haあった沼の面積も約100haまで狭められた。蕪栗沼は，天然記念物の渡り鳥

であるマガンの国内有数の越冬地で，毎年数万羽が飛来している。蕪栗沼は，内側に開水面とヤナギが点在するヨシとマコモ群落，外側には広大な水田と丘陵が連なり，変化に富んだ自然環境が残されていることから野生生物の宝庫である。鳥類は，オオヒシクイやオジロワシなどの天然記念物など219種類，魚類33種類，植物393種類，昆虫788種類，さらに絶滅危惧種217種類が確認されている。

蕪栗沼の活用をめぐっては，自然環境の「保全」か治水対策も含めた「開発」かを争う激しい議論が続けられてきた。

昭和50年代には，周辺農地の土地改良事業に際して，客土として沼の浚渫（しゅんせつ）をするという計画が持ち上がったが，当時の町長が原生自然植生を壊すとして同意しなかったため，実現をみなかった。反対に，1983年と1995年には，鳥獣保護地区の指定が計画されたが，渡り鳥は農作物を食い荒らす害鳥とみなされており，「鳥と人間とどちらが大事か」という地元農家の反対によって実現できなかった。

渡り鳥と農業の共生の途が模索されたのは，1996年1月，宮城県が土砂流入による浅底化を理由に，遊水地としての機能を確保するために蕪栗沼の全面掘削計画を打ち出したことに始まる。浚渫が進むと渡り鳥のねぐらや餌場がなくなることから，「日本雁を保護する会」が反対の声を上げ，地元農家と渡り鳥の共存の道を探ることになった。

同年5月，地元農家，自治体関係者，議員，NPO，研究者などが参加して，「第1回蕪栗沼探検隊の集い」が開催され，蕪栗沼に貴重な自然が残っていることが共通認識となり，自然の豊かさを保ちながら，遊水地としての機能も果たし，地域の農業者にも恩恵をもたらす方法が模索された。

結局，全面掘削計画は撤回され，1997年2月，自然環境に配慮した蕪栗沼の浚渫方法などを検討するため，「蕪栗沼遊水地懇談会」が設置されて検討が進められ，2000年7月，「蕪栗沼遊水地環境管理基本計画」と「蕪栗沼遊水地樹木管理計画」が策定された。その後，2001年からは「蕪栗沼環境管理会」が懇談会の協議を引き継いでいる。

また，1998年からは，蕪栗沼に隣接する白鳥地区の水田約50haが湿原に戻されることになり，「ふゆみずたんぼ（冬期湛水水田）」の試みが始まった。ふ

ゆみずたんぽの当初の目的は，水田を冬期湛水することによって，湿地に依存する水鳥を中心とした多様な生物の生息地として水田を活かすことだったが，ふゆみずたんぼは，マガンのふんなどによる施肥効果，雑草の繁殖抑制効果，害虫抑制効果が期待できることが分かってきた（図7-3）。そして，無農薬栽培された米は「ふゆみずたんぼ米」としてブランド化され，高値で取引されるなど，営農面でも大きな効果を挙げている。

2005年6月，国の鳥獣保護区特別保護地に指定され，同年11月，ウガンダ共和国で開催された第9回ラムサール条約（「特に水鳥の生息地として国際的に重要な湿地に関する条約」）締約国会議において，マガンの貴重な生息地であったことに加えて，えさ場となる周辺の水田で進められたふゆみずたんぼなど，マガンと共生を目指す地域の姿勢が高く評価され，蕪栗沼とその周辺の水田423haが登録された。生息地の沼だけではなくえさ場となる広大な水田も「湿地」に含めて登録されたのは，国内で初めてのことである。

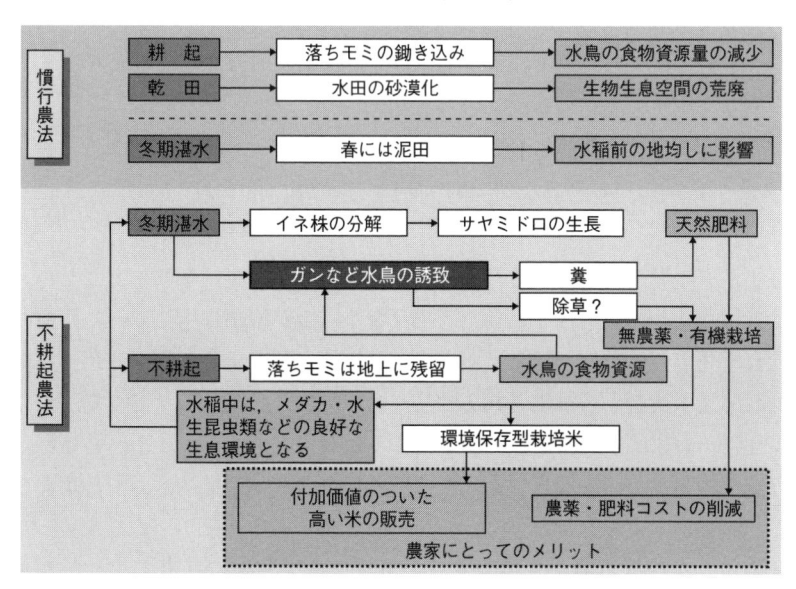

図7-3　循環型水田農業

出所：冬期湛水プロジェクトWEB (http://www.jawgp.org/wfj003.htm)

とはいえ，ふゆみずたんぼの有効性が農家に十分理解されていない，冬の水管理や雑草対策が難しいなど，ふゆみずたんぼを普及していく上での課題は多い。また，蕪栗沼への渡り鳥の集中や堆砂問題，ラムサール条約登録による観光客増大への対応といった問題も残っている。

そこで，行政と民間が一体となって，環境保全と地域振興，さらには観光も組み合わせた地域づくりが展開されている。1998年，「蕪栗沼探検隊の集い」を母体に設立され，2000年にNPO法人化された「蕪栗ぬまっこくらぶ」では，環境保全活動やエコツーリズムを推進している。また，2005年11月，冬期湛水以外の自然共生型農業の支援や食文化を生かした地域づくりを進めるために，「NPO法人たんぽ」が設立され，「ふゆみずたんぽ」，「自然共生農業」，「食・くらし」の3つのプロジェクトを立ち上げた。

また，大崎市では，2006年3月，「大崎市食料，農業および農村基本条例」が制定され，有機栽培農法の推進など農業の自然循環維持機能を増進することが謳われた。そして，2006年度からは，「ふゆみずたんぽ（冬期湛水水田）を利用した環境と暮らしの再生プロジェクト」（国の地域再生計画）が，また，2007年度からは「マガンの里推進プロジェクト」（国の頑張る地方応援プログラム）が進められ，ふゆみずたんぽや環境共生農業の普及，エコツーリズム・グリーンツーリズムの推進を図っている。

5　持続可能な地域づくりに向けて

東北地方の農山村における持続可能な地域づくりの事例を取り上げたが，それは地域づくりの先進例というだけではなく，わが国が目指している持続可能な社会を先取りした取り組みである。たとえば，国の定めた食品リサイクル法は食品関連事業者から排出される食品ごみを対象としたものであって，長井市のように一般家庭から排出される家庭ごみは対象外である。また，葛巻町の再生可能なエネルギーの導入や大崎市の環境保全型農業の推進も，国の政策を大きくリードしている。

このような持続可能な地域づくりの事例は全国各地に見出すことができる（大江正章『地域の力―食・農・まちづくり』岩波新書，2008年，などを参照）が，

それらに共通していることがある。それは第1に，農山村に存在する豊富な地域資源を活かし，農林業をベースにして観光業や製造業など関連産業とも結びつけて，産業振興と環境保全を同時に図っていることである。

第2には地域内外の多様な主体が関わり協働していることである。持続可能な地域づくりは，行政主導で進められることもあれば，市民主体で展開されることもあるが，最終的には，地域社会を構成する，生産者，消費者，NPO，各種団体，行政，企業，さらには地域外の多様な主体が参加して，その合意形成のもとに進められている。

第3に，持続可能な地域づくりで実践されているのは，国の政策に見られるような狭い意味での「社会経済システムにおける物質循環」や「自然と人間との共生」ではなく，エネルギーの循環，自然（大気，炭素，水など）の循環，経済の循環であり，まち（都市）とむら（農山村）との共生，人と人との共生である。持続可能な地域づくりは，地域という顔の見える範囲で，人々が協働して，地域に存在する資源を持続的に利用しながら，経済発展と環境保全をともに図り，地域社会を再生・創造する営みにほかならない。

もちろん，持続可能な地域づくりは，地域の力だけで実現できるものではない。先進地においても，過疎化・高齢化，農林業の後継者不足などの諸問題は

コラム⑦

限界集落

少子高齢化の進展により，2007年，人口が初めて自然減少に転じ，日本は人口減少社会へと突入した。国立社会保障・人口問題研究所の将来人口推計（2006年12月）によれば，2005年時点で1億2777万人だった総人口は50年後の2055年には約3割減少して8993万人になると予測されている。だが，地方ではすでに，高度経済成長期，バブル経済期に続く，第3の人口流出も加わって大幅な人口減少が始まっており，「過疎」を超えて，「限界集落」「限界自治体」といった地域崩壊が現実化してきている。

「限界集落」とは，大野晃氏（長野大学教授・高知大学名誉教授）が1991年に提唱した概念で，65歳以上の高齢者が50%を超え，生活道路の管理や冠婚葬祭などの社会的共同生活の維持が困難な状況に置かれている集落を意味してお

り，限界集落はやがて「消滅集落」へ向かうとされている。限界集落は，1990年代は山間地集落の多い西日本を中心に発生していたが，平成の大合併や三位一体改革が進んだ2000年代に入ってからは東日本にも拡大してきている。

国土交通省「国土形成計画策定のための集落の状況に関する現況把握調査―最終報告」（2007年8月）によれば，全国6万2273集落のうち約15％にあたる8859集落で集落機能が低下もしくは維持困難になっており，10年以内に消滅する可能性がある集落は423，いずれ消滅する可能性がある集落を含めると全体の4.2％，2643集落に達している。そして，過疎地域の集落では，耕作放棄地の増大，空き家の増加，森林の荒廃，獣害・病虫害の発生，ごみ不法投棄の増加などの諸問題が発生しており，前回調査（1991年）以降消滅した191集落のうちの約6割で，森林・農地，集会所・小学校，道路・用排水路，河川・湖沼・ため池などの地域資源の荒廃化が進んでいる。

こうした状況を打開するため，2007年10月，「水源の里条例」を施行して集落への定住促進を進めている，京都府綾部市において，限界集落の再生を考える「全国水源の里シンポジウム」が開催され，翌11月には，「全国水源の里連絡協議会」が発足した。また，全国各地で，地域住民，NPO法人，地方自治体などが，集落再生に向けて，地域内分権，U・Iターン者の定住対策，都市との交流，特産品の開発などに取り組んでいる（各地の取り組みについては，「特集脱グローバリゼーション―『手づくり自治』で地域再生」『現代農業』2007年11月増刊号などを参照）。

一方，政府は，コミュニティ維持が困難な地域では住民移転を促し集落再編を行うとしてきたが，2007年夏の参院選での与党惨敗の結果を受けて方針転換し，地方再生戦略（2007年11月，08年1月改定）をまとめるとともに，平成20年度予算では限界集落への支援事業費として，5億4000万円を新規計上した。

限界集落の消滅は，その土地固有の伝統・文化・生活の智恵を消失させるだけではなく，森林や農地の荒廃によって下流の都市にも大きな影響を与えることが懸念されている。しかし，国と地方が膨大な財政赤字を抱え，本格的な人口減少社会に突入するのであるから，すべての集落を維持することは困難であり，集落を再編して行政サービスの効率化を図るべきであるという意見も根強い。

「先祖伝来の土地で，自分が生まれ育った土地でこれからも生き続けたい」という住民の願いは単なるエゴにすぎないのだろうか。私たちは，どのようにしたら限界集落を持続可能な地域へと再生することができるのだろうか。

山積しており，自助努力だけで解決することは困難である。農山村における持続可能な地域づくりを成功させるためには，持続可能な社会の実現に向けて国の政策を大きく方向転換し，農山村に対する政策的経済的支援をより強固なものにしていくことが必要不可欠である。

「地域とは，人間が協同して自然に働きかけ，社会的・主体的に，かつ自然の一員として，人間らしく生きる場，生活の基本的圏域であり，人間発達の場，自己実現の場，文化を継承し創造していく場」（中村剛治郎『地域政治経済学　補訂版』有斐閣，2005年）を意味している。多様な生物種を含む将来の世代のためにも，私たちが自らの足元にある地域を拠点にして，持続可能な社会の実現に自主的主体的に取り組んでいくことが求められているのである。

■考えてみよう！
(1) 持続可能な社会とはどのような社会でしょうか。さまざまな「持続可能な発展」論や指標を参考にしながら考えてみよう。
(2) あなたが住んでいる地域では，どのような環境問題が発生しているでしょうか。また，それは何が原因で発生し，経済や社会構造とどのように関連しているのか考えてみよう。
(3) あなたが住んでいる地域に存在する資源や人を活かして，持続可能な地域を実現する方法を具体的に考えてください。

■参考文献
①エントロピー学会編『循環型社会を創る―技術・経済・政策の展望』藤原書店，2003年
②自然再生を推進する市民団体連絡会『森，里，川，海をつなぐ自然再生―全国13事例が語るもの』中央法規，2005年
③淡路剛久編，寺西俊一・西村幸夫監修『地域再生の環境学』東京大学出版会，2006年

第8章　内発的発展の理論と実践

1　地域づくりと人間の発達

1　人間開発と地域づくり

　21世紀を前にした1999年秋，朝日新聞に「世紀を築く」として，注目すべき二つの社説「人間開発」（9月6日）と「地域づくり」（10月31日）が載った。「人間開発」には大要次のように述べられている。

　グローバル化の時代の象徴はインターネット機能である。地球上を駆け巡る情報やお金とともに，市場原理や民主主義が広がる。世界を一体化させる流れはもはや押しとどめられまい。

　国連開発計画の「人間開発報告」が描く現代は，（その）裏面である。世界人口は約60億人。そのうち所得の多い12億人が，どれほど多くの資源を利用し，消費しているか。自動車の87%，電話回線の74%。20世紀初頭，一番豊かな国と一番貧しい国との所得格差は，ほぼ10対1だった。それが1960年に30対1，97年には74対1と，加速度的に広がりつつある。

　「人間開発が目的であり，経済成長はその手段である」「人間開発とは，人々の生活の選択の幅を広げることである」。90年から毎年刊行されている『人間開発報告』は，こう訴えてきた。

　猛スピードで走る「北」が，「南」を置き去りにすることのないよう，「人間開発」の原点に立ち戻って考えたいものだ。

　「地域づくり」には大要次のように述べられている。

　リストラ計画で閉鎖と名指しされた工場の地元でショックが広がっている。地域の盛衰が資本の論理で左右されてしまう厳しい現実に，唇をかんでいる人も多いに違いない。企業誘致で地域振興をはかる「外来型開発」の限界である。

　戦後日本で支配的だった，こうした地域開発の手法に対して，地域が持つ資

源や人材を生かし，環境や住民の生活の質を大切にしながら発展をはかろうとするのが「内発的発展」とよばれるものだ。

その例として北海道下川町では，植林から伐採までを一定のサイクルで繰り返す循環型林業の確立をめざし，宮崎県綾町では，農薬も化学肥料も使わない有機農業による町おこしに取り組み，成功させた。二つの町に共通しているのは，一貫した思想に基づいた，しっかりした長期的な計画がある，それを断固として実行するリーダーがいた，なにより大事なのは住民の理解と参画だ。

財政難，過疎，がらがらの工業団地，悩みを共有する地方をよみがえらせるのに必要なことはなにか。「自前の努力と都市との交流，それに国土の保全を重視する国の政策の三つだ」（保母武彦島根大教授）。地に足のついた活動が各地に広がれば，日本経済の奥行きも広がる。

2 豊かさの概念変化と潜在能力論

私たちが地域で豊かに暮らしていきたいと考えるときに問題となるのは，豊かさとは何かという点である。これにはさまざまな議論があるが，それに一定の結論を導きだしたのがアマルティア・センである。センは豊かさを説明するには三つのアプローチがあるとしている（アマルティア・セン『福祉の経済学』岩波書店，1988年）。

第1は富裕アプローチであり，実質的所得のように物質的財貨への支配力を豊かさと見る考え方である。しかし財貨の支配は福祉という目的のための手段であってそれ自体としては目的にはなり難い。

第2は効用アプローチであり，効用水準（選択や欲望充足の程度）を豊かさと見なす功利主義の考え方である。しかしこれはわれわれの客観的な有様（たとえば，どれほど長生きであるか，病気にかかっているか，コミュニティの生活にどの程度参加できるか）などそのひとをとりまいている条件を無視しているという限界がある。

第3は**潜在能力アプローチ**であり，ひとが持つ「機能」（ひとがなしうること，なりうるもの）とひとがこれらの機能を達成する「潜在能力」に関心を集中する考え方である。異なる個人を比較するとき，財の特性を機能の実現へと移す変換は，個人的・社会的なさまざまな要因（たとえば年齢，性，医学的条件，家

族や社会における立場など）に依存する。こうした差があるなかでは各人の潜在能力を発揮するための選択の自由，選択のための機会と条件の整備など，人間の成長，発達の視点から豊かさや福祉の水準を測る必要があるという考え方である。

同時にセンは，人間は私利私欲を追求することのみを行動規範とする「合理的な愚か者」ではなく，コミットメント（使命感）とシンパシー（他人への思いやり）を重視する存在であるともしている。

3 豊かさの指標と参加の意義

ブルーノ・S・フライとアロイス・スタッツァーは，「幸福とは何か？」という課題に取り組み，個人の幸福度と一人当たり国民所得，失業率，インフレ率などの経済変数との相関関係を計測し，結論としては，人々の幸福はこれらの変数と無関係ではないものの，その関係は必ずしも統計的に有意ではないことを検証した。その上で一歩進めて政治経済学の視点から，政治プロセスにおいて個人の選好がより強く反映される世界では，人々の幸福は増大する，公的な意志決定に直接参加する可能性が増せば，幸福の増大に大きく寄与するとして，「**参加**」の意義を重視する結論を導き出した（ブルーノ・S・フライ，アロイス・スタッツァー『幸福の政治経済学』ダイヤモンド社，2005年）。

4 ソーシャルキャピタルと相互信頼，協力

近年地域を考えるに当たって，ロバート・D・パットナムが唱える**ソーシャルキャピタル**（社会資本）ということに注目が集まっている。市民がさまざまな分野で活発に活動し，水平的で平等主義的な政治を旨としている地域では，互酬性，相互信頼，社会的協力，市民的参加，市民的義務感などが密接に絡み合いながら社会的効率性を高めているとされている。そしてこうした力がソーシャルキャピタルであるとされている（ロバート・D・パットナム『哲学する民主主義』NTT出版，2001年）。

地域の活性化には，経済的側面だけではなく，相互信頼，協力，参加，義務などが重要な役割を果たしているという指摘といって良いであろう。

2　内発的発展論の形成と展開

1　国際関係の変化と内発的発展論の形成

内発的発展論の起源については，日本国内ではスウェーデンのダグ・ハマーショルド財団が作成した，1975年の国連経済特別総会への報告『何をなすべきか？』の中で，「もう一つの発展」という概念を提起したときに，その属性の一つとして「内発的」という言葉を「自力更生」と並んで用いたのが最初と紹介されている。

同財団は1977年に『もう一つの発展――いくつかのアプローチと戦略』を出版し，経済成長優先型の発展に代わる「もう一つの発展」の内容として次の5点をあげた。第1は発展の目標が，物質的・精神的な人間の基本的必要を充足すること，第2は内発的である，発展のあり方の複数性の尊重，第3は自立的である，その自然的・文化的環境の下で，まず当該社会構成員のもつ活力を生かし，その経済社会の持つ諸資源を利用する，その根幹は，地域経済の自立性，第4はエコロジー的に健全であること，第5は経済社会構造の変化が必要であること。

同時に当時の国連を中心とした動きを見ると，1962年の「第一次国連開発の10年（1960～70年）のための行動計画」では，開発のコンセプトは何よりも人々の生活の質的向上でなければならないとされている。またILO（国際労働機関）は，1976年の「雇用，所得分配および社会進歩に関する会議」で，基本的人間ニーズを充足させる道を提案した。同じ頃UNESCO（国連教育科学文化機関）の専門家は，ロストウの段階的開発を批判して，「内発的開発」を提起し，工業化社会を機械的にまねることを否定し，個々の国家の特殊性に相応の考慮を払うように提案した。

こうしたさまざまな動きをふまえて後に，西川潤は各地で発生してきた内発的発展論の特徴を次のように整理した。

第1に欧米起源の資本蓄積論，近代化論のパラダイムを転換し，経済人像に代え，**全人的発展**という新しい人間像を定立している。したがって，利潤獲得や個人的効用の極大化よりは，むしろ人権や人間の基本的必要の充足に大きな

比重がおかれる。第2に自由主義的発展論に内在する一元的・普遍的発展像を否定し、自律性や分かち合い関係に基づく、**共生の社会づくり**を指向する。第3に**参加**、**協同主義**、自主管理等、資本主義や中央集権的計画経済における伝統的生産関係とは異なる生産関係の組織を要求する。第4に国家、地域、都市、農村等あらゆるレベルの**地域的産業連関**、**地域内需給の形成**による地域的発展、地域的共同性の創出が、巨大開発や多国籍企業による外部からの分業設定や資源吸収、単一文化の押しつけにたいして地域アイデンティティを守る経済的基盤となる。地域自立は同時に、住民と生態系間のバランスに支えられなければならない。

このように内発的発展論は、欧米の工業化、都市化をモデルとした単系的な近代化論ではなく、地域の歴史、文化、生態系を尊重した**多様な（多系的な）発展**、先発、後発を問わず、相互に、対等に、活発に手本の交換を行うことの重要性を提起しているといえるのである（川田侃編『内発的発展論』東京大学出版会、1989年）。

2 日本における内発的発展論の形成

国連を中心として「もう一つの発展」が提起されていた頃、日本でアメリカ社会学と日本民俗学の比較検討の中から、内発的発展論の萌芽が見られていたことに注目する必要がある。1969年に鶴見和子はアメリカ社会学のタルコット・パーソンズや日本民俗学の柳田国男の研究を踏まえて、次のような提起を行っている。

近代化の過程は、その発足の時期の相違によって、二つの類型に大別される。一つは内発的発展（土着的発展者）であり、他は外発的発展（おくれてきたもの）である。「おくれてきた」社会は、もっとも近代化の進んだ社会にモデルを求めて、そのお手本にどれだけ近づいたかを測定することが、近代化の国際比較の主要なテーマとなる。また日本の近代化の表層は、西欧から輸入されたさまざまな理論によってとらえることができる。しかし基層をとらえるためには、内側からとらえる方法が必要で、それは常民を歴史の担い手とする。そしてそれは段階的発展説ではなく、つらら型の時間概念である。それによって近代社会の中に、原始、古代、中世の感覚、思考、社会構造などが、つららの

ように垂れ下がって共生する様相をとらえることができる。そしてこの発展論は，**多系的発展論**であるとした。

このように1970年代中頃までに内発的発展論の基礎的な考えが形成され，それと国連などの提起が共鳴しあい，ここに日本における内発的発展論検討の端緒がきり開かれたのである。

鶴見和子は，内発的発展とは，目標において人類共通であり，目標達成への経路と創出すべき社会のモデルについては，多様性に富む社会変化の過程である。共通目標とは，地球上すべての人々および集団が，衣食住の基本的要求を充足し人間としての可能性を十全に発現できる，条件をつくり出すことである。それは，現存の国内および国際間の格差を生み出す構造を変革することを意味すると定義している。そしてそこへ至る道すじと，そのような目標を実現するであろう社会のすがたと，人々の生活スタイルとは，それぞれの社会および地域の人々および集団によって，固有の自然環境に適合し，文化遺産にもとづき，歴史的条件にしたがって，外来の知識・技術・制度などを照合しつつ，自律的に創出される。そして多様な発展の経路をきり開くのは，キー・パースンとしての地域の小さき民であり，内発的発展の事例研究は**小さき民の創造性**の探求であるとされる（鶴見和子『内発的発展論の展開』筑摩書房，1996年）。

3 日本における内発的発展論の展開

現在，理論的かつ実践的に内発的発展論を展開しているのは，財政学ならびにその系譜に連なる地域経済論の研究者である。

戦後日本の地域経済の解明にあたって原点に位置するのは島恭彦によって提起された**地域的不均等論**（地域経済の各地域における経済発展の速度の不均等発展の法則）である。この理論は**資本主義の地域的集中と外延的膨張**の傾向を明らかにした点に大きな成果があった。

宮本憲一は，この議論をさらに発展させて，独占段階の地域経済の不均等発展の要因を，都市と農村の経済の不均等発展，生産資本の集中集積と「地域独占」の成立，金融資本の支配の強化，生産機能の地方分散と管理機能の中央集中等に整理した。

経済学の中に**人間発達**の理論を積極的に組み込んだ池上惇は，「地域の再

生」を失われつつある人間らしいくらしを地域に住む人間としての立場に立って取り戻そうとする動きであるととらえ，それが人間の孤立と生存競争ではなく，協同と連帯にたいする共感によって支えられているからであるとする。そして，人間らしさとは，人びとの対話，交流，協同，連帯などの諸活動によって，人々の潜在的力量をひきだし，一人ひとりの労働能力，生活能力，情報処理能力，統治能力などをたかめ，社会の意志決定がかかる能力をさらにたかめてゆくようにおこなわれることであると指摘している。そして社会の構成者たちが，相互に人権を守りあい，協力しあいつつ，自分たちのつくりだした制度や共同財産を制御しうるシステムを，**人間発達のシステム**と呼んでいる（池上惇『人間発達史観』青木書店，1986年）。

　この人間発達の理論は，アマルティア・センの潜在能力アプローチとも大きく重なる点に注目しておく必要がある。

　財政学の系譜をひいて，地域経済学の領域で積極的かつ体系的に内発的発展論を展開してきているのは宮本憲一である。その起点は1980年に示した次のような認識と問題提起である。

　大都市の時代にゆきづまりがきているが，これを打開するには，大都市の住民が自治権を確立して，内発的な発展を考えてゆかねばならぬであろう，内発的な発展という点では，近年，過疎になやむ農村に画期的な成功例がみられる，この日本の土壌のなかで生まれた「農村の文化」に学んで，「都市の文化」をつくりだすべきなのではなかろうかとして，農村に学び平和な「内発的発展」をと提起し，積極的に農村の視察，調査を開始した。そして日本全国各地の内発的な実践例の特徴を次のように整理した。

　第1は外来型開発とちがって，外部の企業特に大企業に依存せず，住民自らの創意工夫と努力によって産業を振興していること。中央政府や県の補助金に依存しないこと。外来の資本や補助金を導入する場合は，地元の経済がある程度発展して，それと必然的な関係を要求した時である。

　第2は地域内需給に重点をおいて，全国市場や海外市場の開拓を最初からめざさないこと。できるだけ生産や営業の発展を地域内の需要にとどめ，急激な売上の増大を望まず，安定した健全な経営が続くことを望んでいる。

　第3は個人の営業の改善から始まって，全体の地域産業の改善へすすみ，で

きるだけ地域内産業連関を生み出すようにしていること。経済振興だけでなく，文化，教育，医療，福祉などとも関連した，コミュニティづくりとなっている。

これは高度経済成長期以降の，外来型の拠点開発，大規模開発への反省をふまえ，それと異なる地域振興のもう一つの道を具体的に提示したという点で画期的なものであった。

そしてさらにその後の調査研究を踏まえて後に，内発的発展の原則を次のように再整理した（参考文献①）。

第1は地域開発が大企業や政府の事業としてではなく，**地元の技術・産業・文化を土台**にして，地域内の市場を主な対象として地域の住民が学習し計画し経営する。

第2は**環境保全**の枠の中で開発を考え，自然の保全や美しい街並みをつくるというアメニティを中心の目的とし，福祉や文化が向上するような，なによりも地元住民の人権の確立をもとめる総合目的をもっている。

第3は産業開発を特定業種に限定せず複雑な産業部門にわたるようにして，付加価値があらゆる段階で地元に帰属するような**地域産業連関**をはかる。

第4は**住民参加**の制度をつくり，自治体が住民の意思を体して，その計画にのるように資本や土地利用を規制しうる自治権をもつ。

4 内発的発展論の継承

この宮本憲一の提起を受けて，地方自治，地方財政，都市経済，農村経済などの各領域から，地域の内発的発展に関する理論的，実践的検討がなされるようになった（参考文献②）。

重森暁は地域振興の四つの原則を次のように整理した。第1に地域の資源を活用し地域の技術や資本を生みだしていこうとする発想を持つ，地域開発における**自治の原則**，第2に地方自治を支える地域経済の**自立の原則**，第3に共同社会の基礎的拠点としての地域形成をめざす，地域づくりにおける**共同の原則**，第4に人間と自然の物質代謝を地域における人間の全面発達の見地から組織する**人間発達の原則**。

保母武彦は内発的発展の原理を次のように述べている。第1に環境・生態系の保全及び社会の維持可能な発展を政策の枠組みとしつつ，人権の擁護，人間

の発達，生活の質的向上を図る総合的な地域発展を目標とする。
　第2に地域にある資源，技術，産業，人材，文化，ネットワークなどハードとソフトの資源を活用し域内産業連関を拡充する発展方式をとる。国家の支援措置は地域の自律的意志により活用を図る。
　第3に地域の自律的な意志にもとづく政策形成を行う。住民参加，分権と住民自治の徹底による地方自治の確立を重視する。
　遠藤宏一は産業連関分析から，医療・福祉ネットワーク活動が地域再生の一つのインフラストラクチャーとなるとの指摘を行っている。
　このように内発的発展論は農村の現実を出発点としそこから広がりを見せているが，その中で地方都市研究から創造都市論へと広がる研究が注目に値する。
　佐々木雅幸は，イタリアの共生的小企業群による「柔軟な専門化」を参考に金沢市を対象としてその内発的都市の特徴を次のように整理している。
　第1に地域内に意志決定機関を備えた中堅・中小企業群による自律性の高い都市経済である。
　第2に多彩な産業連関を保持し，同時に伝統産業からハイテク産業までに至る地域技術とノーハウの蓄積と連関性が保持されている。
　第3は地元産元商社を中心とする独自の産地形成と，それをベースにした金融機能が域内で発展している。
　第4は外来型開発を抑制して，独自の伝統産業と伝統的な街並みが残り，アメニティが保存された都市美を誇っている。
　第5は域内で連関性を持った迂回生産によって付加価値を増大させ，利潤部分の域外への漏出を防ぎ，それが中堅企業のイノベーションを可能にし，質の高い都市文化の集積を誇っている。
　鈴木茂は誘致型開発政策によって工業が集積した都市においても内発的発展の潜在的可能性があるということを探り，地域経済の内発的発展には次の七つの条件が必要であるとした。
　第1は企業家精神旺盛な人材の輩出，第2は域内に本社・金融・開発機能等の中枢管理機能を持つ地域企業が経済主体として存在，第3は地域固有の情報ネットワークの構築，第4は地域固有の自然資源，市場ニーズの変化，技術革新の成果などを総合的に評価しうる地域固有の知的資産の蓄積と学習機会の拡

大，第5は技術，市場確保など協同化を指導するリーダーの存在，第6は教育水準の向上とそれによる新製品開発の潜在的可能性の拡大，第7は地方自治体によるソフトなインフラストラクチャーの整備を含めた独自の産業政策。

このような都市研究からは，より現代的な，「ノーハウ（知的資産）」，「情報ネットワーク」と「文化」を重視する新しい内発的発展論の芽が形成されてきたのである。

以上見てきた内発的発展論の形成，展開，継承をふまえて現段階での内発的発展論の特徴は次のように整理することができるであろう。

第1は**地域の技術，産業，文化を土台とし**，これらを再評価して活用を考えることである。これにはハードとソフトの資源活用という視点から，地域固有の情報ネットワークや，地域の諸資源・技術革新・市場ニーズを総合的に評価できる**地域固有のノーハウ（知的資産）**の重要性が新たに加わってくる。

第2は**住民が自ら学習し計画する**という点である。社会教育を含めた学習の機会や参加の場の設定が，地域での人材輩出の文化的基礎となるということを重視する必要がある。

第3は**地域産業連関の重視**という点である。地域にある多様な産業を互いに評価し，それらの相互の連関，連携をはかることである。特にこれからは**福祉的社会連関**を視野に入れることが重要である。

第4は**環境・生態系の保全**，アメニティの向上は当然の枠組みであり，また環境，生態系は地域の固有性の基礎であるという点から重視する必要がある。

第5は**住民の主体的参加**による**自治，自律的意思決定**，それにもとづく地域独自の政策形成の重要性である。政策には総合性，展開性，組織化の視点が不可欠である。この過程で，それぞれの人が持っている潜在能力を発揮していくことが人間発達，豊かさへの道であるという点を確認することの重要性である。

5　内発的発展論とパートナーシップ・協働論

このように内発的発展論は，国際関係の変化を出発点として，地域の歴史，文化，生態系を尊重した多様な（多系的）発展，潜在能力の発揮に基礎をおく人間の発達を基本として，農村から都市へそして文化へと理論の枠組みを広げ，

地域づくりの手堅い流れを形成しつつある。

　だが別の視点で見るとまた新たに検討すべき新しい課題が生じてきている。それは地域づくりの中での，パートナーシップやコラボレーションという言葉にあらわされる動きの活発化である。**パートナーシップ**は提携，協同，協力などと訳され，個人や団体間の協力という色彩が濃い。**コラボレーション**は共同制作，（敵への）協力などと訳され，近年，協働との訳を当てはめることも多くなってきており，性格，意志の異なるもの同士の協力という色彩が濃い。

　地域づくりにおける，提携，協力，協働を重視する立場から，今内発的発展論に注目が集まっている。それは発展の目的が健康やアメニティ，福祉や文化など総合的な性格を持っており，地域の内発的発展のためには，主体としての地域住民がその発展過程に参加し，住民自治が確立されることが必要であるとしているためである。

　そして内発的発展論が日本で展開し始めてきた，1970年代末から80年代にかけての時点と現在とを比べてみたときの相違点は，どちらかといえば**政府セクター**と**企業セクター**という二つのセクターモデルで描かれていた社会が，NPO法人をはじめとする**社会セクター**が大きく発展し，クローズアップされたことによって，これからの社会を三つのセクターモデルで描こうとすることが可能になってきたということである。

　こうして社会セクターの提示によって，内発的発展の議論が提示していた目標を達成するために必要な経済主体の問題，公共性と公私の関係，住民自治の方向性などの論点が明確になってきたといえる（白石克孝編『分権社会の到来と新フレームワーク』日本評論社，2004年）。

　この段階での，政府，企業，社会の三つのセクターの役割と相互の連携，協力，協働の関係を適切にとらえて，内発的発展論の持つ積極性を新たな実践の場で検討する必要性が生じてきているというのが，現局面の内発的発展論の立場にたった地域づくりの課題であるといえる。

3 地域社会のかかえる課題と再生の方向性

1 地域社会，農山村のかかえる課題

　少子・高齢化が進む日本の地域社会のかかえる問題は，農山村に集中的に現れている。小田切徳美はこれを「四つの空洞化」と整理した（参考文献③）。

　その第1は「**人の空洞化**」である。人口の減少のパターン変化，すなわち人口の社会減少から自然減少への変化である。新しく生まれる子供の数が少なく，高齢者の死亡により地域内の人口が，徐々に，しかし確実に縮小していく状況こそが，「人の空洞化」の実相である。

　第2は「**土地の空洞化**」すなわち農林地の荒廃である。高度経済成長期の激しい人口流出によっても当時の親世代は地元に残り，農林地を管理してきた。しかしその世代がリタイア期に入り，農林地の管理主体不足が顕在化してきた。

　第3は「**ムラの空洞化**」すなわち集落機能の脆弱化である。壮年人口が希薄化した集落では，集落の寄り合い回数は著しく少なくなっている。この現象は，人の空洞化が進みつつある集落で，「ムラの空洞化」が進みつつあることを示している。

　第4は「**誇りの空洞化**」である。人口の流出の中で，「成長の中心地」と「依存地域」の間に格差意識を生みだし，画一的な都市的価値観の広がりの中で，地域に住み続ける価値観や誇りの喪失が生じてきた。

　この「空洞化」現象は，農山村だけの問題ではなく，次第に地方都市をはじめとする地域社会全体に広まりつつある。

2 内発的発展と地域の再生

　こうした状況に対して地域社会は手をこまねいて見ていたのであろうか。決してそうではない。かつて筆者は各地の地域づくりの実践例から，次のような学ぶべき経験と視点を整理した（参考文献②）。

　第1は地域に生きる思想「わがまちは生きるに値しないまちなのか」という問いかけの重要性である。

　第2は逆境を力にであり，たとえ過疎，山村，豪雪地帯であってもそこでの

地域振興の努力と自立（自律）の精神の大切さである。

第3は誇りと自信を持つ活動であり，そこに住む人が自らの資質，行動に価値と誇りを見いだすことである。

第4は内発的なアイデアを重視し，見通しをたてて，まちづくりのストーリーをつくっていくことの大切さである。

第5は柔軟な組織化の対応の重要性である。形態はさまざまであってもそれぞれの地域の条件にあった，複数の人間の力を引き出せる硬軟とりまぜた対応の重要性である。

第6は系統性と展開性を頭において，一つひとつの計画を単発に終わらせずに，常に次への発展を考えておくことである。

第7は総合性，住民総参加の道の追求である。総合的なプランをたて，その各側面に住民が主体的にどう関わっていくかという思考の重要性である。

3　参加の場づくり，住民総参加の道

小田切徳美は，地域づくりの「場」，「主体」，「条件」という側面から整理を行い，地域再生のために，「参加の場づくり」，「暮らしのものさしづくり」，「カネとその循環づくり」という三つの側面の重要性を提起した（参考文献③）。

そこで次はこの三つの側面に，先に述べた七つの経験と視点を加えて再整理し，各地で行われている地域づくりの実践を見ていくこととする。

参加の場づくり，住民総参加の道という点では，住民が参加することによって地域づくりがどのように変わってきたのかという点の検証が必要になる。

例えば農林水産省は2000年度より，中山間地域等直接支払制度を実施している。これは平地農村と比べて傾斜地が多いなど条件が不利な地域に対して，その条件不利性による農業生産水準の低さを補い，それによって耕作放棄地の発生を抑制し，農業・農村のもつ多面的機能を発揮させ，都市を含めて維持可能な地域社会を形成していこうとする政策である。この政策では地域の人が集まって集落の将来を話し合うことを，交付金支給の条件としている。住民参加を制度に組み込んだことによって，集落での話し合いの回数が増え，地域づくりの新たな展開がはかられているところが多数発生してきている。

地方自治体レベルで見ると，例えば鳥取県では中山間地域の諸問題を解決す

るためにやる気のある地域の活性化活動を支援する目的で，市町村への交付金を支出しているが，その事業採択の条件を，計画立案段階から住民参加型の取り組み，例えばワークショップを行うことや，実施主体によるプレゼンテーションを義務づけている。これも行政側からの提起であるが，参加の場を作ることによって新しい地域づくりを展開していこうとする動きといえる。

住民の足元からの地域づくりという点では，「**地元学**」が重要になっている。これは熊本県水俣市と東北地方という二つの源流を持つ運動である。地域の再認識からはじまり，いかにして暮らしやすい地域をつくっていくかという運動であるが，その出発点は地域の資源探し，地域のつながり，集落の成り立ちなどについて，住民が参加して行う，地元の再発見の活動である（「現代農業」編集部編『地域から変わる日本　地元学とは何か』農山漁村文化協会，2001年）。

地域づくりに老若男女が皆平等に参加できる場をどうつくっていくのか。これは先に述べた，「幸福とは何か？」という問いと重なってくる大きな課題であるといえよう。

4　暮らしのものさしづくり，地域に生きる誇り・価値観の再構築

暮らしのものさしづくり，地域に生きる誇り・価値観の再構築という点では，「誇りの空洞化」が進む中で，**誇りを再建するための「ものさし」＝地域に生きる誇り・価値観の再構築**が必要になる。これには全国各地でさまざまな実践がなされているがその一部を紹介してみよう。

岩手県大東町（現一関市）では，食文化の再評価の中から地域の誇りを確認しようとしている。町内の京津畑自治会では，昔懐かしいお菓子や伝統食を持ち寄った「食の文化祭」を開催してきた。それまでかえりみられることが少なかった伝統食に光をあてることによって，地域が長い間育んできた文化を再確認し，子供達への食文化の伝承の場としている。また「道の駅」を通して販売活動にも取り組んでいる。こうした「食の文化祭」は今全国に広まりつつある。

青森県尾上町（現平川市）では，これまで地域の素材を職人の技を結集してつくり維持してきた農家の蔵が，生産・生活様式の変化によって利用されなくなってきていた。そこでこの蔵が地域の歴史，景観を形成してきた貴重な資源，遺産であるという認識のもとに，保存活動，蔵マップの作成，蔵巡りツア

一，蔵を持つ農家へのファームステイなどを，商工会などが中心となって実践している。

福島県の奥会津地域では，「歳時記の郷奥会津」のスローガンのもと，カントリーウォーク等による地域の再発見，再認識の運動が進められている。

こうした実践は自分たちが住む地域を，新しい尺度で見直して，地域に生きる誇りを再構築していこうとする動きと見ることができ，それは同時に自分自身の生き方の追求にもなっているといえる。

5 内発的なアイデアの形成によるお金と循環づくり

参加の場づくり，暮らしのものさしづくりが重要なことはいうまでもないが，そこで暮らしていくためには経済と環境の問題を抜きには語れない。**内発的なアイデアの形成によるお金と循環づくり**という点では，単なるお金の重視ではなく，地域の文化，資源，環境，福祉などに付加価値をつけて地域活性化の基礎づくりをすることが不可欠である。

この点でまず注目すべきは「**第6次産業**」化の動きである。現在日本国民の飲食費の最終消費額のうち，生鮮食品の比率は20％を切っており，残りは加工品が50％強，外食が30％弱となっている。この比較的付加価値が高い農産加工，食品加工や農産物販売，農業関連サービスや情報産業などを，農村・地方に取り戻すことによって，地方にお金の循環を生みだし，雇用の場をつくりあげていこうという試みである。つまり地方で比重が高い農林水産業といった第1次産業を基礎に，農産加工などの第2次産業と，流通，サービス，観光などの第3次産業とを掛け合わせて（第1次×第2次×第3次＝第6次），新たな産業をおこし，お金の循環を生みだそうというものである。全国各地で女性を中心として展開する農産物直売所，農村レストラン，農産加工などはこの具体的な動きである。

次に重要なのはモノをつくり，売るという流れ（動脈）とともに，消費，廃棄から新たな循環を形成していくという動き（静脈）である。この点では福島県二本松市，大玉村で実践されている温泉旅館から出る残滓を出発点として，その飼料化，堆肥化から有機野菜の栽培，そしてその野菜の温泉旅館での提供という，「環境リサイクルの輪」や，栃木県茂木町における家庭からの生ゴミ，

畜産糞尿，山の落ち葉などを原料とした堆肥づくりから，安全・美味な野菜づくりと直売，そしてそれらをささえる多彩なオーナー制（ゆず，梅，そば，棚田など）の輪の広がりなどが貴重な実践例といえよう。

さらに先に述べた医療・福祉のネットワークによる経済循環という点では，長野県佐久地域では，長野県厚生農業協同組合連合会佐久総合病院が中心となって，地域医療，福祉活動に積極的に取り組んでいるが，この医療・保健活動などが生みだす産業連関的経済効果は建設業のそれに匹敵するという計算結果も明らかにされている（宮本憲一・遠藤宏一『地域経営と内発的発展』農山漁村文化協会，1998年）。

6　EUにおけるLEADERプログラム

こうした地域からの**ボトムアップ型の地域形成**はEU（ヨーロッパ連合）で活発に展開しており，学ぶ点も多い。EUにおける地域づくりの基礎には次のような考え方と支援策が見られる。

まず地域レベルでパブリック，プライベート，ボランタリーの各セクターがパートナーシップを組んで，市場効率性と同時に地域・コミュニティを重視した社会的政策の展開が見られ，その上でパートナーシップを組みつつもそこから相対的に独立した中間組織体をつくり，それが地域づくりの計画をつくりあげる実戦部隊となっている。その実戦部隊に対して，国とEUが責任を持って人件費をはじめとする地域活性化事業の基礎を保障している。それにより地域に若い専門家の配置が可能となっている。

そして地域づくりは**住民の能力構築**によって実現するという考え方が貫かれており，基本の精神としてステップアップとチャレンジが重視されている。つまり地域住民とそれを支える若い専門家達の能力構築，潜在能力の発揮がめざされている。

LEADERプログラムとは，そうした考え方に基づく「農村経済の発展のための活動の連携」（Liaison Entre Actions de Developpement de l'Economie Rurale）をさしている。

これは住民の能力構築を基礎において，コミュニティを重視した経済の多角化，経済的地域再生をめざすものである。地域住民が中間組織体の専門家と協

力しながら，自主的に農工商観光が一体となった地域発展計画を立て，その実現のために一定の地元資金を自ら調達した上で，EUへ申請を行う。それに対してEUから審査の上，マッチング資金が投入され，計画を実現していく。この中で計画づくり，具体的行動といったプロセスと，そこへの参加，積極的関

コラム⑧

イギリス湖水地方におけるLEADERプログラムとプロダクトトレイル

イギリスの湖水地方はその美しい景観から毎年多くの人びとが訪れる世界的な観光地である。そして芸術経済学を提唱したジョン・ラスキンの終焉の地であり，ビアトリクス・ポターの絵本「ピーターラビット」の舞台でもある。ポターが所有していたヒル・トップ農場はナショナルトラストに寄託され，現在までその美しい農村景観を保全している。

だがこの地は景観的には優れるが，気候，土地条件が厳しく，農業，畜産業の発展にはさまざまな困難な課題をかかえていた。そこで住民と専門家が一体となって，"Think Local, Buy Local" のスローガンのもと，地域の振興計画を立て，LEADERプログラムにそって，EUの支援のもと，地域の資源を発掘し，その素材を加工して磨きをかけ，販売していくという戦略を立てた。そしてできた製品を，見る，味わう，楽しむ，買うなどといった目的にそって，それらをトレイル・周遊路としてつなぎ，地域内外から人を呼び込み，生みだした付加価値を地域内で循環させて，地域を活性化させていこうという取り組みを開始した。

農家民宿，在来種の羊の飼育，農家の女性の手によるウール製品の創作・販売，りんご・有機野菜・ミルク・はちみつなど個性的な農産物の生産・販売，地域独自のカンブリア・ソーセージの製造・販売，石材加工など地域の多様な資源を最大限に活用したトレイルをつくり出そうとする試みである。トレイルの途中には紅茶，スコーン等に加え，羊肉のシチューなどを提供するティールームや地ビールを提供するパブを配置し，周遊と休息と買い物とを組み合わせながら地域全体を楽しむ仕掛けが作られている。

そしてこれらを支えているのがローカル・アクション・グループ（LAG）という住民組織とプログラムを具体的に提起する地域のLEADER組織である。ここにEUの住民主体，ボトムアップ型地域振興の一つの姿を見ることができる。

与とが重視され，その過程で地域住民の能力構築＝人間発達がめざされることとなる。

　EUのこのプログラムは，ボトムアップ型地域形成とその中での住民の能力構築という点から，日本のこれからの地域づくりに対して多くの教訓を提供しているといえる。

4　地域の内発的発展と人間発達

　これからの社会は，創造性，個性，地域性が評価されるようになっていく。そしてこれまでの働く場づくりを中心とした地域づくりに加えて，地域の個性，固有の資源，文化を生かした地域づくりが求められていく。地域の個性，固有性を基礎に，暮らし，経営，地域の将来をデザインできる人材，自らの基準＝ものさしで**自らの生き方を選択し人生をデザインしていくことができる人材**を生みだしていくことが求められており，そうした人材を生みだすことによって地域に対する誇りが生まれ，地域で暮らす豊かさの感覚が生まれてくる。

　ではそうした人材が活躍できるようにするには何が必要なのであろうか。それは諸個人が加われる参加の場をつくっていくことが不可欠である。さまざまな個人，諸組織，諸団体のパートナーシップ，コラボレーションの関係を無理せずに，地域にあった形でつくりあげていく。そのなかで地域住民の能力構築，ステップアップをはかっていく仕組みをどのように作っていくのかが課題となる。

　新しい時代の地域づくりの目標は，**地域に住む人達の能力構築**であることをまず第一に確認する必要がある。

　そして地域の内発的発展と個人の人間発達，能力構築とを一体的なものとして追求していく中から，新しい価値観の形成と，地域での真に豊かな暮らしが実現していくものと考えられる。

■考えてみよう！
(1)　あなたの住んでいる地域で，「空洞化」を感じることがありますか。それはどのようなことでしょうか。

(2) 地域に住んで豊かさを実感できるのはどのような時でしょうか。考えてみよう。
(3) あなたの住んでいる地域の内発的発展のためにあなたができることは何か，考えてみよう。

■参考文献
①宮本憲一『環境経済学　新版』岩波書店，2007 年
②守友裕一『内発的発展の道』農山漁村文化協会，1991 年
③大森彌ほか『実践　まちづくり読本』公職研，2008 年

第9章　地域金融と域内経済循環

　経済全体を人体に見立てれば「金融は経済の血液」と言うことができる。そして，金融を経済の血液にたとえれば「金融機関は臓器や器官」と言える。このたとえで金融機関を分類すると，都市銀行は胴体にある大型臓器，地方銀行と第二地方銀行は四肢であり，信用金庫と信用組合は手足の指先となる。人体の臓器や器官は，初めから役割と機能が異なっており，大型臓器（都市銀行）には大型臓器の役割と機能があり，四肢（地方銀行・第二地方銀行）と指先（信用金庫・信用組合）にもそれぞれの役割と機能がある。つまり，同じ血液が流れながら臓器・器官によって機能が異なるように，同じ金融機関であっても地方銀行は都市銀行を小さくしたミニバンクではなく，信用金庫は地方銀行をさらに小さくしたミニミニバンクではない。これらのことは，特に中小企業向け貸出において都市銀行と地域金融機関に相違点がみられ，**グローバルバンク**の都市銀行とは異なった**リージョナルバンク**の地方銀行・第二地方銀行，そして**コミュニティバンク**の信用金庫・信用組合の特殊性が見られる。

　すなわち，わが国の金融機関の構造は，都市銀行（大型臓器）と地方銀行・第二地方銀行（四肢）および信用金庫・信用組合（手足の指先）という仕組みのなかで，それぞれの役割と機能がうまく絡み合って，日本型金融システムを形づくっている。

1　金融機関の体系と概要

1　金融機関の体系

　「広義の金融機関」は，銀行や信用金庫のほか，証券会社や生命保険会社，損害保険会社，さらには公的金融機関である国民生活金融公庫や中小企業金融公庫なども金融機関の範疇に入る。しかし，この章では「狭義の金融機関」である民間の預金取扱金融機関を中心に取り上げる。

わが国の預金取扱金融機関は，歴史的・制度的にみて株式会社の**銀行**と**協同組織金融機関**に大別される。また，株式会社の銀行には都市銀行，地方銀行，第二地方銀行，信託銀行などがあり，そのうち都市銀行，地方銀行，第二地方銀行の3業態は，普通銀行といわれている。協同組織金融機関は信用金庫，信用組合，労働金庫および農林漁業系統金融機関の4業態に分類され，非営利の金融機関である。

　2007年3月末現在，**都市銀行**は三菱東京UFJ銀行，三井住友銀行，みずほ銀行，みずほコーポレート銀行，りそな銀行，埼玉りそな銀行の6行あるが，みずほグループとりそなグループを1つにくくると，実質的には4行である。

　地方銀行は全国に64行ある。福島県に東邦銀行があり，青森県に青森銀行・みちのく銀行，秋田県に秋田銀行・北都銀行，山形県に山形銀行・荘内銀行，岩手県に岩手銀行・東北銀行，宮城県に七十七銀行，群馬県に群馬銀行，栃木県に足利銀行，茨城県に常陽銀行・関東つくば銀行，新潟県に第四銀行・北越銀行と，原則として一県に一行ある。これは昭和初期の金融恐慌を契機として第二次世界大戦中に「一県一行主義」の行政指導による大合同の結果である。

　第二地方銀行は全国に46行ある。福島県に大東銀行・福島銀行，山形県にきらやか銀行（2007年に殖産銀行と山形しあわせ銀行が合併），岩手県に北日本銀行，宮城県に仙台銀行，群馬県に東和銀行，栃木県に栃木銀行，茨城県に茨城銀行，新潟県に大光銀行がある。第二地方銀行の成り立ちは各地の無尽会社であり，無尽会社が相互銀行となり，合併転換法によって1989年以降に「相互」という文字を取って一斉に普通銀行に転換した。なお，青森県の弘前相互銀行（1976年に清和銀行と合併してみちのく銀行となる）と秋田県の秋田あけぼの銀行（1993年に羽後銀行と合併して北都銀行となる）は地方銀行と合併したため，両県に第二地方銀行はない。

　信用金庫は全国に287信金ある。福島県に8，青森県に5，秋田県に3，山形県に5，岩手県に7，宮城県に5，群馬県に9，栃木県に6，茨城県に2，新潟県に9の信金がある。信用組合は全国に168信組ある。福島県に4，青森県と秋田県に各1，山形県に5，岩手県に2，宮城県に4，群馬県に5，栃木県に2，茨城県1，新潟県に13の信組がある。

　労働金庫は東北各県にあったが，2002年10月に大同合併して東北労働金庫

になった。

それに加えて，他業界などからの新規参入として新しい金融機関の形態であるインターネットバンクのソニー銀行・イーバンク銀行・ジャパンネット銀行，コンビニバンクのセブン銀行，東京都が設立した新銀行東京，東京青年会議所が中心となって設立した日本振興銀行などがある。また，2007年10月に流通・小売業最大手のイオングループが，ショッピングセンター内にインストアブランチ型のイオン銀行を設立した。

2　金融機関の業態別概要

2007年3月末現在の金融機関の業態別概要を述べよう。

「預金残高」は都市銀行273兆円，地方銀行194兆円，第二地方銀行54兆円，信用金庫111兆円，信用組合16兆円，労働金庫14兆円，農業協同組合80兆円である。また，「貸出金残高」は都市銀行208兆円，地方銀行144兆円，第二地方銀行41兆円，信用金庫が63兆円，信用組合9兆円，労働金庫10兆円，農業協同組合21兆円である。この結果，**預貸率**（預金残高に対する貸出金残高の割合）は，都市銀行76.4％，地方銀行74.6％，第二地方銀行76.8％，信用金庫57.0％，信用組合が58.3％，労働金庫69.5％，農業協同組合26.5％である。一般的に預貸率は普通銀行が高く，協同組織金融機関では低くなっている。

また，店舗数は都市銀行2453店，地方銀行7435店，第二地方銀行3283店，信用金庫7734店，信用組合1858店，労働金庫686店，農業協同組合9745店である。このように地方銀行と信用金庫，農業協同組合は全国に多数の店舗を有している。

これに対し，2007年10月に民営化された郵便貯金は，貯金残高が186兆円と全国の地方銀行の合計額とほぼ同額で，店舗数は農業協同組合を除く上記金融機関の店舗数合計2万3449店を凌ぐ2万4079店が全国に存在する。一般的に，欧米では郵便貯金のような公的金融機関は，あくまで民間金融機関の補完的立場に徹している。つまり，わが国では民間金融機関がオーバーバンキング（銀行過剰）といわれているなかで，政府出資100％の「暗黙の政府保証」がある強大な郵便局（郵便貯金）が，結果として民間金融機関を圧迫している。

表9-1　金融機関の業態別概要（2007年3月末）

(単位：億円, 店, 人)

	機関数	預貯金	シェア	貸出金	シェア	預貸率	店舗数	行職員数
都市銀行	6	2,730,976	23.3%	2,086,477	36.8%	76.4%	2,453	82,217
信託銀行	7	1,759,052	15.0%	363,505	6.4%	20.7%	292	22,056
その他銀行	8	117,517	1.0%	90,201	1.6%	76.8%	156	4,413
地方銀行	64	1,940,853	16.5%	1,447,781	25.5%	74.6%	7,435	116,163
第二地方銀行	46	546,194	4.7%	419,354	7.4%	76.8%	3,283	47,227
信用金庫	287	1,113,646	9.5%	634,849	11.2%	57.0%	7,734	112,362
信用組合	168	160,591	1.4%	93,582	1.6%	58.3%	1,858	22,034
小　計	586	8,368,829	71.3%	5,135,749	90.5%	61.4%	23,211	406,472
労働金庫	13	144,724	1.2%	100,519	1.8%	69.5%	686	10,204
農業協同組合	832	801,826	6.8%	212,614	3.7%	26.5%	9,745	-
郵便貯金	1	1,869,691	15.9%	3,286	0.1%	0.2%	24,079	55,415
合　計	1,432	11,185,070	95.3%	5,452,168	96.1%	48.7%	57,721	472,091
商工中金	1	97,688	0.8%	93,552	1.6%	95.8%	102	4,320
農林中金	1	457,249	3.9%	128,044	2.3%	28.0%	44	2,744
総合計	1,434	11,740,007	100.0%	5,673,764	100.0%	48.3%	57,867	479,155

注：1）預貯金は，預貯金，債券（除：転換社債），信託勘定，相互掛金，定期積金，オフショア勘定を含み，譲渡性預金は含まない。
　　2）信託銀行は三菱UFJ信託，みずほ信託，中央三井信託，住友信託，野村信託，中央三井アセット信託，りそな信託の7行。
　　3）その他銀行は新生銀行，ソニー，イーバンク，ジャパンネット，セブン銀行，日本振興銀行，新銀行東京，あおぞら銀行の8行。
　　4）店舗数は本支店，有人出張所，仮想店舗，海外店舗を含み，移動出張所，外貨両替専門店，海外駐在員事務所，店外CD・ATM，代理店は含まない。
　　5）信金・信組の職員数は常勤役員を含む。
　　6）郵便貯金の貯貸金は速報値。
出典：ニッキン2007金融機関考課表および各金融機関のホームページより作成。

3　金融機関の三大業務と三大原則

　金融機関の三大業務は，預金，貸出，為替である。

　預金業務は，金融機関が不特定多数の顧客からお金を預金として預かる業務であり，その種類は流動性預金（預入期間を決めないで，出し入れ自由な預金）と定期性預金（預入期間が満了するまで，原則として払い出しのできない預金）に分類される。流動性預金は，当座預金（小切手・手形を振り出すことにより，いつでも自由に払い出すことができる預金），普通預金（いつでも預け入れ・払い出しができる預金），貯蓄預金（最低預入残高の設定と毎月の払い出し回数に制限のある預金），通知預金（預入後7日間の据え置き後，2日以前に通知して解約する預金）

がある。定期性預金は，まとまったお金を預ける定期預金（預入期間は一般的に1カ月から10年），毎月一定額を一定期間積み立てる定期積金（積立期間は一般的に1年から5年）がある。また，1金融機関当たり，1個人または1企業につき，利息のつかない当座預金と決済用普通預金（決済用に用いられる利息のつかない普通預金）は全額，さらに両者を除く他の預金の合計1000万円までは，金融機関が破綻しても預金保険制度により保証されている。

貸出業務は，金融機関が顧客にお金を貸し出す業務である。貸出金の種類として割引手形と貸付金がある。割引手形とは，商業手形を手形期日までの利息を差し引いて金融機関が買い取ることである（これを手形割引という）。貸付金は，貸し出す形態により手形貸付，証書貸付，当座貸越に分けられる。「手形貸付」は，概ね1年以内の短期資金の借り入れに利用され，借り手が自己を振出人，金融機関を受取人とする約束手形を振り出して，手形期日まで金融機関から資金を借り入れる手法で，主に運転資金の調達に利用される。「証書貸付」は，長期資金の借り入れに利用され，借り手が金銭消費貸借契約証書を金融機関に差し入れ，返済は毎月の割賦金で支払う。証書貸付は主に設備資金などに利用され，長期間のため不動産を担保（抵当権）とする証書貸付もある。個人の住宅ローンは，土地と建物に抵当権を設定した証書貸付である。「当座貸越」は，借り手と金融機関があらかじめ約定した限度および期間内について，反復して借り入れができる。個人のカードローンもこの形態によるリボルビング方式の利便性の高い当座貸越である。

為替業務は，金融機関が遠隔地間の資金の支払いや取り立てをすることである。そして，国内における為替業務を「内国為替」といい，海外との為替業務を「外国為替」という。内国為替は，金融機関の窓口からの送金が代表的である。その種類は電信為替と文書為替があり，電信為替であれば内国為替通信システムを利用して，国内金融機関のどこの本支店にでも瞬時にお金を送ることができる。また，文書為替とは，郵便を利用して為替通知を書面で送る方法である。取り立て業務は，遠隔地振り出しの約束手形や小切手を振出地の金融機関から手形交換所などを通して取り立てることである。つまり，金融機関とは，この三大業務を内閣総理大臣から免許を受けている会社である。それゆえ貸出業務しか認められていない消費者金融会社やクレジット会社などは，**ノンバン**

クといわれている。

また，金融機関は預金者保護のために，資金運用について安全性の原則，公共性の原則，収益性の原則を課せられている。①**安全性の原則**とは，預金者から預かっている預金を安全に貸し付けたり，運用する義務である。②**公共性の原則**とは，反社会的勢力や公序良俗に反するような事業および悪徳企業へ貸し付けしないなど，道徳や法令を遵守する義務である。③**収益性の原則**とは，金融機関がゴーイングコンサーン（継続企業）として，適正な利益を確保することである。一般的に，株式会社の銀行は，三大原則のうち収益性の原則を優先し，非営利の協同組織金融機関は公共性の原則を重視している。

2　福島県における地域金融機関の体系と概要

1　福島県における地域金融機関の成り立ちと体系

1927年末，福島県に本店をおく銀行は39行あった。金融恐慌によって，28年12月には県下随一の有力銀行である第百七銀行が休業した。続いて，30年10月に郡山合同銀行も休業するにいたり，これらの銀行と関係のあった弱小銀行は連鎖して破綻した。その後も恐慌による破綻，合併，消滅が続き，福島県に本店をおく銀行は32年末に18行，40年末に9行まで減少した。このような環境下において，それまで手堅く経営を続けてきた郡山商業銀行，会津銀行，白河瀬谷銀行は，大蔵省の合併勧奨により31年11月に新設合併し，東邦銀行となって郡山市に本店をおいた。これよって福島県の中核銀行となった東邦銀行は，残った三春銀行や福島貯蓄銀行なども合併・買収して，46年には県庁所在地の福島市に本店を移した。

第二地方銀行の福島銀行は，1922年の湯本信用無尽(むじん)が発祥である。そして，39年に福島無尽を吸収合併して福島無尽倉庫となり，福島市に本店を移した。さらに福島無尽倉庫は，相互銀行法制定により51年10月に福島相互銀行と改称し，89年2月に合併転換法により福島銀行になった。一方，大東銀行は，1942年に郡山無尽，会津勧業無尽，岩城無尽が合併して，郡山市に大東無尽を設立した。そして，大東無尽も福島銀行と同様に51年10月に大東相互銀行と改称し，89年2月に大東銀行となった。

県内の信用金庫は，福島信用金庫，二本松信用金庫，郡山信用金庫，須賀川信用金庫，白河信用金庫，会津信用金庫，あぶくま信用金庫（南相馬市），ひまわり信用金庫（いわき市）の8金庫がある。各信用金庫は，大正から昭和にかけて産業組合法により信用組合として設立され，1951年6月の信用金庫法施行に伴い組織変更して信用金庫となり，市町村を単位とした狭域主義で営業している。信用金庫の変遷は，福島市の福陽信用金庫（太陽信金と福島市信金が合併）と伊達中央信用金庫が1976年に合併して福島信用金庫となり，いわき市の磐洋信用金庫（小名浜信金と植田信金が合併）と平信用金庫が合併して92年にひまわり信用金庫となったほかは，それぞれの地域で信用組合から信用金庫に組織変更した。

県内の信用組合は中通り地方を営業地域とした福島県商工信用組合と会津地方を営業地域とした会津商工信用組合（2005年に福島協和信用組合と合併），相双地方を営業地域とした相双信用組合，いわき地方を営業地域としたいわき信用組合（02年につばさ信用組合と合併）がある。各信用組合は，信用金庫と同様にそれぞれ営業地域を棲み分けている。

2 福島県内に本店のある金融機関の概要

2007年3月末現在の福島県内に本店のある金融機関の概要を述べよう。

預金残高は，地方銀行の東邦銀行が2兆5666億円，第二地方銀行の福島銀行と大東銀行の合計が1兆1857億円，県内8信用金庫の合計が1兆2617億円，県内4信用組合の合計が3870億円である。農業協同組合を除く県内に本店のある民間金融機関の預金残高の合計は5兆4011億円である。

貸出金残高は，地方銀行の東邦銀行が1兆8541億円，第二地方銀行の福島銀行と大東銀行の合計が8980億円，県内8信用金庫の合計が6643億円，県内4信用組合の合計が2640億円である。農業協同組合を除く県内に本店のある民間金融機関の貸出金残高の合計は3兆6805億円である。ちなみに，預貸率は，地方銀行の東邦銀行が72.2%，第二地方銀行の福島銀行と大東銀行の合計が75.7%，県内8信用金庫の合計が52.7%，県内4信用組合の合計が68.2%である。また，これらの金融機関の合計預貸率は68.1%である

福島県の過去30年間の民間金融機関の預貸率の推移をみると，1973年か

表9-2　福島県に本店のある金融機関の概要（2007年3月末）

単位	預貯金(億円)	シェア%	貸出金(億円)	シェア%	預貸率%	自己資本比率%	店舗数(箇所)	従業員数(人)
地方銀行								
東邦	25,666	32.1	18,541	50.3	72.2	10.52	114	1,915
第二地方銀行	11,857	14.8	8,980	24.4	75.7	9.47	122	1,142
大東	6,036	7.6	4,324	11.7	71.6	9.01	63	599
福島	5,821	7.3	4,656	12.6	80.0	9.92	59	543
信用金庫	12,617	15.8	6,643	18.0	52.7	12.73	129	1,708
福島	2,794	3.5	1,455	3.9	52.1	10.25	27	386
ひまわり	1,755	2.2	932	2.5	53.1	6.09	16	206
郡山	1,717	2.1	865	2.3	50.4	10.06	19	234
白河	1,626	2.0	835	2.3	51.4	19.12	17	204
会津	1,427	1.8	700	1.9	49.1	16.61	18	217
須賀川	1,413	1.8	863	2.3	61.1	12.53	12	204
あぶくま	1,101	1.4	531	1.4	48.2	15.47	13	156
二本松	780	1.0	459	1.2	58.8	11.72	7	101
信用組合	3,870	4.8	2,640	7.2	68.2	8.58	61	765
いわき	1,311	1.6	955	2.6	72.8	6.75	19	226
福島県商工	1,311	1.6	970	2.6	74.0	8.63	16	245
会津商工	830	1.0	478	1.3	57.6	6.00	18	186
相双	416	0.5	235	0.6	56.5	12.92	8	108
民間金融機関計	54,011	67.6	36,805	99.9	68.1		426	5,530
郵便貯金	25,861	32.4	50	0.1	0.2		536	
合計	79,872	100.0	36,856	100.0	46.1		962	

注：1）従業員数は嘱託および臨時雇員を除く。信金，信組の従業員数は常勤役職員数。
　　2）店舗数には有人出張所を含む。
　　3）第二地方銀行と信用金庫ならびに信用組合の自己資本比率は県内の単純平均値である。
出典：ニッキン2007年金融機関考課表，各金融機関のディスクロージャー誌およびホームページより作成。
　　　自己資本比率は日本経済新聞（2007.5.26），福島民友（2007.6.28）河北新報（2007.7.6）より作成。

ら75年までの92～91％をピークに毎年低下し，85年3月には80％を下回り，02年3月には70％を割り込んだ。すなわち，県内の預貸率は93年にピークとなったが，30年で20ポイント以上下落したことになる。同様に国内銀行の預貸率の推移は，80年代後半から90年代前半にかけてのバブル期に，**オーバーローン**（貸出金残高が預金残高を上回っている状態）が進み，93年には110.9％とオーバーローンのピークとなる。そして，バブル崩壊とともに預貸率は低下傾向となるが，これは規模の大きい銀行ほどバブル経済の影響を受けたものと

考えられる。反面，信用金庫と信用組合は銀行と異なり東京などの地域外への貸し出しができず，バブル経済の影響は少なかったが，貸出が伸びず預貸率は銀行より低下した。

　店舗数は東邦銀行が114店，第二地方銀行の福島銀行と大東銀行の合計が122店，県内8信用金庫の合計が129店，県内4信用組合の合計が61店である。県内の店舗数では，地方銀行と第二地方銀行，信用金庫が拮抗している。

　一方，福島県内の郵便貯金は，貯金残高2兆5861億円，店舗数536店である。県内の郵便貯金額は東邦銀行の預金額より多く，店舗数においても各業態の合計である426店をはるかに凌いでいる。それゆえ，**郵政民営化**後の郵便貯金の動向は，地域金融にとって脅威となっている。

3　地域金融と域内経済循環

　域内経済循環を考えるとき，すぐに農産品の「地産地消」を思いつくが，地域金融ではお金そのものの地産地消を想定する。地域金融でいう「地域」とは，行政区を一つの地域の単位とする。一般的に地方銀行と第二地方銀行の地域は「県」が単位であり，信用金庫と信用組合はさらに狭域の「市町村」が地域の単位である。そして，域内経済循環における**地域金融機関**とは，地域で調達した資金をその地域で運用する金融機関と定義できる。つまり，地域金融機関とは地域で集めた預金をその地域に貸し出し，地域完結型に地域の金融仲介機能を請け負っている金融機関である。

　また，地域金融は，地方銀行，第二地方銀行，信用金庫，信用組合が多元的・複合的に重なり合い，地域の金融システムを担っている。実際，金融機関の現場では，銀行一行のみの取引企業や個人は極めて少なく，地方銀行と信用金庫，第二地方銀行と信用組合など複数の金融機関との取引が重複・混在している。さらに，企業の規模によっては都市銀行を加えた複数の金融機関との取引が行われている。

　都道府県別預金・貸出金残高および預貸率（図9-1）によると，預金・貸出金とも東京都への一極集中がみられる。続いて大阪府，神奈川県，愛知県と三

大都市圏に集まっている。また，預貸率も全国平均は74.5%であるが，東京都が101.8%と47都道府県で唯一オーバーローンとなっている。東北地方の預貸率は，宮城県の67.0%を筆頭に，福島県65.9%，青森県64.6%，山形県60.7%，秋田県60.5%，岩手県54.6%の順となっている。つまり，東北地方では仙台など都市化の進んでいる宮城県の預貸率が他の5県に比べ高く，福島県，青森県と続いている。

一般的に銀行は預貸率が高く，協同組織金融機関では預貸率が低い。これは，信用金庫などの協同組織金融機関に貸出先への「地域規制」と「規模規制」があることによる。地域規制とは，貸出先が自金庫および自組合の営業地域内に所在する相手先にしか，貸し付けできない規制である。また，規模規制とは，信用金庫が「資本金が9億円以下または従業員が300人以下」，信用組合が「資本金が3億円以下または従業員が300人以下」の企業や事業所にしか貸し出せないとした，貸出先の規模を制限する規制である。これが信用金庫が中小企業専門金融機関といわれる法律的規制である。なお，個人については，地域規制のみとなっている。つまり，地域の経済が停滞すると，企業や事業所は

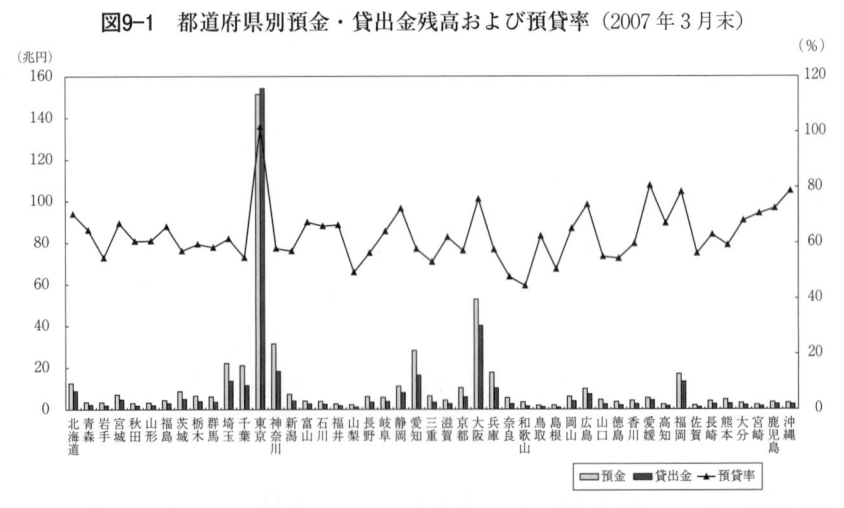

図9-1　都道府県別預金・貸出金残高および預貸率（2007年3月末）

出所：日本銀行調査統計局金融統計資料により作成（国内銀行銀行勘定，ただし譲渡性預金は除く）。

設備投資額を減少させたり，従業員を削減するため，企業や事業所の借入意欲は減退する。そのため信用金庫などの地域規制のある金融機関の預貸率は低下することになる。

これに対し，普通銀行は地域規制と規模規制がない。実際，福島県の銀行が東京支店や仙台支店を開設している。それゆえ，地方銀行においては単純に預貸率をもって地域に対する貸出シェアを判断できない。つまり，地方銀行と第二地方銀行の場合には，預貸率のみならず，貸出残高のうち地域に対する貸出の割合として**地元回帰率**も捉える必要がある。ちなみに，地域規制のある信用金庫と信用組合は預貸率の値をそのままみて良い。

個別銀行の預貸率は，福島銀行が80.0％と高く，東邦銀行が72.2％，大東銀行が71.6％である。これは福島銀行が2001年12月に金融庁から「早期是正措置」（自己資本比率が4％――国際決済銀行の基準を採用している銀行は8％――を下回った金融機関に対し，金融庁が行政指導を行うこと）の発動を受け，各店の窓口で預金の取付騒動が発生して大幅に預金が減少したためと考えられる。

協同組織金融機関は，県内4信用組合の合計が68.2％，県内8信用金庫の合計が52.7％と信用組合が信用金庫に比べ預貸率が高くなっている。これは，一

― コラム⑨ ―

日本銀行福島支店

日本銀行福島支店は，1899年7月に全国で7番目の店舗，東北初の拠点（福島出張所）として開設された。なぜ，東北地方で初めての開設となったのかは，当地が輸出品である生糸や米穀の有数の集散地であったことによる。特に，生糸や絹織物などの輸出には外国為替を伴うため，外国為替を扱っていた日本銀行の介在が必須であった。

1913年，福島出張所が支店昇格と同時に旧福島支店が建築された。旧店舗には，日本銀行本店や東京駅の設計を担当した辰野金吾氏と彼の弟子である長野宇平治氏が共同で携わった。その容姿は煉瓦造りで明治の洋風建築を偲ばせる福島市でも代表的な建物であった。現在の支店は1980年に完成したものであるが，旧店舗が残っていたら小樽市のように観光名所になっていたことであろう。

般的に信用組合が預金残高規模において信用金庫より小型であることが考えられる。

地方銀行と第二地方銀行の地元回帰率は、東邦銀行91.9％、大東銀行92.2、福島銀行93.3％である。これは地方銀行である東邦銀行が、第二地方銀行の大東銀行と福島銀行より規模が大きく、県外に支店を多く持っているためである。

ちなみに、福島県の預貸率68.1％を2％ほど上昇させ、預貸率70％台に乗せれば1080億円の資金を県内に還流させることができる。

4 新しい金融の担い手「NPO金融」

地域金融という概念のなかで、地方銀行、第二地方銀行、信用金庫、信用組合が多元的・複合的に存在しても、地域金融という枠の中では隙間が生じる。昨今の金融行政は、弱肉強食の市場経済原理主義の色彩を強めて、中小・零細企業などの弱者を資金調達の場から排除したり、新規創業したばかりでまだ力のついていない企業などが資金調達をするにはハードルが高くなっている。現実に『中小企業白書』によると、新規開業率が廃業率を下回って久しい。その一つの要因に、金融検査官が金融機関を検査する際の指針である「金融検査マニュアル」がある。それは、貸出先と貸出金の査定にあたって都市銀行から信用組合まで同じマニュアルで査定していることによる。つまり、この「金融検査マニュアル」では、金融機関による取引先の査定において、原則として大企業から中小企業まで基準が同一であるため、中小企業や零細事業者は金融機関の貸出基準に合わず、はじき出されてしまう例がある。

たとえば、このような金融機関による査定において、ゲゼルシャフト（利益社会の行動原則）になじまず、ゲマインシャフト（共同社会の行動原則）による規範を持った集団（NPO法人や市民活動など）は、現状の金融機関からの資金調達がままならなかった。そういった時代の要請を受けて、NPOや市民活動の萌芽にあわせるように地域住民型の**市民バンク**が設立された。その背景は、一つにはボランティア団体やNPOの存在が、組織として社会的立場を確立していないこと。二つ目には、金融機関にとってボランティア活動や市民活動への貸出制度が未成熟なことにある。そこで、既存の金融機関の隙間から芽を出

すように，新しい金融の担い手として市民バンクなどの「NPO 金融」が設立された。

さらに，一般的に預金者はお金を預金する場合に「近くて便利」を優先してきた。しかし，昨今は預金者が自分の預金を地域や環境などに役立てたいという「意思あるお金」として，預金先を選別する考え方が尊重されはじめている。

NPO による市民バンクの先駆けは，1989 年 4 月に東京都に設立された「東京市民バンク」である。東京市民バンクは，①地域や社会に貢献する「社会性」のある事業，②高齢者・障害者などの社会的弱者の自立をめざす事業を支援するために設立された。貸出金額は，設備資金が 700 万円以内（期間 10 年以内），運転資金が 300 万円以内（同 7 年以内）の合計 1000 万円が限度である。この市民バンクの特長は，青和信用組合などと提携して貸出対象先を市民バンクから提携金融機関に紹介している。

地方での市民バンクの先駆者は，2002 年 10 月札幌市に設立された「北海道 NPO バンク」である。「北海道 NPO バンク」は，道民による道民のための市民活動を相互に支援することを目的に設立された。この NPO バンクの特長は，北海道が 1500 万円，札幌市が 500 万円を出資している。また，この NPO バンクの貸出制度は，北海道の社会性のある NPO やワーカーズ・コレクティブ（消費者運動や市民運動の参加者，生協の組合員などが共同出資し，自らも労働者となって働く自主管理の事業体）などの市民事業に対して，運転資金として 200 万円を上限（2 期以上の実績があれば，出資額の 100 倍，それ以外は出資額の 10 倍，返済期限は 1 年以内）に貸し出している。

2004 年 2 月，長野市に設立された「NPO 夢バンク」は，「北海道 NPO バンク」をモデルに設立された。NPO 夢バンクが北海道 NPO バンクと異なるのは，後者が北海道と札幌市から出資を受けているのに対し，前者は長野県から 1000 万円を借り入れ，貸出原資としている。当バンクの貸出制度は，300 万円を上限（立ち上げ資金は原則として 100 万円以内）に運転資金として返済期限は 3 年以内である。北海道 NPO バンクと NPO 夢バンクは，NPO 金融に地方自治体を巻き込んでいる点が評価される。

このように市民バンクは，地域の市民活動やコミュニティビジネスの立ち上げ資金や草創期の資金を支援している。しかし，NPO バンクなどによる貸出

制度は，事業のスタートアップには貢献できるが，貸出金額は概ね 1000 万円が限度であり，企業が事業を永続的に維持するためには，さらに安定的な金融仲介システムが必要となる。

5　社会的責任 (CSR) と社会的責任投資 (SRI)，地域再投資法 (CRA)

最近は企業の社会貢献活動や社会的使命が注目を集めており，CSR（企業の社会的責任：Corporate Social Responsibility）と SRI（社会的責任投資：Social Responsible Investment）という概念が重みを増してきた。

わが国では CSR の嚆矢として松下幸之助の「企業は公器」と喝破した言葉が代表的である。そして，花王石鹸の二代目・長瀬富郎はさらに積極的に「企業は金儲けを超えた社会的使命をもつ」とした。すなわち企業の社会的責任とは，利益をあげて税金を納めるだけでなく，経済・環境・社会などの幅広い分野で社会的役割を果たすことにより，社会の発展に貢献することにある。このように CSR は，わが国においても決して新しい概念ではなく，誠実な経営を行って社会に貢献し（世間よし），相手も（買い手よし），自らも（売り手よし）潤うという近江商人の「三方よし」の理念が，「商」の底辺には流れている。

一方，欧米には「社会に貢献する企業にのみ投資する」という SRI の理念がある。投資にあたって，企業の倫理性や社会性，環境への配慮が評価される。特にアメリカにおける SRI の歴史は古く，教会が資産運用をするにあたり賭博や酒類，奴隷的労働に関与している企業への投資を排除する動きから始まった。最近では，投資先に対して地球温暖化対策を求める動きも出てきている。欧州においても米国と同様な経緯をたどり，英国では年金運用にあたって投資銘柄選定の際，投資企業の環境対策や社会貢献，倫理面を考慮して投資を行うことが義務づけられている。

日本では，90 年代に企業の不祥事が多発したため，企業はコンプライアンス（法令等遵守）部門とコーポレート・ガバナンス（企業統治）部門の強化を図ってきているが，SRI といった概念は企業風土として根づいていない。特に，バブル期に金融機関は公共性を軽視し，過度の利益優先主義のもと不動産

や株などへの投機にのめり込んでいった。そこで金融機関のSRIを考えるとき，反社会的な勢力や公序良俗に反する企業に貸し出さないことはもちろんのこと，地域や社会のために役立つプロジェクトや企業に積極的に貸し出す姿勢が必要である。金融機関の貸出は，誠実な企業，地域貢献に積極的な企業，環境保護に意識の高い企業へ優先的に貸し出すといった，社会正義にまで踏み込んだ公共性を重視した理念が求められる。すなわち，金融機関の貸出姿勢の本質は「公共性」であるといえる。

　また，地域金融の制度例として出されるのが，1977年10月にアメリカで成立したCRA（地域再投資法：Community Reinvestment Act）である。この法律は，社会問題視されている低所得者層とマイノリティへの差別的貸出拒否を規制するため，金融機関に地域貢献，低所得者層・マイノリティへの貸し出しを義務づけるものである。日本の地域金融を考えるうえで，CRAの評価制度は参考になる。CRAは①「貸出査定」として，地区内の貸出活動の評価に住宅ローン・中小企業向け貸出・地域開発向け貸出が含まれ，貸出種類別の件数と金額，貸出の地域的分布状況，借り手別の貸出分布状況（低所得者層や中小企業向け貸出）が実施される。②「投資査定」として，金融機関が投資の形態により地域にどれだけ貢献したかを評価する。③「サービス査定」として金融機関が行うリテール業務（小口の取引や貸し出し）と社会貢献活動の2点について実施される。そして，これらの各項目について評価し，それを総合して①優秀（Outstanding），②十分（Satisfactory），③要改善（Need to improve），④基準未達成（Substantial non-compliance）に格付けされる。さらに，「要改善」以下の評価を受けた金融機関は，戦略目標の立て直しと低・中所得者層や地域への貢献目標を具体的な数字で提示する（詳しくは藤原康史「CRA（地域再投資法）をめぐる動き」，相川直之編『地域活性化と金融円滑化のためのスタンダードとは何か』地域産業研究所，2000年，所収を参照）。

6　地域金融機関の展望と課題

　地域金融については，いままで述べてきたように地方銀行，第二地方銀行，信用金庫，信用組合，NPO金融などが，多元的・複合的に存在してこそ，地

域の中小企業や零細事業者および市民などが柔軟に金融システムの恩恵を受けることができる。

ところが，内閣府の「規制改革・民間開放推進会議」において，金融分野での「協同組織金融機関に関する法制の見直し」の一項目を設け，信用金庫と信用組合の業務および組織のあり方についての見直しの具体的検討が 2008 年 3 月より開始された。これは協同組織金融機関の信用金庫と信用組合を二分して，大型の信用金庫と信用組合は株式会社の地銀型銀行とし，中小の信用金庫と信用組合は従来通りの地域密着型に再編しようとする動きである。現実に，東北地方の協同組織金融機関では，2003 年 10 月に各県の労働金庫がすでに東北労働金庫として大合同を終えており，信用金庫では 08 年 3 月山形県の鶴岡信用金庫と酒田信用金庫，5 月青森県の八戸信用金庫と十和田信用金庫，7 月岩手県の盛岡信用金庫と二戸信用金庫が連鎖したように合併した。また，これらに呼応するように秋田県の秋田ふれあい信用金庫と羽後信用金庫の信金同士の合併，山形信用金庫と山形庶民信用組合の金融機関の業態を越えた統合が発表された。さらに，2010 年には県境を越えた山形県荘内銀行と秋田県羽後銀行の地銀同士による東北地方で初めての広域金融グループの誕生が予定されている。これは規模が大きければ経営は安定するとした**規模の経済**を求める動きであり，東北地方は比較的規模の小さな金融機関が群雄割拠しており，全国的な金融の合従連衡の渦のなかで，これらの金融機関の再編に目が離せなくなった。

これとは対照的に市場経済原理主義のアメリカでさえ，グリーンスパン連邦準備理事会（FRB）前議長は，「コミュニティ銀行という業態は，各行の効率的運営と競争上の技量，および『市場（顧客）の好み（preference）』によって生き残るだろう」として，預金残高が 10 億ドル規模の「協同組織金融機関」のレーゾンデートル（存在意義）を認めている（詳しくは由里宗之「中小金融機関大再編政策の再来を憂う」，安田原三・相川直之・笹原昭五編著『いまなぜ信金信組か』日本経済評論社，2007 年，所収を参照）。

もし，金融機関利用者が株式会社の銀行としか取引ができないとすれば，株式会社の利益優先主義の土俵に乗らない事業や企業は，金融システムの恩恵から排除されかねない。また，地域金融機関は，地域の資金（預金）を地域に還元（貸し出し）するという理念から外れて，域外の儲かる市場へ出て行きかね

ない。
　地域の多種・多様性のある取引先に対する金融主体は地域金融機関であり，地域金融を円滑に機能させるために多元的・複合的な組織（銀行，信用金庫や信用組合などの協同組織金融機関，NPO）の必要性は論をまたない。つまり，地域金融機関とは地域経済活性化のため，その裏方として地域を支えるのが本分であり，地域共同体としての存在である。

■考えてみよう！
(1)　地域金融機関の体系と預金および貸出金の種類を図式化してみよう。
(2)　郵政民営化による郵便貯金の脅威とはどのようなものだろうか。
(3)　金融機関の機能には「金融仲介」と「信用創造」がある。本章は，主に金融仲介機能について記述してあるが，「信用創造」とはどのようなものであろうか。

■参考文献
①藤井良広『金融NPO』岩波新書，2007年
②森静朗『中小企業金融論』地域産業研究所，1997年
③日本銀行金融研究所『わが国の金融制度』ときわ総合サービス㈱，1997年

第10章　地方自治と行財政改革

1　地方自治と地方財政

1　地方自治体と自治の理念

　人間は社会的な動物であって，太古の昔から集団をなして暮らしてきた。農耕を行う段階になると，生産と生活を共同で営む定住集落＝むらを自然発生的に形成するようになる。そして国家の生成とともにそれらは国家機構の一部である統治の単位＝村や都市となり，さらには近代的な自治の単位ともなっていく。日本の地方自治体（法律上は「地方公共団体」。ここでは普通地方公共団体である都道府県・市町村を指す）も，長い歴史を経て今日の姿になったが，生産・生活共同体の延長としての機能＝コミュニティ機能を担う性格と，国家の統治機構の一部であるという性格の，両方を有している存在である。

　現代の地域における私たちの生活は，地方自治体の業務をぬきにしては考えられない。上下水道や道路等の社会資本，幼稚園や義務教育学校，保育や高齢者福祉，また警察など，いずれも地方自治体が直接の供給主体になっている。昔は住民自らが行っていた**社会的共同業務**を，現在はプロの公務員がフルタイムで行うか，もしくは租税を使って民間企業等に発注または委託して行っている。こうしたシステムを**租税国家**と呼ぶ。

　地方自治体は統治の単位であるとともに，その名の示すとおり，自治の単位である。日本国憲法の第8章は「地方自治」と題されており，住民による地方議員や首長の直接選挙制，自治体の条例制定権などを定めている。憲法が謳う「地方自治の本旨」は，団体自治と住民自治の2つからなると解釈されている。**団体自治**とは国との関係における自治，すなわち自治体が一個の団体として国の不当な支配に服さないという意味であり，**住民自治**のほうは，主権者である住民の意思に沿って自治体が運営されなければならないという意味で用いる言葉である。

2　地方財政の集権的分散システム

　地方自治体がその使命を果たすためには，経済的な基盤が必要である。自治体は自ら徴収する租税＝地方税以外に，国や上級の自治体からさまざまな財源を供与され，あるいは地方債の発行によって金融市場から資金を調達する。そうしたお金の流れの全体を表すのが地方財政システムであり，国と自治体の財政関係がその骨格をなす。

　資本主義経済は，地域的に不均等に発展する本質をもっている。都市と農村の不均等発展がそのもっとも基礎的な内容である。そしてそれは当然のことながら，地方自治体の財政力の不均等に反映する。また，政府の主要な収入源である租税は，不動産税や営業税などの物税（ものにかかる税金）中心の段階から，次第に所得を課税客体とする人税（人の個別事情を考慮してかける税金）を中心とした段階に進んでいく。そして所得に課する税金は地方税として徴収することのむずかしい事情をかかえているので，より多く国税に傾斜することになりがちである。少なくとも日本ではそのような租税構造になっており，租税の約6割は国税である。ところが他方で，公共サービスの約6割を，日本では地方自治体が担っているという現実がある。つまり仕事の配分は地方対国で6：4なのに，租税の配分は地方税4：国税6と比率が逆転している（図10-1参照）。

　以上のように，税源が国に傾斜しているのに公共サービス業務は地方に傾斜しており，しかも地方自治体相互の間に財政的な不均等が存在している状況の下では，国の租税を自治体に差別的に再配分する中央集権的なシステムがどうしても必要になる。日本で顕著なこのようなしくみを**集権的分散システム**と呼ぶことがある。仕事は地方に分散しているのに財政は集権的になっているという意味である。

　地方自治体の収入でもっとも重要なのは**地方税**である。市町村では住民税と固定資産税，都道府県では住民税と事業税が大きい。次に重要なのは**地方交付税**で，これは国税（所得税・法人税・酒税・たばこ税・消費税）の一定割合を，自治体の財政力に反比例する形で配分する財政調整制度である。次いで国庫支出金（一般に**補助金**と呼ばれる）があり，これは国が政策的に使途を定めて配分する資金である。最後に大きいのが**地方債**で，借入金であるが「歳入」として予算に計上される。地方債の発行にも国の関与があり，財源の配分を通じて

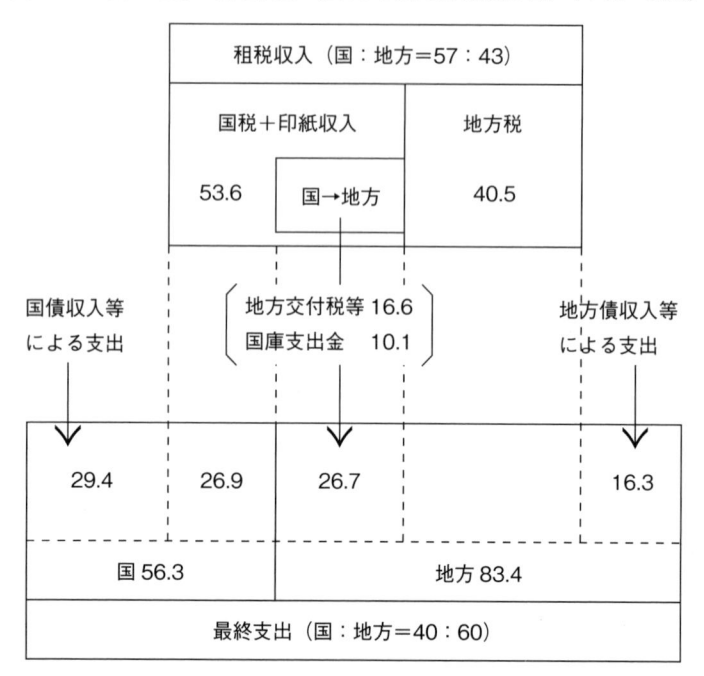

図10-1：国と地方の財政関係（2008年度地方財政計画）（単位：兆円）

```
            租税収入（国：地方＝57：43）
     ┌─────────────────────────┬──────────────┐
     │   国税＋印紙収入         │    地方税    │
     │                          │              │
     │   53.6    ┌──────┐      │    40.5      │
     │           │国→地方│     │              │
     │           └──────┘      │              │
     └─────────────────────────┴──────────────┘

  国債収入等        地方交付税等 16.6        地方債収入等
  による支出        国庫支出金   10.1        による支出
     │                    │                        │
     ▼                    ▼                        ▼
  ┌──────┬──────┬──────────────────┬──────┐
  │ 29.4 │ 26.9 │      26.7        │ 16.3 │
  ├──────┴──────┼──────────────────┴──────┤
  │   国 56.3    │       地方 83.4          │
  ├──────────────┴──────────────────────────┤
  │    最終支出（国：地方＝40：60）         │
  └─────────────────────────────────────────┘
```

注：筆者作成

地方行財政全体が国の強いコントロールの下に置かれている。

3　地方分権改革

　地方分権は世界的な潮流になっている。官僚的中央集権による管理経済を追求した社会主義体制の崩壊したことが1つの背景としてある。またグローバル化の進展で国境が相対化し，国家の枠を超えた地方の存在感が増している。第2次世界大戦後の先進諸国に共通したモデルであった**福祉国家**の見直しの一環としても，分権化が唱えられるようになった。市民社会の成熟とともに地方自治の担い手が成長してきているという面も指摘できるだろう。

　日本でも地方分権改革が進められているが，日本の場合は国家主導で分権化が行われるという点でやや特徴的といえる。中央政府が地方分権を盛んに鼓吹

する最大の背景は，国家財政の逼迫(ひっぱく)である。前述のように，地方財政は国から再配分される財源，すなわち地方交付税や補助金に大きく依存している。国はこれらを通じて自治体の行財政をコントロールしてきたわけだが，国家の財政危機が深まってそうしたシステムは維持困難になった。さらに日本政府は，新自由主義的な政策の下で政府の役割そのものを縮小しようとしている。そこで国の権限＝仕事を地方に譲渡し，あわせて国から地方への財源配分を急激に絞っていく方策をとっている。いわゆる**三位一体の改革**は，そうした新自由主義的財政改革にほかならない。

補助金の整理・削減，税源の地方への移譲，そして地方交付税の見直し，以上の3つを同時一体的に行おうとするのが三位一体の改革である。国から地方に流れている補助金を削減する。しかしそれだけでは地方の収入が不足するばかりなので，その分を国から地方への税源移譲（すなわち国税の減税と地方税の増税）で補塡する。そうやって仕事の分権化の裏付ちとなる財政の分権化を行おうというのである。また地方税が拡大すれば，財源不足を補うための地方交付税の役割は小さくなる。地方交付税については後述するようにいろんな問題が指摘されているので，これを削減する方向で改革が進められている。

三位一体の改革は，国から地方への財源の流れを縮小する内容になっているから，日本的な集権的分散システムを転換する分権改革の性格をもっている。しかしながら，その進め方次第では，国の責任と財政負担を地方に転嫁する方便にしかならない恐れがある。また地方交付税の「見直し」に関しては，その具体的内容をめぐって都市部の自治体と農村部の自治体との間に深刻な矛盾・対立がある。国はこの間，補助金を約4兆円削減する一方で税源移譲は約3兆円にとどめており，地方交付税については約3兆円を削減してきている。国庫負担の地方への転嫁，そしてとくに農村財政への支援の縮小という形で改革が進行していると言うことができる。

2 　地方財政の危機と地域格差の拡大

1　財政危機の様相とその原因

日本の財政は現在，国も地方も深刻な状況に陥っている。2007年度末の国

債残高は607兆円，地方債は199兆円にのぼる見込みであり，重複分を除く合計は773兆円，GDPの148.1％にもなる。国債の償還に充てる国債費は2007年度歳出予算全体の25.3％になっていて，国の支出の4分の1が借金の返済に食われている勘定である。

　公債のほとんどは国内で発行されているから，その返済を受けるのも国内の個人や金融機関で，借りるときも返すときも国内でお金が動くだけだというのは確かであり，また，政府にこれだけ巨額の借金ができるのは国民に膨大な貯蓄があるおかげなのも事実である。しかし義務的な支出である公債費が膨らんでいけば満足な公共サービスができなくなるし（**財政の硬直化**），これから高齢化が進んでいくにつれて貯蓄率は下がり，金融市場が逼迫して金利の上昇につながる可能性は高い。低金利で大量の公債が消化できる時代はいつまでも続かない。

　地方自治体があまりに大きな借金を背負い込み，公債費の大きさが一定の基準を超えてしまった場合，それ以上の借金を国から禁じられるしくみになっている。そうなった自治体は，借金なしで財政を自主再建するか，さもなければ地方債の発行を容認してもらう代わりに，団体自治を一時放棄して国の管理下に入るかの選択を迫られる。北海道の夕張市は後者の道を選択せざるをえない状況に追いつめられ（**財政再建団体**と通称されている），2007年度から職員数や人件費の大幅な削減，住民サービスの切り下げと住民負担の引き上げを余儀なくされている。

　地方財政はなぜこれほど借金漬けになってしまったのだろうか。その最大の理由は，まずアメリカに対して内需拡大を約束したプラザ合意（1985）および日米構造協議（1990）によって630兆円におよぶ公共事業の拡大が行われたこと，さらにその後の平成不況の中では，国主導の景気対策によりいっそう巨額の公共事業が行われたことである。国の財政はバブル前からすでに苦しかったから，国は補助金を支給して自治体に公共事業をやらせるのではなく，補助金の代わりに地方債の発行許可枠を拡大して，地方の借金で公共事業を行わせ，その元利償還費のかなりの部分を地方交付税で将来面倒見るという財政運営を続けた。そのうち景気が好転して債務の返済もできるだろうとの甘い見込みだったが，実際は景気はなかなか回復せず，負債ばかりが累積する羽目になった。

高齢化の進行で医療や福祉といった対人社会サービスの支出がふえていくのは当然見通されたはずだったにもかかわらず，安易に国の政策に乗って道路やハコモノ（公共建物）建設に熱中する，長年慣れ親しんだ開発本位の行政をつづけた自治体は，いま苦しい財政運営を迫られている。多くの市町村が合併への道を進んだのもその結果にほかならない。

2　公共事業の縮小と農村経済

政府支出に占める政府固定資本形成，いわゆる**公共事業**のウエイトが非常

コラム⑩

公共工事の入札と談合

　公共事業の発注は競争入札の方法で行うのが原則とされている。入札には原則として参入制限をしない「一般競争入札」と，入札参加業者を行政が指名する「指名競争入札」とがあり，地方自治体の場合はほとんど指名制によっていた。しかしそれが指名業者間の受注調整，いわゆる談合の温床になっているとの批判から，一般競争入札に移行する自治体が急速にふえている。一般競争入札の導入については，地元の中小業者が大手業者に仕事を持っていかれてしまうのではないかとか，緊急の災害時に迅速に対応することができないのではないかといった懸念があり，完全な自由競争ではなく地域要件などの条件をつけることが多い。福島県では公共事業はできるだけ地元の業者に発注する方針をとり，これを農産物の地域内消費になぞらえて「地産地消」と呼んできた。

　ところで談合は，建設業者がお互いの共存を図るとともに工事の質を保証する役割を果たしてきたといわれ，また採算のとれないような工事でも業者間の調整で無理して受注することもあって，行政側にも利益がなかったわけではない。とはいえ談合の結果として工事の価格が不当に高くなっているとすれば納税者の利益に反することは言うまでもない。談合のしにくいシステムとして一般競争入札が導入される傾向は強まっていくだろうが，競争の激化によるダンピングが工事の品質確保を脅かす恐れ，あるいは予定価格が妥当でない場合は応札者ゼロとなって発注できなくなる可能性も考えられる。競争は業者間で行われると同時に，業界と行政の間でも綱引きが展開されるものと見られる。

に大きいのが日本財政の一大特徴で，GDPの6％を超えていた時期もあった。最近は3％台にまで落ちているが，それでも主要国の中ではなお最大である。政府は幹線道路や鉄道，港湾，空港等の産業基盤，および生活道路や上下水道，公園，学校，病院等の生活基盤の建設に多額の支出を行ってきた。高度経済成長期には，とくに産業基盤の不足が成長のネックになっていたので，たとえば道路を建設すれば物流が盛んになるばかりでなく，自動車産業をはじめとする諸産業にプラスの影響が波及して経済成長を押し上げる効果（**生産性効果**）があった。

　公共事業の効果としてもう1つ期待されたのは，不況の時期にはそれが景気対策になるという点だった。社会の総需要が冷え込んでいるときは，政府がみずから支出を拡大して需要を創出する。その財源調達手段としては公債発行を行い，遊休資本の有効活用を図る。公共事業を行えば土木建設業にお金が渡り，資材の調達先への支払いや従業員の給与にも回って次々と購買力を生み出す（**乗数効果**）。そうやって総需要を拡大して景気の浮揚を図るのがケインズ型の財政政策（フィスカル・ポリシー）である。

　バブル経済の崩壊後に，政府は旧来型のこうした景気浮揚策をとった。そのために政府の借金が大きく膨らんでしまったことは前述の通りである。今日では，たとえばいくら高速道路を造ってもそれで自動車の通行量が大きくふえることはなくなり，社会資本それ自体としての機能は低下している。港湾でもそうである。つまり造っても十分に有効活用されない無駄な公共事業が多くなっているということである。また過剰設備が多くある中では，公共事業をふやしてもそれが新規の投資を呼び起こして波及効果を生む度合いも低下している。

　実際のところ，とりわけ農村部にあって必要なのは「道路」であるよりも「道路工事」であるとすら言えるような現実がある。農産物の輸入拡大などで日本の農業が縮小に向かい，農業だけでは生計が成り立たなくなった農村住民の中で，建設業に従事する人々がふえた。過疎農村地域の中には，就業者数の2割以上が建設業というところもある。不況で民間の建設工事が減っているのに建設業者の数がかえってふえるといった状況は，結果的には，過剰な建設業従事者を公共事業で養っていることを意味する。いわば農村では公共工事が失業対策＝社会保障の役割を果たしてきたわけである。豪雨や豪雪による災害を

恐れながらも，一面では，災害復旧工事が飯の種になるのでそれを待ち望むような複雑な心理が，過疎農村地域にあることは否定できない。

　ひと口に「土建国家」と呼ばれるこうした経済・財政構造は，政府の債務が膨大に膨らんだ今日，もはや維持することができなくなっている。財政構造改革の目玉は公共事業の大幅な削減である。地方の公共事業支出（普通建設業費）はピークの1993年度約30兆7000億円（総支出の33.0％）から2005年度には約15兆1000億円（同16.7％）にまで減っている。東北6県合計の目的別経費の推移を図10-2でみれば，公債費（借金の返済）の比率が増大している一方，公共事業費の主要な部分を表す土木費と農林水産業費が最近は顕著に減少していることが分かる。土建国家の変革はいうまでもなく重要な課題であり，過剰な建設業をこのまま維持することはできないといえるが，問題は地域経済，とくに農村経済へのダメージをいかにして緩和するかである。建設業の業種転換や失業者への職業訓練などに，官民共同・地域ぐるみで取り組んでいく必要があるだろう。

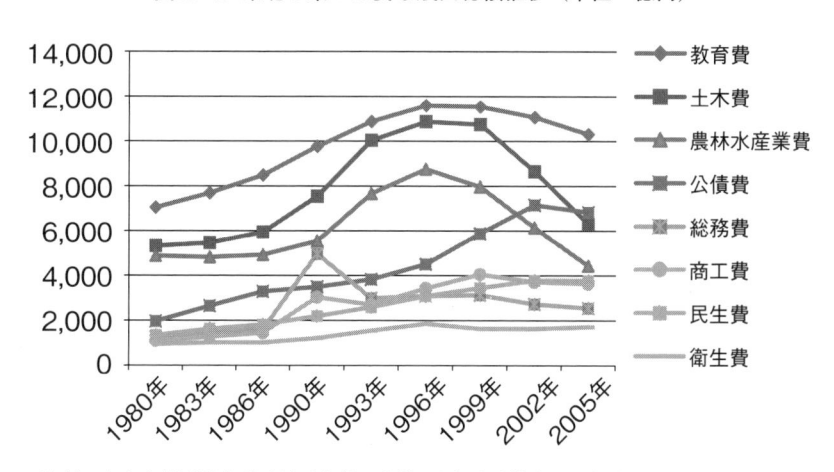

図10-2　東北6県の主要な歳出総額推移（単位：億円）

凡例：教育費／土木費／農林水産業費／公債費／総務費／商工費／民生費／衛生費

資料：各年度版「地方財政統計年報」（財）地方財務協会より作成

3　財政力格差の拡大

　日本国憲法に謳われた基本的人権は，日本人であればどこに生まれ，どこで育とうと等しく保障されなければならないはずである。国民に平等に保障されるべき最低限の行政サービス水準を**ナショナル・ミニマム**と呼んでいる。義務教育を受ける権利，医療を受ける権利，安全に暮らす権利などは基本的なナショナル・ミニマムである。しかしそのミニマムな行政水準の具体的なレベルはどのへんかというと，数字でそれを確定するのは容易でない。20年前のミニマムと現在のそれとが同じであっていい道理はない。また生活保護水準がミニマムだとすると，ミニマム未満の生活をしている国民が決して少なくない現状をどう考えたらいいのか。

　少なくとも言えるのは，今日のナショナル・ミニマムが，たとえば20年前のそれよりも低いという現実があるとすれば，それはやはり問題だということである。ところが実際には，従前の行政サービス水準が維持できなくなっている地域が広範囲に存在し，それをやむを得ないものとして容認する考え方も出てきている。これは事実上，ナショナル・ミニマムそのものを引き下げることを意味する。

　農村部では過疎と高齢化の進行で集落の維持が困難になっているところが少なくない。とくに豪雪地帯などでは，70歳を超える高齢者が屋根にのぼって雪下ろしをするといった光景も見られる。そのような山間（やまあい）の集落の生活を維持するために，多額の除雪費用を公費から支出することに対しては批判があり，財政的な観点から集落の移転＝放棄を迫る考え方が当然ありうる。しかし先祖代々数百年を暮らしてきた故郷の地で命を全うすることすら許さない行政とは，一体何であろうか。

　典型的なミニマム行政サービスである義務教育も，農村では維持困難な状況になっている。複式学級にまでならないにしても，新入生が数人程度になれば小中学校を通して全くクラスメイトが変わらない状態になる。最近は学校選択制（学区の広域化）の導入が始まり，教育効果の上がりにくい小規模校はいよいよ生徒数の減少に見舞われるだろう。生徒数の少なくなった学校は，教職員

の人件費などの費用がかさむので，財政的な観点から統廃合の声があがってくる。生徒の保護者もそれを望む傾向があるが，百年以上の歴史をもつ学校が姿を消してしまった地域に，明るい将来展望を持てというのは無理な話だろう。

　もっとも，都市にはまた都市の財政問題があるのは事実である。とりわけ経済が不況のときには，法人関係税の急激な落ち込みにより大都市部で財政が危機に陥ることがある。地価の上昇は大都市の経済力の証ともいえるが，公共事業のコストを押し上げる要因でもある。都市部が財政困難に陥った時期には，地方交付税制度に対する批判がきまって声高に叫ばれる。交付税は事実上，都市部の財政力を，国税をパイプにして農村部に再配分するシステムになっており，都市は豊かで農村は貧しいとの前提に立った財政調整制度である。しかし現実には都市部の財政は景気感応性が高く，変動が激しい。これに対して農村財政は，地方交付税など国から供与される依存財源の割合が大きいので比較的安定している。平成不況の中ではこの違いが顕著に表れ，農村における「無駄な」公共事業に都市部から批判・攻撃が盛んに浴びせられた。

　最近は徐々に経済が好転してきているので状況は変わってきた。景気回復にも地域差がある。大都市の好調に比して地方都市はまだまだ求人倍率も低い。農村部では相変わらず雇用の場がないので若い人は故郷に帰りたくても帰れない。しかしそれなのに，財政危機という現状は，こうした地域格差を是正するほどの余裕を政府に与えない。かくて，個人間における貧富の格差と並んで，地域間の格差がするどい政治問題になってきた。財政力の回復が大都市において顕著な一方，地方都市では企業立地の進んだ所とそうでない所とで格差が広がり，農村の多くは依然として財政困難から脱却できない。しかし地域格差に関しては，これを由々しき社会問題と見て解決を図るべきだとする見解がある一方，国際競争に勝ち残るためには成長力の大きい地域に投資を集中すべきであって格差の拡大はやむを得ないという見方もある。

　格差是正の方策として，都市部の住民が住民税の一部を出身地等に納税することを推奨する「ふるさと納税」というアイデアも登場し，実現することになった。農村の自治体がせっかく子育て支援や学校教育をしても，卒業生は都市に流出してしまい，働いて得た所得からの税金は都市の自治体に納めている。その一部を「恩返し」の意味でふるさとの自治体に還元することにしてはどう

かとの提案だが，これは国のふところを痛めずに格差是正を図ろうとするものである。「ふるさと納税」は形式上は寄付金で，住民税の1割の範囲内において「ふるさと」の市町村に寄付した分を，自分の居住する市町村の住民税から控除してもらうことができる（ただし5000円のいわば手数料を負担しなければならない）。「ふるさと」とは一体どこを指すのか，あるいは自分が居住していないところに税金を納めるのは租税負担の原理原則に反するのではないか，とかいった議論がある。現在は大都市圏で生まれ育った人が多くなっているので，実際の効果のほどにも疑問がないわけではない。

いずれにせよ，財政力の格差是正機能は本来，地方交付税が担うべきものである。その交付税を，とくに農村部のそれを大幅に削減しておきながら，「ふるさと納税」といった財政秩序を攪乱するような制度を格差是正の妙案のように打ち出すのは，真っ当な財政感覚とはいえないだろう。

4　市町村合併と道州制論

1　平成合併の歴史的位置

日本で近代的な地方制度ができたのは明治時代で，1888年に市制・町村制が，翌々年に府県制・郡制が布かれた。注意すべきは，それと時を合わせて大規模な町村合併が行われたことである。当時は生産・生活共同体の色彩の濃い小規模な集落（自然村と呼ぶ）が多く，全国に7万以上の町村が存在した。義務教育の普及を図った明治政府は，あまりに規模の零細な村落を合併によって行政的に統合し（行政村の形成），地方財政の基礎を固める政策を展開した。これが**明治の大合併**といわれるもので，町村の数は一挙に約5分の1になった。

第2次世界大戦後に，2度目の政策的合併が行われる。高度成長の始まる少し前の1953年に町村合併促進法が施行され，数年で市町村の数は約3分の1にまで減った（**昭和の大合併**）。この時の合併は，戦後改革により，中学校の義務教育化をはじめとして警察・消防，保健衛生等の自治体業務が大きくふくらんだのに対応して推進された。また朝鮮戦争後の不況の中で進行した地方財政の逼迫も背景にあった。

市町村が合併すること自体は，自然の成り行きとして当然という面もある。

交通手段の発達によって人々の社会生活や経済活動が広域化し，地方自治体の区域との不一致が顕著になっていくのは普通の現象である。周辺地域から都市部に通勤する労働者がふえていくと，昼間に膨張する都市部の財政需要のコストを，周辺自治体で納税する通勤労働者が負担しないという不合理も目立ってくる。そうした矛盾を解消する手段としての自治体合併は当然あっていい。しかし日本における町村合併は上述のとおり，きわめて政策的に，強引に上から行われる特徴をもっている。いわば「国づくり」としての合併であり，その時代の国策的要請に沿って組織的に遂行されてきたのである。だから合併には相当の抵抗や摩擦がともなうことも少なくなかった。

さて，近年行われた**平成の大合併**はどうであったろうか。1999年3月に3232あった市町村は2007年1月には1799になった。56％にまで減ったわけである。今回の合併の特徴は第1に，合併でできあがった新しい市や町の規模があまり大きくないこと（8万人未満が約70％），第2に，人口規模の小さい多くの町村が合併を選択せずに残り，合併がいわば「まだら模様」になっていることである。このような結果になったのは，合併を強力に推進した国の政策が地方分権を看板に掲げていた手前，自治体の意に反して合併を強制することができなかったからである。

しかしそれ以上に重要なのは，多くの地方自治体にとって，何かの理念や将来構想があってそれを実現するために合併するというよりも，財政破綻を免れるためには合併する以外にないという「追いつめられた合併」だったことである。地方財政の危機が進展するなかで，合併しないと財政再建団体になる（最近では「第二の夕張になる」が脅し文句になっている）との強迫観念に駆られた小規模自治体が，雪崩を打って合併に走ったというのが実際の姿だった。

2　市町村合併の目的と効果

市町村合併の推進論者が真っ先に挙げる合併の根拠は「分権の受け皿」づくりである。国や上級自治体の仕事＝権限を，基礎自治体である市町村に下ろす政策がすすめられている。国庫の負担を地方に転嫁するのがその目的であるかどうかはさておいて，こうした分権化そのものは悪いことではない。しかし下りてくる権限を受けとめる市町村の側に，それを遂行するだけの条件が備わっ

ていなければ分権化も言葉だけのものに終わってしまう。そこで，合併することによって行財政の規模を拡大し，優秀な人材の活躍の場も広げることが必要だという論理である。県レベルの権限を多くもつ**政令指定都市**のほかに，人口30万人を超えると指定を受けられる**中核市**や，20万人超の**特例市**を設けたのも，人口規模に応じた権限付与の制度を用意して合併を促す意図からである。

　市町村合併が目指す第2の目的は「行財政の合理化」である。行財政にも規模の経済（スケールメリット）というものがある。1人当たりの財政支出は，過疎農村の自治体では非常に大きく，規模が大きくなって人口15〜20万人程度でもっとも小さくなる（人口規模がそれ以上に膨らむとかえって経費はかさむようになるので，100万都市などは分割しなければならない理屈のはずだが，合併推進論者はそういうことは決して言わないものである）。合併すればもちろん首長は1人になるし，議会の議員数も大幅に減らすことができる。職員数も削減できるので，人件費を抑制する効果がある。

　第3に合併の目的として挙げられるのは「行政の効率性の向上」である。公共施設をこれまでは別々に造っていたのを，合併後には大きなものを1つ造ればいい。自治体が1つになれば広域的な学校統廃合も進めやすくなる。財政規模が拡大するから，今まではできなかった大規模な事業もできるようになる。

　さらに，これはあまり表だって言われないことだが，「意思決定の合理化・効率化」も合併の政治的な効果として見逃せない。これは環境問題がからむような行政事務の場合には重要である。たとえば生活ゴミを焼却処理する清掃工場を造る場合，ダイオキシン対策からゴミ処理の広域化が進められているので焼却炉の大規模化が必要になっている。自分の居住する地域のゴミならともかく，隣接する市町村のゴミまで搬入して処理するという話になれば，施設の立地予定地域の住民は当然反発するだろう。これを一番簡単に解決する方法は自治体合併である。意思決定主体の範囲が広くなればなるほど，直接利害関係者は相対少数になり，多数派の利害が通りやすくなる。

3　合併のはらむ諸問題

　平成の合併は一口に言って「財政誘因による合併」である。とりわけ農村部の町村にあっては，地方交付税の削減や補助金の縮小により収入が減ってい

くことへの危機感，また累積した債務負担に耐えられなくなる不安から，合併することで負担の分散や軽減を図ろうというのが主たる動機である場合が多い。地方交付税についてはすでに数年前から，人口の少ない自治体への傾斜配分を徐々に減らす措置がとられており，過疎農村の財政は切迫した状態にあった。もっとも，合併をすれば自治体の人口は当然増加することになるから，スケールメリットが作用して理論上は支出の節約が可能になる。したがって合併しなかったときよりも合併した場合のほうが，地方交付税の総額は減ってしまうことになる。しかしそれでは合併は進まないので，国は特例措置を講じ，10年間は合併しなかった場合の交付税総額を保証することにした。また，合併した自治体についてはかなり多額の地方債（**合併特例債**）を発行できるようにし，その返済の7割を将来の交付税で補償するという制度も入れた。そして早めに合併を決めないとこうした特例措置も適用を受けられないようにして，合併を強力に促したのである。

　市町村合併にともなって懸念されるのは，多くの場合周縁部に位置する農村地域の住民が，行政サービスを受けにくくなるのではないかということである。財政規模が拡大して大きな事業ができるようになるのはいいとしても，人口の集積している地域に支出の重点配分がなされるようになれば，周縁地域は置き去りにされてしまう。行政の意思決定や手続においても不便が生じかねない。今までは身近な役場で済んでいた行政上の決裁や諸手続が，今度は本庁まで行かないと片づかないようになる。議員の数も減るから，人口の少ない地域からはその利害を代表する議員を出しにくくなる。

　さらに懸念されるのは財政の悪化である。合併は本来，財政の効率化・合理化を目指して行われるのが建前である。ところが合併協議の中では，合併への合意形成を急ぐあまりに，各市町村の主張や要求を無原則的にとりいれたような将来計画が作られてしまう恐れがある。とくに上に述べた有利な合併特例債は，額が相当にのぼることもあって合併後にその配分をめぐる激しい綱引きの生じることがある。挙げ句に公共事業の大盤振る舞いがなされるようだと，合併特例債も借金であることに変わりはないので将来に多額の負債を残すことになり，何のために合併したのか分からないことになりかねない。

4 合併しない自治体の将来

今回の合併劇では，前述のように合併しない小規模町村が数多く残った。福島県矢祭町のように，早々に「合併しない宣言」を出して自立の道を歩み出した自治体もある。なかには，財政状況が悪すぎて合併を申し入れても相手にしてもらえず，やむを得ず自立の道を選択した町村もある。全国の非合併自治体が多く集合して，「小さくても輝く自治体」をスローガンに一種の自治体運動を起こしている。

財政が苦しいにもかかわらずあえて自立を選択した小規模自治体は，生き残りを図るためにきびしい自主努力を強いられている。職員数の大幅な削減をはじめ，行政サービスの民間委託や退職職員の再雇用などで支出の切りつめを工夫している。合併した場合以上に大胆な合理化・効率化を断行していると言ってもいいようなところもある。

自立の道を歩むことが，いわゆる**自治体リストラ**を必要以上に行うこととイコールになってしまっては本末転倒と言わなければならない。非合併自治体は，単なるリストラとは明確に異なる，自立に向けた理念とビジョンを打ち出さねばならないだろう。矢祭町は全国に図書の寄付を呼びかけ，住民のボランティアに支えられながら低コストの公立図書館（「もったいない図書館」と命名）を実現した。町会議員の報酬を日当制にするという全国初の大胆な試みにも打って出た（賛否両論があるが）。長野県下條村では，役所が資材と機械を提供して住民の労働で道普請＝道路工事を行っている。同じ長野県栄村は「下駄履きヘルパー」と称して住民自身が介護士の資格をとり，近所のお年寄りの介護にあたっている。こうした小規模な町村ならではの創意工夫は，いずれもコミュニティ機能がまだ生きている地域社会の「地域力」を活用したものであり，危機感をバネにして住民自治を高めようとする優れた試みと評価できるだろう。

5 道州制の構想

市町村合併による自治体の規模拡大で，政令指定都市は 2003 年以降 5 つふえて（さいたま，新潟，静岡，浜松，堺）17 都市になった。2000 年に 12 だった中核市も 2007 年現在 35 にまでふえ，さらに 15 都市が中核市の指定を目指している。こうして基礎自治体の規模が拡大し，県の権限の少なからぬ部分がそ

こへ移譲されていけば，今度は存在意義を問われるのは都道府県である。国と市町村の中間に位置する都道府県は，ほぼ百年間その区域の変更を経験していない。

地方分権を進める論理としてしばしば唱えられるのが**補完性の原理**である。これは，行政サービスは基本的に基礎自治体である市町村が行い，市町村にはできない広域行政事務だけを都道府県は行い，市町村にも都道府県にもできないことに限って国が行うという，事務＝権限配分の原則である。この場合，国にしかできない仕事を市町村の仕事から区別するのは比較的たやすいが，中間自治体である都道府県の固有の仕事を，市町村や国のそれと区別して線引きするのはむずかしい。他方では，国の各省出先機関が地方ごとに配置されている。たとえば仙台には財務省の出先である東北財務局があり，国土交通省の東北地方整備局も仙台に置かれている。そこで現在の都道府県を廃止して**道州制**に転換し，国の地方出先機関の権限をこの道州に移管して広域分権を果たそうというのが，道州制の1つの構想である。東北6県は東北州になり，州都は仙台になるだろう。

道州制はまだ構想の段階で，実現に向けて動き出したわけではない。その是非を判断するためには，現在の都道府県の果たしている役割を，分権化時代にふさわしい土俵上で再検討する必要がある。また市町村合併と同様に，道州制をとった場合に域内地域格差の拡大，州都への一極集中が生じる可能性は大きいといわねばならない。国の出先機関の権限を道州が吸収する建前だが，逆に，道州の権限を事実上，国が取り込んでしまう結果にならないともいえない。

5 自治体改革と地方公務員

1 公共サービスのアウトソーシング

アウトソーシングとは「外部化」の意味で，これまでもっぱら公務員が担っていた公共事務を，民間企業や民間団体に行わせることをいう。直接には財政危機への対処の必要から，政府の人件費を抑制するために公務員を削減する方法として推進されているものである。公共サービスは，完全に民間ベースで供給することはできないにしても，その供給主体が必ず公務員でなければならぬ

理由はない。公費を使って民間団体が実施することもあっていい。幸いにして民間には，公益を目的にして活動するNPO（非営利民間組織）も多く作られているし，民間企業の中にも高齢者介護などの社会サービスを事業にする例がふえている。団塊世代をはじめとする熟年世代の働き口としても，公共サービスの門戸を開放すべきである。――こうした公務の外部化の論理は「新しい公共空間」論と呼ばれ，公共性や収益性の濃淡に応じてさまざまな供給主体と外部化方式が提案されている。

　旧来の外部化方式は**業務委託**で，細かい仕様書にしたがって民間の公益法人などが業務を受託して行うものであった。仕事は委託されるものの，権限と責任はもっぱら役所に属する。これに対して2003年から新たに導入されたのが**指定管理者制度**である。これは図書館，公民館，体育館などの「公の施設」の管理を，株式会社を含む民間団体に委託するもので，委託される事務の中には施設利用の許認可や使用料の設定も含まれるのが特徴である。公の施設の管理に関しては，これを直営とするかもしくは指定管理者制度によらねばならないことになっている。

　さらに2006年度からは**市場化テスト**が法制化された。これは，特定の行政事務について官民競争入札を実施させるのが趣旨で，入札にかけられることになった業務については直営部門も民間企業等と競争させられ，落札できなければ仕事を手放さなければならない。国の業務から徐々に実施され，自治体においてもいずれ導入されることになるだろう。自治体業務のどこまでを市場化テストの対象に含めるかは，制度上は自治体の判断だが，民間側から提案することも想定されており，国の誘導もあって事実上は強制に近くなる可能性がある。市場化テストはイギリスが本家で，弊害も多くて見直しがなされている制度だが，日本では「小さな政府」づくりの決め手として強力に推進されようとしている。しかし，この制度の実施には課題や問題が少なくない。公平な競争を保証するための諸条件，落札者を決める主体と評価基準，官庁会計と企業会計の違いの調整，民間が落札した場合の公務員の失職対策など，山ほど問題がある。

　公共事業のアウトソーシング方法としてはPFI（プライベート・ファイナンス・イニシアチブ）がある。たとえば自治体が庁舎を建てるのに，民間の建設会社に建設を行わせ自治体がそれをレンタルで使用するといったやり方が1つ

の典型である。こうすればさしあたりの建設費を民間資金で代替することができる。ついでに庁舎の管理運営も民間に任せることも可能である。公務員と民間企業職員が役所で机を並べて仕事をする光景も，これからは珍しくなくなるかもしれない。

2 ニュー・パブリック・マネジメント

　指定管理者制度にしても市場化テストあるいはPFIにしても，公共サービスの供給に民間企業の経営ノウハウを適用し，その効率化を図ろうとする意図は共通している。日本だけでなく世界各国で，政府の業務に民間経営の手法を導入する動きはあり，これを**ニュー・パブリック・マネジメント**（NPM）と総称している。

　NPMの特徴的内容を簡略に説明しよう。第1に強調されるのが「ミッションの重視」である。公務員は法律にしたがい規則通りに行うことばかり重視するあまり，結果として住民の福祉が向上したかどうかは二の次になる傾向があるが，重要なのはミッションがどれだけ達成されたかだ。第2が「顧客志向」で，住民はあたかも民間企業にとっての顧客のような存在であるという認識を持つべきだというわけである。第3は「成果主義」。予算編成も前年度予算の執行の結果をみて，成果の挙がっていない事業はやめる決断をしなければならない。個々の公務員の評価も成果にもとづいて行うのが望ましい。第4に強調されるのが「競争の重視」である。競争原理の働かないことが役所の非効率の根源だから，他の自治体との競争，他の部署との競争，民間との競争を組み入れていく。第5に挙げられるのは「企業化」である。前述のアウトソーシングがこれに該当する。第6に「役所内の分権化」も挙げることができるだろう。上意下達，ピラミッド型のシステムのフラット化と，現場に任せる気風の醸成が推奨される。

　以上はNPMの特徴づけの一例にすぎないが，これらの諸原則は行政経営のツール＝道具であって，何らかの「哲学」や「理念」を表すものではないと考えるのが至当だろう。道具は使いようであって，うまく使えば役に立つし，使い方を誤れば怪我をする。基本的に重要な論点を挙げるなら，行政と企業との目的＝ミッションの違いを明確に意識したうえでこうした手法を適用しなけれ

ばならないという点である。行政は収益を上げることを目的にしていない。それどころか「赤字を出したくなければ仕事をしなければいい」という環境に置かれている。また「顧客志向」についても，お金を持っていない客は企業にとっては客ではないが，公共サービスは税金を払っている人だけに供給する性格のものではない。生活保護の受給者にも公共サービスの請求権はあるのである。

3　新しい地方公務員像

　今は「公務員冬の時代」である。経済が好調のときは，公務員は「給料は安いが安定が取り柄」の地味な職業だが，不況で民間勤労者が苦しい生活を強いられている時期には「失業知らずの特権階級」扱いされる。政府に膨大な借金がある現状ではなおさらである。公務員を減らせと言われて反対するのは公務員とその家族だけだろう。しかしひるがえって今の社会をみれば，高齢者の増加や子育ての危機，治安の悪化，格差の拡大など，政府が手を差し伸べねばならない分野は拡大している。公務員減らしは国民にとって決して好ましいことではないはずである。なぜ公務員（ここでは地方公務員）はこんなに評判が悪いのだろうか。

　公務員はまず，法令や規則に縛られている。公務員は法令を守るばかりでなくその執行を業務としているのである。だから法令の範囲内でしか仕事ができない。いくら好意からだといっても，法令の予定している以上のことをしてはならない立場である。また公務員は官僚組織の一員であり，地方自治体という法人格を体現している存在である。住民は職員の言葉を職員個人の言葉とは受け取らず，役所の公的な発言として受け取る。したがって公務員は勝手に一人称でものを言うことが許されない。しかも職員は数年ごとに異動がある。担当が替わったからといって住民への対応が変わってしまっては不都合が生じる。だから公務員は前任者の仕事を忠実に引き継ぎ，また後任者に迷惑をかけないよう「人並みに」仕事をすることを求められる。さらに公務員は予算に縛られている。予算は住民が選挙した首長の作成した案を，住民に選ばれた議員が議決して決定される。そこに書いていない事業や支出を行政職員が行えば議会制民主主義を犯すことになる。役場職員がしばしば口にする「予算がありませんので」というせりふは必ずしも逃げ口上ではない。

典型的な地方公務員の属性を整理すれば以上のようになるだろう。このような職業的特徴を100％人格化した人間像を描いてみれば，そこに浮かんでくるのはまことに不親切で，無愛想で，融通の利かない，冷たい人間の顔だろう。これでいいのだと公務員自身が開き直ってしまえばそれまでで，公務員冬の時代はいつまでも続くと考えるほかない。市場化テストをはじめとして，公務員という職務の固有性を否定する考え方や制度が急激に勢いを増している。地方公務員はいま「公務員でなければできない仕事は何なのか」を，国民や住民に向かって明確にアピールできなければその存在自体を維持することができない窮地に置かれていると言うべきだろう。

　行政改革は，行政の合理化や効率化だけを意味するものではないし，公務員から身分的・経済的な諸特権を剥奪することでもない。公務員自身が古い官僚主義的な公務員像を打ち破り，住民の支持を得つつ，公共部門のミッションを堅持するための，自己改革でなければならない。「新しい地方公務員像」の構築が求められる所以である。

■考えてみよう！
(1) 都市の税金を農村に回す財政のしくみが今大きく揺らいでいる。現在でもやはり都市は財政的に農村を支援するべきであるかどうか，議論してみよう。
(2) 市町村合併によって周縁に置かれた小規模な旧町村が，なお「自律」を維持していくためには何をしたらいいだろうか。
(3) 地方公務員が住民の信頼を取り戻すために，どんな「新しい地方公務員像」を構築すべきだろうか。とくに地方公務員志望の人は考えてみよう。

■参考文献
① 宮本憲一・遠藤宏一編著『セミナー現代地方財政Ⅰ』勁草書房，2006年
② 町田俊彦編著『「平成大合併」の財政学』公人社，2006年
③ 関野満夫『日本農村の財政学』高菅出版，2007年

第11章　文化による地域づくり

1　お荷物と化した文化施設

　福島県の三島町，人口2300人ほどの小規模な町であるが，そこに「交流センター山びこ」という小粒ながら上品な文化施設がある。1995年に電源交付金および農水省の補助金により建設されたもので，現在，町では借入金を返済している施設である。ちなみに，設計者は地域空間研究所である。三島町の中心部は宮下という地区であるが，この施設はそこから西方地区に向かって車で10分ほど山あいに入ったところに立地している。建物の前面には広々とした芝生，駐車場が確保されており，建物のデザインと相まって，訪れたものをもてなすような，いかにも文化施設らしい小奇麗でいい雰囲気をかもし出している。

　筆者はこの施設に並々ならぬ愛着を感じている。それは，ここ12年（三島町以前からの通算では24回）にわたり，毎夏，この施設を舞台に「パフォーマンス・フェスティバル」を実施してきているからである。ここでのパフォーマンスは，いわゆる演劇や舞踊公演のようにコントロールされた劇場空間で行われるものではなく，思い思いに時間，場所，背景を選択しながら行われることから，柔軟な施設利用が必要条件となる。全館を借り切って自由に表現をすることを可能にしてくれてきたこの施設に，主催者として感謝の念もある。さらに加えて，時間，場所，環境条件が重なって，もう2度とこのような作品を生み出すことが難しいと思われるいくつかの名作に立ち会ってきたという特別の感慨も重なっている。

　実は，この文化施設が，三島町の財政能力からは大きな負担となり，お荷物と化してしまった。いったん，民間企業に**指定管理者**として管理運営を任せたものの，文化施設としてのミッションの実現と管理者側の採算性等の事情がう

まく折り合わず，指定管理者の都合で撤退してしまったのである。施設の管理運営はもう一度町に戻ったが，問題は解決したわけではなく，ただ先延ばしされた状況になっている。事前の検討が必ずしも十分でなかったという問題もあるが，改めて文化施設の管理運営の難しさを教える結果となっている。

こうした文化施設の管理運営を巡る問題は，なにも一地方の三島町の問題には限らず，全国的なレベルでの共通する問題として顕在化してきているのである。財政難に直面する地方自治体にとって，文化施設や文化イベントが重荷になってきている。そして，一様に管理運営を指定管理者やNPOに任せようという流れになってきている。かつて，文化施設の存在が当該地域の自慢のシンボル的存在として誇らしげに機能した時期もあったが，直面する財政支出のなかで，真っ先に支出削減の対象になっている。そもそも文化は必要なものではなく，単なる飾りであったのだろうか，という疑問さえ湧いてくる。

本章では地域づくりにおける文化の意味について再考し，地域住民にとってかけがえのない文化のあり方や文化施設の運営について考察を深めてみることにする。

2　文化施設や文化イベントが危ない

1　広がりをみせる美術館の指定管理者制度導入

さて，それではどのような広がりで文化施設や文化イベントが危機的状況にあるか，そしてどのような議論がなされているかをみておこう。

『福島民報』（2005年7月10日）は「自治体で導入進む指定管理者制度―美術館に適用なじむ？」という見出しで，**公立美術館**の指定管理者制度の導入問題についての記事を掲載している。記事においては，横浜市長が従来の市の方針を翻し，横浜美術館の指定管理者を公募する方針を表明したことから紹介されている。横浜市の従来の方針からすれば，「市の**文化政策**上，戦略的に一体で運用する施設」と位置づけられ，「大量の所蔵品の管理，横浜ゆかりの芸術家の研究・発掘など，民間が継続的にやるのは難しい部分もある」との判断がなされていたという。しかしこの方針転換は，公民館などと同列の社会教育施設の一つとして括られ，美術館がどうあるべきかという原則的議論が十分なさ

れないまま，改革論議の中で埋没してしまったと述べられている。広島市現代美術館の学芸課長は，単純に「指定管理者→公募→民間による経費節減と観客増」という図式に収斂してしまうことに危惧の念を示していることが紹介されている。

また，事業費の削減が続く東京都現代美術館も，企画展のやりくりが大変になってきているのに加え，2009年度からは指定管理者の公募に踏み切る方針になっている。こうした流れに対し，水戸芸術館現代美術センターの芸術監督は，欧米の美術館の評価は単なる観客動員ではなく，調査研究と収集・保存，企画展示，教育普及の4本柱がきちんとしているかどうかが重要である，と現在の日本の美術館に対する評価軸のズレを指摘している。そして，記事の最後では，結局は市民サイドからの声，すなわち「市民としてのあなたの考えが問われる」と結んでいる。

2 行政から NPO の手にわたる映画祭運営

それでは次に，各地の**映画祭**の状況についてもみておこう。『朝日新聞』（2006年11月18日）では「地方映画祭 曲がり角—自治体の財政難が直撃」という見出しで，全国的に注目されてきた地域おこしに一役買っていた映画祭が開催の危機に立ち至っていることが紹介されている。映画祭は，一般に規模が拡大しインパクトが大きくなるにつれ自治体や地域企業の支援に依存する催しとなることから，近年の自治体の財政難による支援の縮小は大きな打撃を与える構図になっている。

記事では，まず「ゆうばり国際ファンタスティック映画祭」が夕張市の財政破綻によって映画祭開催が中止に追い込まれたことを紹介している。この映画祭は冬の北海道の観光を意識したリゾート型映画祭として1990年から始まったもので，15年以上の継続開催によって知名度を高め，国際映画祭として定着してきた。自治体主導による開催は困難となったが，2008年度からの開催を目指して，NPO法人による再開が検討されている。続いて97年から隔年開催で始まった「京都映画祭」の例が紹介されている。こちらも市からの補助が開催のたびに削減され，予算規模が当初の3分の1以下になっている。06年は期間や会場数を縮小し，京都の映画文化に的を絞った企画に徹しどうにか目

的を果たしたという。次回からはNPO法人による運営が検討されている。

「山形国際ドキュメンタリー映画祭」も07年までは山形市から資金支援があるものの、その先は見通しが立っておらず、こちらも映画祭運営のNPO組織を立ち上げた。NPO運営の方が企画の自由度が増すメリットもあり、今後は自力の資金調達に知恵を絞りながら、苦しい中での継続を模索している。96年から始まった「神戸100年映画祭」は、01年に市からの助成が大幅削減されたのを契機に、02年からNPOの運営に切り替わった。入場料収入と会費収入でまかなう、身の丈にあった運営にしたという。

このように、多くの注目された地域の映画祭は、自治体の財政支援が難しくなる中で、規模を縮小したり企画内容を絞り込むなどして、NPOなどの市民グループの運営や民間企業に支援を仰ぎながら新たな方向を模索しつつある。

3 毒にも薬にもなり得る指定管理者

こうした地方自治体の文化政策の目玉として開館した文化施設や映画祭が、主として財政上の問題から継続や開催が危ぶまれ、運営の見直しが行われている。特に、公の施設の運営に関しては、その切り札として、上述の公立美術館の運営を巡る議論で紹介したように「指定管理者制度」が注目され、期待されてきている。本章では、与えられた題意の趣旨から、指定管理者制度の問題を正面から取り上げて議論するつもりはない。ただ、一点だけ注意しておきたいことは、この制度の適切な運用や管理者の選定を誤ると、文化施設に活力をもたらす薬になるはずのものが、逆にその活力を削いでしまう毒にもなりかねない危険が存在することである。

もちろん、指定管理者制度の導入によって上手くいっている事例も出てきている。たとえば、鈴木滉二郎（参考文献①）は「指定管理者制度は、官による運営を一挙に解消し、地域に文化の拠点を生み出す契機になり得る一方、逆に本格的な創造拠点をも潰しさえかねない両刃の剣」と述べた上で、プロフェッショナルな事業展開ができる民間企業や当事者意識の高い市民グループやその分野で活躍する専門家集団に運営・管理を委託することで活力を生み出している事例を紹介している。たとえば、それらの事例は以下のようである。

[事例1]　葛飾区：「寅さん記念館」　指定管理者：乃村工芸社＋JTB
　民間企業の強みである展示のプロと集客のプロが連携し，関心を呼び起こして人気を集め，入場者数を増加させている。葛飾区の指定管理者の公募条件には委託費の上限が950万円となっていたが，両者の連携チームは，葛飾区へ逆に50万円を支払うという提案を行っている。

[事例2]　高知県赤岡町：「絵金蔵」　指定管理者：絵金蔵運営委員会
　絵金蔵運営委員会は商店主やまちづくり町民によって結成されている市民グループである。建物は昭和初期の米蔵で，地元絵師金蔵の絵が旦那衆によって130年に渡って維持されてきた経緯がある。絵の展示に加えて，活発なライブ，映画会などを開催し，入場者数を増加させ，まちづくりの拠点になっている。

[事例3]　静岡県：「舞台芸術公演・静岡芸術劇場」　指定管理者：静岡県舞台芸術センター（監督：鈴木忠志）
　複合施設である舞台芸術公演部門と芸術劇場と舞台芸術センターの3本の柱からなる舞台芸術に関わる総合的な施設。事業体の運営・管理，具体的な内容は，①舞台芸術公演：野外劇場，屋内ホール，稽古場棟，研修文化宿泊棟，②静岡芸術劇場：400人規模の理想的な小劇場，③静岡県舞台芸術センター：専属劇団をもちシアター・オリンピック開催，以上の3本柱による相乗効果を高めながら総合的な舞台芸術の拠点として世界へ向けた情報発信を行っている。

　民間事業者やNPO・市民グループが指定管理者になることのメリットとして，一般的に，行政等による管理優先的運営から市民・民間の立場にたった運営へ変化していくことが期待されている。上記の例は，適切な指定管理者が選定され，現状ではうまくいっているケースであるが，しかし，9割以上の公共文化施設はハコ貸し中心で，財政上の理由から指定管理者制度を導入するところが多い。その場合，予算規模を縮小することが目的となり，結果，事業面内容は単なる現状維持に帰結しまうことが多い。

3　文化とは何か

1　文化の定義

さて，この辺で改めて文化について考えてみよう。私たちの周りで使われる「文化」は，**芸術文化**の「文化」として使われることもあるし，**伝統文化**の「文化」として使われることもある。そしてまた，より一般的に，**生活文化**の「文化」として使われたり，あるいは地域や組織の「文化」として使われたりすることもある。このように，私たちの周りで「文化」は実に多様な内容に対応して使われている。このことに関連して，筆者は以前に次のように表現したことがある。

　　……つくづく「文化」とは不思議な言葉だと思うことがある。「文化」については多くの人が概略において理解し合えている言葉でありながら，細部の輪郭をはっきりさせようとすると，途端に向かおうとする方向やニュアンスの差異が目立ってくる。文化人類学者が「文化」の定義を収集したところ数百に及んだといわれるように，文化の細部を特定しようとするのは至難の業のようである。逆にいえば，「文化」とはそれほどにひとびとのさまざまな想いを含んだ深みのある言葉ともいえるだろう（参考文献②）。

このように，学術的な意味における「文化」の細部を特定しようとすると大変厄介な話になるが，本章の趣旨の範囲で特定するなら，池上惇ほか『文化政策入門』（参考文献③）の中で端信行氏が述べている定義で十分ではないかと思われる。それは以下のような定義である。

　「文化という言葉の使われ方の類型をたどってみると，そこに実は大きな共通点があります。どのような内容の使われ方であれ，文化という言葉には何らかの価値や評価の考え方が入っていることです。（中略）つまり，私たちが文化という言葉を使うときには，そこに一定の考え方や趣味，あるいは好みまで含めた，いわば価値観を表現しようとしていることに他ならないのです。（中

略)したがって,文化を一般的に定義するとすれば,価値観の集まり(体系)であるということができます。その意味においてもう一度,現実の暮らしや社会を見ると,あらゆるものが何らかの価値的背景をもって存在しているので,私たちを取り巻くあらゆる存在が文化だということができます。」

このように一般的に定義しておけば,一見,将来の姿と過去の姿という意味において対立するように見える芸術文化と伝統文化の関係についても,統一的に説明することができる。芸術文化は絶えず新しい価値観を切り拓いていくという宿命を有し,伝統文化はかけがえのない先人の価値観を保存しながら伝承していくという任務を帯びるが,両者のベクトルはやや異なっていても,創造の価値観と保存・伝承の価値観は共通するものと考えられる。新しい芸術文化を創造する価値観と,後世に伝統文化を選択的に継承していく価値観の大元は共通しているはずである。

たとえば,まちづくりの中で,歴史的な建造物が時代に合わず使い勝手が悪いという理由でとり壊されるケースを見かけるが,そうした保存に対する淡白な価値観は,実は新しいものを創造する価値観が希薄であることの裏返しである場合が多い。そしてまた,このような一般的な定義は,明らかに生活文化の「文化」としても,あるいは地域や組織の「文化」としても違和感なく十分に適合的であると考えられる。したがって,上記の「文化」の一般的な定義は,対象の違いを問わず共通の理解の枠組みを与えてくれ,文化による地域づくりを考察するには適当なレベルにあると考えられる。

2 文化政策の歴史

以上の文化の概念は概ね時間軸に対しても普遍のものと考えてよいであろう。しかし,当然のことながら,文化への取り組みは時代の流れを反映するものである。とくに,行政の文化政策は,さまざまな文化的対象に対して時代背景によって光の当て方を異にしてきたし,市民側の取り組みも時代に反応してきた。たとえば,明治期以降の私たちの歴史を繙いても,明治維新の**西欧近代化**という国策を背景にした官主導の文化政策,1960年代からの既存の権威に対抗する市民側からの芸術文化運動,1980代以降の**文化振興政策**の導入など,いくつかのエポックを想い起こさせてくれる。以下,それらについて簡単に記述を

加えておくことにしよう。

　明治維新においては西欧列強に追いつくために近代化政策による文明開化を推し進めたが，それに付随して西欧文化の吸収にも国を挙げて取り組んだ。西欧の文明や文化の普及は大いに進展をみせたが，その一方で伝統文化の継承に大きな障害をもたらすことになった。

　1960年代はさまざまな対抗勢力が立ち上がった政治的季節であり，芸術文化もそれに連動しながらもっとも活発な活動を展開した時期であった。輸入文化の権威に対する疑念，わが国の伝統文化の見直し，日本人としてのアイデンティティを求める動きなどが相まって大きなうねりを形成した。とくに芸術文化の面においては，単なる伝統文化としてではなく**コンテンポラリー・アート**として国際的に評価される作品が生み出され，わが国の芸術文化の歴史に新たなページを開くことになった。

　80年代に入ると，他の先進諸国に比較して貧しいとされてきた文化振興政策に目が向けられるようになった。当初は芸術文化の振興に焦点が当てられていたが，既に本章の「文化」の定義で述べたような，多様な価値観に配慮した総合的な文化の概念が文化政策においても採用されるようになっていく。

　参考までに，国や県の文化政策における「文化」の概念も点検しておくことにしよう。国の文化振興政策については，「文化審議会答申」に見ることができる。本答申は2002年10月に「**文化芸術の振興に関する基本的な方針**」（参考文献⑤）として答申され，同年12月に閣議決定をみている。本答申では，なぜ文化振興策が必要とされるかについて，国では文化が狭い意味の芸術文化という一部の愛好者だけのものではなく「すべての国民が真にゆとりと潤いの実感できる心豊かな生活を実現していく上で不可欠なもの」と謳っている。そして，「文化」の概念については以下のように整理している。

　「文化は，最も広くとらえると，人間が自然とのかかわりや風土の中で生まれ，育ち，身に付けていく立ち居振る舞いや，衣食住をはじめとする暮らし，生活様式，価値観など，およそ人間と人間の生活にかかわることのすべてのことを意味するが，文化を〈人間が理想を実現していくための精神活動及びその成果〉という面からとらえると，その意義については，次のように整理することができる。①人間が人間らしく生きるための糧，②ともに生きる社会の基盤

の形成，③質の高い経済活動の実現，④人類の真の発展への貢献，⑤世界平和の礎」文化にあらゆる価値観が含まれてくることについては既に述べてきたことであるが，上記の③，④，⑤はなにも文化振興政策でわざわざ盛り込まなくてもよさそうな内容と思われなくもない。国はそれほど「文化」の概念を拡大して捉えてきている。

他方，県の文化振興政策については，「**福島県文化振興基本計画**」（参考文献⑥）に見ることができる。同計画から「文化」に関する考え方を引用しながら整理してみることにする。

「文化とは一人ひとりのくらしに根ざし，日々の営みの中で，人と他と関わり合うところから創り出されるものであり，くらし全般に結びついた，より広範で多様な概念としてとらえることができる。」さらに同計画では，「文化は，くらしの質の向上に資するもの」であり「経済価値だけではない真の豊かさを実現し，魅力ある地域づくりに欠かすことができないもの」と位置づけている。

「福島県文化振興基本計画」における文化概念は，「文化」が人間の営みの基盤に広く深く関わっていること，そしてくらしや生活の豊かさに欠かせないもの，という比較的落ち着いた考え方になっている。国の「文化審議会答申」よりは受け入れやすいものになっているといえよう。

4 たかが文化，されど文化

1 文化の間接的効用

文豪夏目漱石は講演の中で面白いことをいっている。それは，おおよそ「近代社会の中では人々は専門・分化して狭い範囲での生活を営むようになるが，どこかに内部から不足感が萌して全人間的な心持が味わえない不満が残る。それに対し，小説は赤裸々な人間の結びつきを考えさせてくれるので是非小説をお読みなさい」というような趣旨のことである。これは小説家のみならず，おそらく芸術家の一般的な心境ではないかと推量する。

小説家も芸術家も，実社会に直接的なインパクトを与えることが少ない代わりに，人間の心を動かしていく間接的な力を有している。小説や芸術はもちろん「文化」の一部に過ぎないが，やはり「文化」を考えるにあたっては，実社

会における直接的な効用を追求するばかりではなく，間接的な効用を通じて結果として実社会に影響を及ぼしていくという特質を押さえておくことが肝要ではないかと思う。このことを「**文化の間接的効用**」といっておくことにしよう。たとえば，地域づくりの計画や評価の面において，この間接的効用の配慮を怠ると，豊かさと深さを欠いた薄っぺらなものに終結してしまう危険がある。

この点に関し，先述の『文化政策入門』の冒頭では，「本当に，経済政策が中心となって，社会を変え，発展させているのであろうか。本書は，文化政策こそが，人間の創造活動を支える環境をつくりだして，社会の持続的発展を実現すると主張し……」と述べられており，創造活動のための環境づくりが，経済政策の効用よりも結果として大きくなる可能性を示唆している。

2　文化のさまざまな価値

それでは，そうした間接的効用を生み出すことに結びつくようないくつかの価値観について，以下で考察を加えてみることにしよう。「文化」の定義では共通項で大きく括ったが，ここで考察する価値観に関しては，いくつかのタイプに分けてみた方が分かり易いであろう。

①**新しい価値観の創出や新しいものの見方の提起**　主として芸術文化の創造にかかわるもので，自由な創造による停滞したり硬直化したりする社会への刺激であったり，批評的な見方による管理社会や経済社会の勇み足に対する警鐘であったりする。芸術家は作品の中で新たな価値観を求めて鋭意な反応を示す。

②**全人間性としての価値観の提供**　前述の夏目漱石の講演で紹介したように，近代社会が間口の狭い専門家をつくり出していく傾向をもつことに対して，とりわけ小説や演劇などの芸術文化は人間の多様な生き方に伴う価値観の多様さを教え，人々に幅広い共通の価値観の土俵を提供する。

③**歴史的に選択されてきた価値への誇り**　通時的なフィルターを経て歴史的に評価されるもので，多くの人々に認められた価値である。これには保存や伝承などの対象となる有形，無形の文化財が相当する。その分野で引き続き創造する者にとってのモデルとなるばかりでなく，鑑賞者にとっても敬意の

念を掻き立て，誇れる存在となる。創造の価値が分かる人ほど保存・伝承への関心が高い。

④**ほんもの＝固有の価値の発見**　心の豊かさ（生きる意味）を求める時代においては，人々はかけがえのないもの，ほんもの，オリジナルなものとの出会いを求める（参考文献③参照）。これは芸術文化に加えて，伝統文化そして生活文化までの広がりに対応するが，市民生活を豊かにし，生き生きとした地域づくりには必須の要素である。

⑤**地域や組織における異文化との出会いと自己確認**　自分たちの属する地域共同体や組織における特徴的な価値観は，その内部においては認識しにくく，他地域や他組織におけるそれとの比較を通して相対的に自分たちの価値観の特徴を理解することができる。地域間の交流や組織間の交流による，異文化との出会いは，緊張関係をつくりだし，相互に「文化」レベルの活性化を誘発する。

　①②③④および⑤の間接的効用に結びつく項目は，価値観においてそれぞれ互いに重なり合うところがあり，決して互いに排他的な内容ではない。しかし，これらの項目は，さしあたって価値観の多様さを整理するには有効であろう。

　これらのうち，とくに①②および③については，新しい価値観の提起であったり，人間のトータルな生き方に関わる価値観の再認識を促すものであったり，歴史的フィルターを通しての誇れる価値観の発掘や保存であったり，いわゆる文化の深層的な部分に深く関係している。これらの活動は必ずしも社会・経済的な面での直接的な効用に結びつくことはないかもしれない。しかしながら，こうした価値観を通しての深く刻まれた感動やその精神性に対する印象は，それが強ければ強いほど文化の間接的効用を生み出す潜在的な要素となって人々の心に長く残る可能性がある。

　④および⑤は，地域づくりや地域づくりの核となるような固有性であったりその固有性に基づく地域特性への意識であったり，どちらかといえば文化の表層的な部分を形成して活力の創出に結びつくことが期待されている。すなわち，これらの活動は社会・経済的な面と隣接しながら，直接的な効用を生み出す働きを活性化する側面がある。

全体の構図としては，①②③の価値観が文化の深層部分を構成し，④⑤の価値観が文化の表層部分を構成することになり，前者の深層部分が後者の表層部分を支えるという関係になる。この文化の深層部分を構成する①②③の価値観の醸成は，文化的生活の基本に関わるものである。これについては，文化の基盤を形成するという性質を有することから，そしてまたそれ自身の活動では採算ベースにのりにくいことから，公共施設としての整備であったり，活動助成であったり，活動内容そのものに踏み込むものではないが，一定の公としての環境整備や支援が求められてきた分野である。文化の表層部分を構成する④⑤の価値観の創出は，文化の日常的な発信や享受，すなわち文化の交流に関わるものである。地域文化の固有性であったり，異文化との出会いによる改めての自己発見であったり，地域内の文化的蓄積や文化的なアイデンティティに深く関係する分野である。

3　地域の活力を生み出す文化

　いずれにしても，これらの「文化」の価値観を構成する項目は，直接的に経済効果に結びつく可能性は大きくないが，人々の生活の場における精神活動に働きかけることを通して，結果として大きな経済効果を生み出す潜在的な可能性を秘めている。本章では，この生活の場における精神活動への働きかけを間接的効用と呼んできた。

　たとえば，「文化」の間接的効用が極めて大きな経済効果を生み出したことによる都市づくりの成功例として，イタリアのボローニア，わが国では金沢市が紹介されている（参考文献④）。生活の質の高さでは群を抜くボローニアでは，住民参加によって景観保全や歴史的建造物の公共文化施設への転用を促進したり，文化協同組合が芸術活動はもとより住宅問題への関与や社会サービスの提供を行うなど，文化的な基盤の上に文化による生活の実質化が図られ，生活の質の高さが実現されている。そしてまた，中小企業からなる伝統産業と新興ハイテク産業の連携が図られている。

　金沢市では，市街地の旧紡績工場倉庫を金沢市民芸術村という文化施設に転用し，民間自主運営によって24時間活用できるようにして芸術活動を活性化している。そしてボローニアのように，文化的創造による地域づくりや伝統工

芸品を中心とした伝統産業が都市全体の活力を生み出している。もちろん，福島県内においても文化による地域づくりの事例が散見されなくはないが，深さと規模の大きさにおいて金沢市に及ぶものではなく，ここでは紙面の制約上それらの紹介は割愛させていただくことにする。

　ここまで述べてきたように，経済という面から見れば，とくに文化の公共的基盤の整備という観点からは，単純に，文化は金食い虫であるということがいえなくはない。しかしながら，直接的な効用に結びつくとは限らない自由な精神性にもとづく文化活動の蓄積が，さらに人々の精神性に働きかけて間接的な効用を高め，結果として，狭い意味での眼前の経済政策の効果よりもはるかに豊かな社会に変えていく可能性を有している。たかが文化でありながら，されど文化なのである。

5　文化の公共性と地域づくり

1　文化行政と市民参加

　さて，もう一度第2節で提起した「文化施設やイベントが危ない」の問題に立ち返ってみよう。

　1970，80年代におけるわが国の文化政策は，いわゆる**箱モノ行政**といわれるものであった。経済成長を背景に，国や県において，美術館や博物館などの大型の文化施設が建設されただけではなく，町村のレベルにおいてもさまざまな文化施設の建設が相次いだ。これらの文化施設の多くは，文化行政の力を誇示するシンボリックな役割を担って立派な建物になっているが，相対的にはノウハウの蓄積が乏しい中，また，運営内容の十分な検討がなされないままに船出している。その時期の経済状態とハードの建設に関心が注がれ，その施設が地域の中で機能をはたすための仕組みづくりや文化施設の運営に関するソフト面には，必ずしも注意が向けられてこなかった。

　とくに，この時期においては，市民のニーズを文化施設の管理運営に反映させたり，文化施設の運営に市民が参加するという発想は乏しかった。文化施設とそれを利用する市民との好循環関係が構築されないまま，行政からの一方的なサービスの提供とサービスを享受する市民という構図になっていた。

こうした構図が続く中，財政状態が悪化し，管理運営の費用負担が重荷になってくると，手のひらを返したように途端に文化施設の不要論が持ち上がってくる。ここでは，ハード重視の発想と同じように相変わらず市民不在の論理が展開されているのである。

前節では文化の多様な価値観に関わる間接的効用について述べたが，多様な価値観にもとづく「文化」の評価という面に適用すると，決して単純ではないことが分かってくる。同様に，文化施設や文化活動の評価にも慎重さが必要である。一般的に，文化活動の評価項目に入場者数やチケットの売り上げなどが挙げられる場合があるが，これはとりあえず定量化できる1つの参考指標であって，文化活動の目的や内容に即した価値観を重視して定性的な考察もなされるべきである。文化には方向とか強さというような磁場的な見方も必要である。

たとえば，前節で述べた①のような価値観については，きわめて慎重でなければならない。新しい価値観の創出や新しいものの見方の提起ということになると，将来に向けて先駆ける内容を含んでおり，明らかに単なる数の評価では済まない内容を含んでいる。鑑賞者をある種不安にさせながらも，強烈な印象を刻み込んだり，人間の生き方に警鐘をならすなど，必ずしも一般大衆に受け入れられるものではない可能性がある。また，中には長い時間軸の上で評価するのが相応しいものもある。

これについては，次のような市民参加型における悩ましい問題の事例がある。バーゼル美術館の絵画購入には住民投票方式が採用されている。美術に造詣の深い専門家や学芸員の立場からは，美術館の特徴づけ，収蔵品全体のバランス，美術史上の価値や位置づけなどを総合的に判断して絵画購入の決断が下されることになるが，**市民参加型**の購入による場合には，そうした体系性が保障されずにアドホックな人気投票になってしまう危険性もある。こうした市民参加型の制度が本当の意味で真価を発揮するためには，実は地域住民や市民の文化的熟度が問われることになるのである。

2 文化の新しい公共性

それでは，改めて文化の公共的性格について考察してみよう。前節では，価値観の多様さについて整理し，大きくは文化の基盤を形成する部分と，文化の

交流や実生活への応用に関わる部分とに整理してみた。文化の基盤を形成する部分には，価値観でいう，①の芸術文化の創造性，②の芸術文化による人生認識の深化，③の文化財等の発掘や保存が対応するが，いずれにしても経済的自立が困難な分野で，しかしその一方で公のミッションとして強く期待されるという性質を有している。たとえば，①に関わっては，若手芸術家の芸術文化創造への助成や発表や鑑賞の場を用意することなどであり，②に関わっては，文芸についての啓発活動の支援や図書館の充実などであり，③に関わっては，埋もれた価値ある文化財の発掘や歴史的文化財の保存などが考えられる。

　こうした文化の基盤の形成には，従来，もっぱら行政のみが関わり，市民側は一方的な享受者となっていた。しかし，近年は社会的分権あるいは市民分権という流れが作られつつあり，文化の面においても新たな公共を担う住民・市民やNPOの役割への期待が高まってきている。文化施設の管理運営に関しては，自治体の単なる財政事情の理由だけから，短絡的に指定管理者制度に結びついていくことには注意が必要である。当該問題に熱意をもって取り組める，専門性の高い住民・市民やNPOに管理運営を任せることによって，公のミッションがいかに確実に達成されるかが問われるべきであろう。専門的な見識のあるディレクターが，市民参加型の運営に心がけ，行政との協働によって，見事に地域の文化拠点として機能を果たしている例も散見されるようになってきている。

コラム⑪

指定管理者制度

　それまで地方公共団体や外郭団体に限定していた公の施設の管理・運営を，株式会社をはじめとした民間法人・NPO法人に包括的に委託できるという制度。なお「公の施設」には，いわゆるハコモノの施設だけでなく，道路，水道や公園等も含まれるとされている。地方自治法の一部改正で2003年6月13日公布，同年9月2日に施行された。小泉内閣発足後の我が国において急速に進行した，「公営組織の法人化・民営化」の一環とみなすことができる。

（出典：フリー百科事典『ウィキペディア（Wikipedia）』）

3 地域づくりを支える文化

　それでは，文化の交流や実生活への応用に関わる表層的な部分，すなわち文化の価値観でいうところの④⑤についても考察を加えておこう。④については，かけがえのないオリジナルな固有性としての価値のことで，たとえば芸術作品はもとより，民芸品や地域の生活文化など，ここには幅広い対象が含まれる。⑤については，④をとくに地域という枠組みで捉えた特徴を他地域との比較の視点から識別し，地域の**文化的アイデンティティ**として意識化されていくものである。これら④⑤の価値観は，直接的な効用と背中合わせになる位置にあって，いわゆる地域づくりのシーズになる可能性が大きい。地域の生活の中から生み出された手芸品であったり，伝統的な工芸品であったり，食の文化であったり，地域づくりを支える価値観となるものである。

　文化による地域づくりは，即席や即効は避けるべきである。時間をかけながら熟度を上げて行き，点としての個別の事例を積み上げ，線としての相乗効果を強め，やがて地域全体の面的な広がりと厚みを実現していくことが求められる。ときには文化の基盤づくりも必要になり，文化の適切な方向付けの下での応用展開も必要になる。そしてまた，住民・市民の文化に対する熱意や想いも重要なファクターである。

6　問われる文化的熟度

　文化振興政策など必要ない，という意見もある。そして，文化は上から振興したりコントロールしたりするものではなく，自発的かつボトムアップ型の展開が望ましい，という考え方もある。まして，地方自治体は財政が逼迫してきており，実生活の火急の問題に予算を振り向けないといけない，という現実的な考えも分からないではない。事実，小さな町村においては，財政難・少子高齢化の流れを受けて，文化振興政策は危機に直面している。その結果，文化振興不要論さえ台頭してきているのである。

　しかしながら，将来の地域社会のあり方を真剣に考えたときに，筆者には，文化こそが地域にまとまりをもたらし活力を生み出していく不可欠のキーファクターではないだろうかと思えてならない。本章では，文化について価値観の

観点から，深層的な部分と表層的な部分との2つに大きく分けてみたが，とりわけ地域との関係では表層部を形成する文化の価値観に光が当てられることになろう。しかしながら，その表層部の活力を，深層部を形成する文化の価値観が支えるという構図を描いておくことも重要であろう。

そのように考えたときに，直接的に表層部の活力の創出に関心が向かうことは当然としても，文化的な基盤を構成する深層部については一種の公共的性格があることに留意しながら，文化環境の整備を進めていくことも忘れてはならない。地域づくりのための文化振興策という立場でいうならば，一見無駄かと思われるような文化的な基盤づくりへの取り組みも，間接的な効用を生み出すための潜在的な要素として重要な役割を果たす場合がある。

本章の冒頭で既に述べてきたように，立派な文化施設が一転してお荷物と化してしまう現象は，その地域において文化的な基盤としてのゆるぎない存在として定着し得なかった証でもある。そして，このことは単純に行政の文化政策上の問題として，他人事として片付けて済ませることはできないのである。バーゼル美術館の市民参加による絵画の購入問題のように，地域の文化を支え，発展させていく**住民・市民の文化的な熟度**も同時に問われていることを肝に銘じておかなければならないだろう。文化はどこからか降って湧いてくるわけではなく，住民・市民が主体的に生み出していくものである，という認識と行動が求められている。

ところで，文化の地域格差という問題が考えられなくもない。大都会のような人口密集地であればこそ成立する文化的な催しものもある。しかしながら，大都市に比べて，生活文化などを中心とする地方には地方の生活文化が色濃く残っていることも確かである。文化の地域格差ととらえるよりも，**文化の地域的差異**ととらえて，首都圏と地方，あるいは都市部と農山村部との交流を深めることが，今後の生産的な展開に結びついていくのではなかろうか。

最後に，地域における文化の発展と成熟こそが豊かな地域づくりのためには不可欠のファクターであることを改めて強調し，本章を閉じることにする。

■考えてみよう！

(1) 文化による地域づくりで成功し，注目されている事例を取り上げ，それがなぜ成功しているかについて考察しよう。
(2) 自分の生まれ育った地域において，あるいはいま住んでいる地域において，固有の文化としてどのような資源があるかついて考えてみよう。
(3) (1)で取り上げた地域の文化資源に関して，地域づくりのためにどのように活かしていくことができるかについて，考えてみよう。

■参考文献
① 鈴木滉二郎「公共文化施設を新しい公共を創る舞台に」『NPOジャーナル』Vol.11, 2005年10月
② 星野共「地域における文化活動」福島大学東北経済研究所編『新しい時代の地域づくり』第8章所収，八朔社，1987年
③ 池上惇ほか『文化政策入門』丸善ライブラリー，2001年
④ 佐々木雅幸『創造都市の経済学』勁草書房，1997年
⑤ 文化庁「文化芸術の振興に関する基本的な方針」2002年12月閣議決定
⑥ 福島県「福島県文化振興基本計画」2005年3月

第12章　地域住民組織とNPO

はじめに

　本章では，基礎的自治体（市町村）を最大の範域とするローカル・レベルの地域社会において，地域団体間の**連携**および自治体との**協働**によるまちづくりが重要になっていることを論じたい。社会組織には，コミュニティとアソシエーションの2つの類型があるが，地域社会の文脈では，前者の代表が**町内会・自治会**などの**地域住民組織**であり，後者の代表が**NPO**ないし**ボランティア・市民活動団体**である。本章は，地域住民組織とNPOをローカル・レベルにおけるまちづくりの主体として位置づけ，両者の連携と自治体との協働が必要となる社会的背景を明らかにするとともに，福島県での実態と事例を参照しながら，**連携と協働**のまちづくりの論理と留意点について考察することを目的とする。

1　地域社会とまちづくり

1　地域社会の現段階

　いま地域社会はいかなる状況にあるのか。1980年代以降，**国際化・情報化**が大きく進展し，産業構造の転換と地域構造の再編がもたらされ，地域社会は新たな課題に直面している。第1に，地域産業・地場産業の空洞化，農林漁業の解体により，経済基盤は弱体化し，地域社会はその存立をかけて経済振興に取り組まねばならなくなった。第2に，東京圏では**一極集中**の受け皿づくりとしての**都市改造**により都心部の地域社会が解体され，地方都市，農山漁村では人口流出と高齢化が進行している。住民生活を守るためにも，地域社会の組織化・再組織化が必要となっている。第3に，**小さな政府**をめざす新自由主義的政策のもとで**地方分権**が進められ，逼迫する財政状況とは裏腹に，地域社会は

「自立」を強いられている。第4に，物的基盤の整備は量から質へと比重が移り，住民選好が居住環境の評価尺度になるとともに，管理・運営への日常的な住民参加が不可欠となった。第5に，運動と参加，コミュニティづくり，ボランティアと市民活動など主体的な経験の蓄積に加え，高学歴化や権利意識の浸透もあって，住民の主体的力量は高まっている。

こうしていまや地域社会では「上からも」「下からも」住民を主体とするまちづくりが求められるようになっている。

2　まちづくりとはなにか

では，まちづくりとはなにか。まちづくりとは，**地域生活基盤**の維持と向上をめざす住民の営為である。住民生活にとって不可欠な地域生活基盤は4つある。

第1に，「経済的基盤」は住民生活の再生産の拠り所であり，地域社会の存立の基礎的条件でもある。ここでのまちづくりの課題は，地域の産業を振興し，地域経済の内発的・自立的な発展を促すことである。第2に，「物的基盤」はインフラや公共施設，私的施設と自然環境から成る。これらを整備あるいは管理し，居住環境の質を高めることがここでの課題である。第3に，「文化的・社会的基盤」は地域の歴史や伝承，慣習や生活様式，住民の関係や集団などである。ここでの課題は，住民同士の交流や学習をとおして，ひとづくり，組織づくりを進めることである。第4に，「制度的基盤」は住民が必然として関わりをもつ行政制度や公共サービスである。ここでの課題は，住民参加によって行政運営とサービスの向上を図るとともに，必要に応じて住民みずからがサービスの提供主体ともなることである。

まちづくりには3つの段階がある。第1はプランづくりである。地域社会の現状をふまえて将来像を描き，その実現に向けた構想や計画をつくることである。第2は参加と実践であり，プランにもとづく事業を行うとともに，地域生活基盤を日常的に管理することである。第3は，これまでの各段階をチェックし，評価することである。いわゆる**プラン・ドゥ・シー**（plan-do-see）であるが，まちづくりはこれら3つの段階を重層的・回帰的・循環的にたどることになる。

では，まちづくりの主体は誰か。地域生活基盤への依存は，**生活の社会化**とともに深まり，その維持・向上はすべての住民に開かれた課題である。したがって，まちづくりの主体は原理的には住民すべてである。しかし，まちづくりが日常的な実践として持続していくためには，その担い手としてなんらかの具体的な組織が想定されなければならない。以下では，地域社会の文脈において重要な社会組織として地域住民組織とボランティア・市民活動団体に注目し，これらをまちづくりの主体として位置づけ，自治体との関係を含めて検討していくことにしたい。

3　地域住民組織とコミュニティ

1　地域住民組織と地域共同管理

　自治会・町内会・部落会・区などと呼ばれる地域住民組織は，日本全国に普遍的に存在し，そのテリトリーは日本のほぼ全域をカバーしている。その組織上の特徴として，第1に加入単位が世帯であること，第2に自動的ないしは半強制的な全戸加入が原則であることがあげられる。では，地域住民組織はそもそもいかなる組織であるのか。理論的にはいくつかの立場がある（参考文献①）。

　第1は，地域住民組織を前近代集団とみなす立場である。世帯加入と参加強制にみられる主体性の欠如を問題とし，町内会を前近代的・封建的な組織として否定し，その解体が日本社会の近代化・民主化につながるとする。地域住民組織が戦時体制のもとで地域支配の末端として法制化され，戦後もなお地主＝旧中間層の支配のもとに行政下請けの機能を担ってきたことは事実であるが，これはこうした面をもっぱら強調する立場である。

　第2は，地域住民組織を特殊日本的集団とみなす立場である。日本人が集団を作るとき「ぐるみ型」ともいうべき集団主義的原理に支配される。地域住民組織はその表現であり，これは日本固有の「文化型」として受け入れるべきであるとするのがこの立場である。

　第3は，地域住民組織を生活機能集団とみなす立場である。地域住民組織が果たす機能の包括性・未分化性はむしろ利点であり，地域生活にとってその存在が不可避であることを示すものだとする立場である。

第4は，地域住民組織を地域共同管理組織とみなす立場であり，本章はこの立場に依拠している。地域住民組織の本質機能を**地域共同管理**と措定し，地域管理の主体と態様を共同体型，所有者支配型，共同管理型という歴史的な発展段階で捉える。第1に「共同体型地域管理」は，生産・消費手段の共同所有のもとで共同体組織が利用＝管理主体となる管理形式であり，ここでの共同体は全員参加の即自的で自然な自治組織である。第2に「所有者支配型地域管理」は，生活諸条件の所有・非所有による階級分化が生じ，共同体が解体した段階での管理形式である。ここでは所有者が管理主体であり，利用者でしかない非所有者は管理の客体となる。戦前戦後の地主・名望家など所有者層による地域支配がその具体的な現れである。第3は「共同管理型地域管理」であり，都市化による生活の社会化の深化によって，所有ではなく共同的利用が中心的課題となるなかで現実性を帯びてくる。共同管理が可能になるためには，不特定多数の利用者の要求が所有者の恣意を規定する権力が確立されなければならない。所有・非所有を問わず利用者が管理主体であり，共同管理組織は地域社会の**公共性**の担い手として対自的に組織化されなければならない。なお現在は所有者支配型から共同管理型への移行期にあると考えることができる。

　なお，生活機能集団説もふまえつつ，地域住民組織が一般に果たしている機能をここであらためて整理しておこう。①親睦機能（文化・スポーツ，運動会，旅行，文化，祭礼，慶弔など），②共同防衛機能（交通安全，防火・防災，防犯，清掃・美化，福祉など），③環境整備機能（下水，街灯，道路，集会所の管理・維持，緑化など），④行政補完機能（行政連絡の伝達，保険料のとりまとめ，募金，献血への協力など），⑤圧力団体機能（行政への陳情・要望など），⑥町内の統合・調整機能（各種団体の調整，会報の発行など），⑦地域代表機能。このように地域住民組織は，地域生活にかかわるあらゆる課題に対応した包括的・基礎的な機能を果たしているが，地域住民組織を地域共同管理組織とみなす立場からは，各機能における行政との役割分担の線引き自体は二義的な問題にすぎない。行政もまた理論的には広域かつ高次の地域共同管理主体のひとつであり，重要なのはその担い手が誰であれ，住民にとって必要なサービスが提供されることだからである。

2 地域住民組織とコミュニティ

ところで、地域住民組織とコミュニティはいかなる関係にあるのか。高度成長期の急激な社会変動は、都市においては過密化と都市問題の噴出をもたらし、農村においては過疎化による人口流出と高齢化の進行をもたらした。地域社会

コラム⑫

町内会は日本だけのもの？

日本全国にあまねくみられる町内会。世帯を加入単位とし、全戸加入の原則をとる町内会は、特定の目的のもとに個人の自発的意思によって組織される近代的集団といちじるしく相貌を異とし、誰にも身近でありながら、前近代的集団であるとか、特殊日本的集団であるとか、貶められ、戦後民主化の議論のなかで解体が叫ばれる存在でもあった。こんな組織は世界広しといえども、日本にしかない？

住民組織の国際比較においても、組織原理がぐるみ型か一部住民による自発的組織か、組織単位が世帯か個人か、社会的機能が行政補完か住民自治か、といったいわば二分法的な発想から裁断し、町内会は多くの否定すべき要素をはらんだ日本独特の存在であると結論づけられるのが通例であった。

しかし、1980年代以降、町内会の再評価が始まる。その代表的な理論的立場のひとつが「地域共同管理」の概念である。町内会の本質機能を「地域共同管理」と捉え、その視角から町内会のいわば普遍的な性質を抽出すると、つぎの3点になる。①一定の区画を排他的に占有している（地域区画性：空間性）、②地域住民に共通する地域の諸課題の処理に当たっている（地域共同管理性：機能性）、③以上のことにより、当該地域と住民を代表することを住民および公行政によって認められている（地域代表性：関係性）。

これらの基準を国際比較に適用するとどうなるか。こうした関心から、タイ、韓国、フィリピン、中国、アメリカ、イギリス、ドイツ、イタリア、スウェーデン、フランスの10カ国を対象とする調査が行われた。結果は、組織と機能の形態は多様であっても、いずれの国にも町内会に相当する住民組織は存在する、というものであった。およそ人間が一定の空間に集住している以上、地域共同管理組織の存在は普遍的であるということである（詳しくは、中田実編著『世界の住民組織──アジアと欧米の国際比較』自治体研究社、2000年を参照してほしい）。

の文脈にひきつけていうならば，都市においては職住分離，生活圏の広域化，専門処理，生活の私化などから地域社会の拡散がみられ，農村においては共同体の解体による地域社会の空洞化が生じた。こうした状況のもとで，とりわけ都市において噴出した**住民運動**は，地域生活の共同性の自覚化による地域社会の再組織化の試みであったともいえる。こうした地域社会の空洞化・拡散化は，**都市的生活様式**の浸透により行政サービスのたえざる拡大に悩まされる行政にとっても深刻な事態であり，地域社会の再組織化は行政にとっても重要な課題として認識されるようになった。こうして提起されたのが**コミュニティ政策**である。

国民生活審議会調査部会コミュニティ問題小委員会は，1969年に『コミュニティ——生活の場における人間性の回復』を出し，地域的共同性の再創出を訴えた。これを受けて展開されたのがコミュニティ政策である。それは3つの内容からなっていた。第1は，コミュニティの規模の設定であり，これは直接的なコミュニケーションが可能な徒歩圏であることと施設整備の効率からおおむね小学校区に設定された。第2は，集会施設，体育施設，公園・緑地，広場などの施設整備である。第3は，これらを基礎とする住民参加の組織づくりである。ただし現実には最重要課題であった住民参加の組織づくりにまではいたらなかった場合が多い。しかし，コミュニティづくりのもとで多くの地域活動が実践され，こうした経験は住民の主体的力量を高める契機となった。

今日の地域社会において，こうしたコミュニティと地域住民組織との関係をどう捉えたらよいのであろうか（参考文献①）。第1に，地域区画性においては，地域住民組織の固定性・閉鎖性に対して，コミュニティはこれを構成単位としつつも，より広域的・開放的編成をとる。第2に，機能面においては，行政末端的なものから，地域共同管理的なものへと重点を移行する。第3に，行政の縦割り系列により相互関係を欠いてきた各種の地域組織を有機的に結合し，分業化と総合化を進めることによってより有効な地域共同管理を実現する。第4に，財産区や町内会の財産を，多くの住民に開放し，共同利用に供する基盤とする。第5に，コミュニティづくりは主体的な地域共同管理への取り組みであり，自覚的で計画的なまちづくりを前進させる。

このようにコミュニティは形成途上のものであり，コミュニティ形成は住民

の運動としてある。またコミュニティの形成そのものが文化的・社会的基盤にかかわるまちづくりの一環であるともいえよう。全戸加入と機能包括性を特徴とする地域住民組織は，その歴史的・制度的限界の克服と組織運営のいっそうの民主化を課題としつつも，コミュニティ形成さらにはまちづくりの基礎的な単位として位置づけることができる。

4 ボランティア・市民活動団体とNPO

1 NPOの基本的性格

NPOは，Non-Profit OrganizationないしNot for Profit Organizationの略語であり，**非営利組織**ないし**民間非営利組織**と訳される。さまざまな**社会的サービス**を提供する営利を目的としない民間の組織がNPOである。サラモンらによれば，NPOの組織的特質は5つある（M. サラモン，H. K. アンハイアー『台頭する非営利セクター——12カ国の規模・構成・制度・資金源の現状と展望』ダイヤモンド社，1996年）。第1は，組織性であり，これはメンバーシップが明確であること，定款や規約があること，法人格を有していることなど，組織としての制度的実体を備えていることである。第2は，民間性であり，政府から独立した組織であることをさす。第3は，利益の非配分であり，NPOの収入は事業の拡大にのみ再投資され，会員間では配分しないということである。第4は，自律性であり，政府はもちろん企業や他のNPOなど他のいかなる組織にも支配されず，独立して組織を統治することである。第5は，自発性であり，活動への参加が会員の自由意思によって行われ，時間や資金の拠出が自発的になされることである。これらはNPOに共通にみられる組織特性であるとともに，NPOが満たすべき要件でもあるといえよう。

NPOは特定の目的をもって人為的・選択的に組織されたアソシエーション（**機能的集団**）のひとつであり，現実の組織形態はさまざまであるが，一般にボランティアや市民活動に関わる組織は，上記の要件を満たす限りにおいてすべてNPOであるといってもよい。また**NPO法**（特定非営利活動促進法）にもとづく認証を受け，法人格を得た団体が**NPO法人**（特定非営利活動法人）である。したがってここでは，実際の組織名にかかわらず，ボランティア・市民活動団

体，NPO，NPO 法人などを総称する言葉として広義の NPO を用いることにする。なお，**非政府組織**と訳される **NGO**（Non-Governmental Organization）もまた NPO のひとつであり，その名称の違いは非政府性か非営利性かという強調点にのみあるといってよい。ただ NPO と NGO は，歴史的な形成の文脈と現実の活動の位相をやや異にしており，NGO は環境問題をめぐる国連会議などでの活躍などに示されるように，より国際的・政治的な活動を行うというイメージがある。

2　NPO 活性化の社会的背景

では，なぜ NPO が注目される存在になってきたのであろうか。第 1 は，都市化・高齢化・核家族化などのマクロな社会変化によって，家族や地域の機能が縮小したにもかかわらず，生活者ニーズ（欲求）が多様化・高度化し，社会的サービスへの需要が質量ともに拡大していることである。それにもかかわらず，第 2 には，社会的サービスの提供には大きな制約がともなうようになっている。社会的サービスの主要な提供主体である行政（政府，自治体）は，深刻な財政危機のもとで新自由主義的政策への転換を急速に進めており，サービス分野の縮小とサービス水準の低下が現実化している。サービスの市場化の受け皿となるのは民間企業であるが，営利企業である以上，採算性を重視せざるをえず，社会的に必要なサービスではなく，採算部門への特化が進んでいる。こうして社会的サービスの多くは，行政によっても企業によっても供給されにくい状況が現れている。第 3 に，ボランティア主体の成熟が進み，活動に必要な時間と意欲さらには知識や技能をもち，ボランティアを生きがいと感じる人々が育ってきている。こうして NPO は，行政や企業が扱いにくい社会的サービスの提供主体として注目され，期待される存在となってきたのである。

3　NPO 法と NPO 法人

日本社会において，ボランティアや NPO が注目される契機となったのは，1995 年の阪神淡路大震災である。被災者の救済と生活再建に多くの市民と団体が貢献し，この年はのちに日本における**ボランティア元年**と呼ばれるようになった。そしてその後も多くのボランティア・市民活動団体が生まれ，さまざ

まな分野で活動しつつ、専門的な力量を高め、またその一部は行政との協働を深めていた。にもかかわらず、これらの団体は、制度上たんなる任意団体であることから、十分な社会的認知と信用を得ることが困難な状況におかれていた。こうした状況を打開し、ボランティア・市民活動団体に NPO としての法人格を与え、その社会的認知を高める契機となったのが、1998年に施行された「特定非営利活動促進法」（NPO 法）である。

NPO 法は、「特定非営利活動を行う団体に法人格を付与すること等により、ボランティア活動をはじめとする市民が行う自由な社会貢献活動としての特定非営利活動の健全な発展を促進し、もって公益の増進に寄与することを目的とする」（第1条）ものであり、特定非営利活動を「不特定かつ多数のものの利益の増進に寄与することを目的とするもの」（第2条）と定義している。

NPO 法の意義は3点にまとめることができる。第1は、NPO に法人格を付与することによって、NPO が民法上の契約主体となることができるようになったことである。法制定以前は、事務所の賃貸契約、不動産の登記、電話の契約、預金口座など、すべて代表者などの個人名義で処理しなければならなかったが、これが法人としてできるようになった。第2に、NPO に対する社会的認知が大幅に高まったことである。NPO 法人は、法の定める条件をクリアし、行政の「認証」を受けることによって初めて名乗ることができるのであり、法人であることはいわば行政のお墨付きを得たものとして認識される。これが団体の権威と信用を高め、活動しやすい条件となる。第3は、税制上の優遇措置である。NPO 法人となると法人税が免除され、さらに**認定 NPO 法人**となると、寄付の提供者が寄付分の所得控除を受けられるようになるなど、活動資金を集めやすくなる。しかし収益事業には課税されるし、認定 NPO 法人はごく少数の存在なので、税制面での恩恵は一般の法人にはそれほどないようである。ともあれ NPO 法の制定によって、ボランティア・市民活動の活性化と各分野における行政との協働を促進する条件が整えられたことになる。こうして NPO 法人、ボランティア・市民活動団体は、テーマ性と専門性の高い活動に取り組む存在として、まちづくりの一方の担い手となりつつある。

さて、ここで NPO 法人の実態をみることにしよう。まず法人数は、1999年に1176法人だったが、2007年には3万3124法人と8年間で30倍近くに増え

ている（表12-1）。法施行直後の爆発的な増加はさすがに鈍化したが，現在も順調に増加している。福島県のNPO法人数の推移についても同様の増加傾向が見られる。

表12-1　NPO法人数の推移（全国，福島県）

	年	1999	2000	2001	2002	2003	2004	2005	2006	2007
全国	累積認証数	1,176	3,156	5,625	9,329	14,657	19,963	24,763	29,934	33,124
	年間増加数		1,980	2,469	3,704	5,328	5,306	4,800	5,171	3,190
	対前年増加率(%)		168.4	78.2	65.8	57.1	36.2	24.0	20.9	10.7
福島県	累積認証数	9	29	52	96	158	243	300	389	436
	年間増加数		20	23	44	62	85	57	89	47
	対前年増加率(%)		222.2	79.3	84.6	64.6	53.8	23.5	29.7	12.1

注：各年末（ただし2007年は11月末）
出所：内閣府ホームページのデータより作成

表12-2　NPO法人の活動分野（2007年9月30日現在）

号数	活動の種類	全国 法人数	全国 割合(%)	全国 順位	福島 法人数	福島 割合(%)	福島 順位
1	保健，医療または福祉の増進を図る活動	19,018	58.3	1	277	64.9	1
2	社会教育の推進を図る活動	14,974	45.9	2	221	51.8	5
3	まちづくりの推進を図る活動	13,147	40.3	4	228	53.4	4
4	学術，文化，芸術またはスポーツの振興を図る活動	10,552	32.3	6	175	41.0	6
5	環境の保全を図る活動	9,200	28.2	7	169	39.6	7
6	災害救援活動	2,151	6.6	15	39	9.1	15
7	地域安全活動	3,164	9.7	12	70	16.4	10
8	人権の擁護または平和の推進を図る活動	5,045	15.5	10	76	17.8	9
9	国際協力の活動	6,472	19.8	8	65	15.2	12
10	男女共同参画社会の形成の促進を図る活動	2,777	8.5	13	43	10.1	13
11	子どもの健全育成を図る活動	13,036	40.0	5	232	54.3	3
12	情報化社会の発展を図る活動	2,721	8.3	14	41	9.6	14
13	科学技術の振興を図る活動	1,444	4.4	17	11	2.6	17
14	経済活動の活性化を図る活動	3,907	12.0	11	70	16.4	11
15	職業能力の開発または雇用機会の拡充を支援する活動	5,462	16.7	9	101	23.7	8
16	消費者の保護を図る活動	1,672	5.1	16	26	6.1	16
17	これらの活動を行う団体の運営または活動に関する連絡，助言または援助の活動	14,767	45.3	3	235	55.0	2
	NPO法人数	32,630			427		

注：1）特定非営利活動法人の定款に記載された活動分野の集計。
　　2）1つの法人が複数分野の活動を行っているため，合計は100％にはならない。
　　3）第12〜16号は，改正特定非営利活動促進法の施行日（2003年5月1日）以降の申請・認証分のみが対象。
出所：内閣府ホームページのデータをもとに作成。

NPO 法人の活動分野をみてみよう（表12-2）。法が規定する「特定非営利活動」のうち，「保健，医療または福祉の増進」58％，「社会教育の推進」46％，「連絡，助言または援助」45％，「まちづくりの推進」「子どもの健全育成」各40％，「学術，文化，芸術またはスポーツの振興」32％，「環境の保全」28％などが上位となっている。福島県についても若干の順位の変動はあれ，ほぼ同様の傾向を認めることができる。

5 連携と協働のまちづくり

今日の地方自治体は，住民ニーズの多様化・高度化と新たな地域課題への対応を強いられるとともに，公共サービスの担い手としていっそうの自律性（＝自立性）の向上を求められるようになった。

まちづくりは，すでにみてきたようにソフト・ハードを包含したトータルな地域生活基盤の維持・向上の営為であるが，これは広義の公共サービスの提供とその制度設計・構築にほぼ等しい。ここでの公共サービスとは，住民の生活ニーズの充足および福祉の向上にとって不可欠なサービスのうち，個人ないし家族の単位では必ずしも充足されず，私企業によっても原理的に提供されないことから，なんらかの社会的（＝公共的・集合的）主体によって提供されるべきサービスをさす。「広義」としたのはいま現に自治体が担っている「行政サービス」と区別するためである。公共サービスをこのように捉えると，住民からすれば，ローカル・レベルでの公共サービスの提供主体として，自治体，地域住民組織，ボランティア・市民活動団体は等価である。もちろん制度上は地方公共団体としての自治体にはフォーマルな権限と責務が付与されており，その執行と意思決定が形式上そのまま「公共性」を体現するという点での違いは大きく，また責任も重い。しかし，まちづくりの観点からみるならば，重要なのは必要な公共サービスが安定して供給されることであり，その主体が誰であるかは二義的な問題にすぎない。

では，地域住民組織とボランティア・市民活動団体との連携およびこれらと自治体との協働において留意すべき点はなにか。地域住民組織は近隣レベルの地域に密着し，基礎的・包括的機能を担い，ボランティア・市民活動団体とり

わけ NPO 法人は必ずしも地域にとらわれず，専門的・テーマ限定的機能を担うのにそれぞれ親和的な組織である。こうした組織特性に加え，担い手層の社会的属性や文化的資質の相違ゆえに，地域住民組織とボランティア・市民活動団体はこれまで互いに無関心であるか，また時には対立しがちであったことも事実である。しかし今日とくにコミュニティ形成への過程で，両者の重なり合う領域が拡大してきている。コミュニティは地域内団体を「調整」し，これらを「代表」する機能を果たす。コミュニティ形成への運動のなかで，地域住民組織と地域内のボランティア・市民活動団体は「交差」し，互いを活性化の契機とすることができる。また必ずしも地域をベースとしないボランティア・市民活動団体（とくに NPO 法人）にとっても，コミュニティ・レベルのイシューにかかわる限りにおいて，地域住民組織と関わることは不可避であり，また有意義でもあろう。

　自治体は公共サービスの最終的な責任主体である。また自治体の存立と権限の根拠が住民の信託にあるという原点に立ち返るならば，すでにみたように政策決定と実行の過程が住民自治の内実をもちうる限りにおいて，自治体はまちづくりの主体たりうるといえよう。地域住民組織やボランティア・市民活動団体との協働は，これらを前提として展開されねばならない。

6　福島県における連携と協働

1　地域住民組織と連携・協働

　アンケート調査（表 12-3）をもとに，福島県における連携と協働の実態をみることにしよう（シンクタンクふくしま『TTF MINI REPORT』No.13, 2006 年）。
　地域住民組織の名称は，区・区会・行政区（58％）がもっとも多く，これに次ぐのが町内会（28％）であり，自治会（9％）や部落会（5％）は一般的でない。世帯規模をみると，50 世帯未満 29％，100 世帯未満 24％，200 世帯未満 25％，300 世帯未満 11％，300 世帯以上 12％であり，半数以上が 100 世帯未満の規模である。組織加入率をみると，10 割 62％，9 割以上 26％，8 割以上 8％であり，強い組織を維持している。活動内容としては，地域の環境を整備する活動（96％），住民の親睦を深める活動（91％），行政の円滑な運営に協力する活動（90

表12-3 アンケート調査の概要

調査対象	地域住民組織	NPO法人	自治体（市町村）
対象数	962団体	280法人	77団体
サンプリング	無作為抽出 （福島県内の全市町村の地域住民組織担当者に人口規模等を考慮して設定した団体数を示し，当該数の無作為抽出を依頼）	悉皆調査 （2005年9月現在，福島県に認証登録している全法人）	悉皆調査 （2005年11月現在の福島県内の全市町村）
調査時期	2005年11月8日～30日	2005年11月7日～25日	2005年11月7日～30日
配布方法	市町村担当者による直接配布	メール便	郵送
回収方法	郵送	郵送	郵送
配布数	962票	280票	77票
有効回収数	668票	118票	62票
回収率	69.4%	42.1%	80.5%

表12-4 地域住民組織との連携団体（福島県）　　（単位%）

団体	現在	将来	団体	現在	将来
地域住民組織	53.2	16.6	協会・協議会等	89.7	15.1
他の町内会	35.2	13.6	社会福祉協議会	55.8	3.6
町内会連合会	37.4	3.8	防犯協会	61.4	4.6
層別団体	86.3	10.5	交通安全協会	64.8	3.6
子ども会・育成会	66.8	2.9	青少年育成協議会	42.3	1.7
PTA	28.2	1.3	消防団	75.5	3.3
婦人会	38.9	1.7	経済活動団体	31.1	4.4
老人会・老人クラブ	64.8	4.6	商工会・商工会議所	11.2	1.3
青年団・青年会	24.2	1.0	青年会議所	1.2	0.0
サークル・同好会	21.7	9.0	商店会	8.9	1.3
文化サークル・同好会	9.2	7.1	農協	30.6	1.7
スポーツサークル・同好会	18.2	2.7	生協	1.4	0.4
ボランティア・市民活動団体	17.1	20.5	教育機関	50.0	3.3
ボランティア団体	13.8	12.0	幼稚園	12.5	0.2
市民活動団体	5.7	4.4	保育園	11.4	0.0
NPO法人	1.5	6.3	小学校	48.3	1.1
公共的機関	77.4	21.2	中学校	31.4	0.6
行政機関	65.4	6.1	高等学校	3.7	0.6
保健・医療機関	20.9	7.6	専門学校	0.3	0.0
福祉施設	16.0	6.3	短期大学	0.5	0.0
図書館	2.8	0.4	大学	0.6	1.3
博物館	0.5	0.2	民間企業・事業所	10.9	3.4
公民館	45.5	3.4	その他	1.5	1.9
			とくにない	0.8	32.5
			N（有効回答数）	650	523

%）が9割を超えるほか，地域を代表して要求を伝達する活動（83%），共同で地域や住民を守る活動（77%），住民や地域の団体を統合・調整する活動（60%）への取り組みも盛んである。活動状況の評価では，「活発」（22%），「まあまあ活発」（59%）という積極的な評価が8割を占めている。以上から，福島県の地域住民組織は，区・区会・行政区などと呼ばれる100世帯ほどの親密な地域的結合として，強固な組織をもち，包括的な活動を積極的に展開していることがわかる。

　では，地域住民組織の連携・協働の相手は，どのような団体であろうか（表12-4）。消防団（76%），子ども会・育成会（67%），行政機関，老人会・老人クラブ，交通安全協会（各65%），防犯協会（61%），社会福祉協議会（56%）などが地域住民組織と結びつきの強い団体である。団体類型でみると，協会・協議会（90%），層別団体（86%），公共的機関（77%），地域住民組織（53%），教育機関（50%）との関係が深く，サークル・同好会（22%），ボランティア・市民活動団体（18%）などとの関係が浅い。連携・協働への評価は，「うまくいっている」（34%），「まあまあうまくいっている」（62%）という肯定的な評価がほとんどである。

　連携・協働によって活発になった活動をみると，環境整備（69%）と親睦（61%）が6割を超え，行政協力（49%），共同防衛（46%），要求伝達（41%）も少なくないなど，連携・協働は地域住民組織の多面的機能を全体的に強化していることがわかる。今後の連携・協働については，「拡大」（26%），「どちらかといえば拡大」（64%）という積極的な志向が9割を占めている。なお今後新たに連携したい相手は，公共的機関，ボランティア・市民活動団体（各21%），地域住民組織（17%），協会・協議会（15%）などであり，現状では関係が希薄なボランティア・市民活動団体との連携強化が意識されている。

2　NPO法人と連携・協働

　アンケート結果から県内のNPO法人の平均像を描くならば，正会員は個人50.0人，団体4.8団体，年会費は個人5675円，団体1万947円であり，これによる会費収入は33万6296円となる。会員数の分布をみると，10人以下8%，20人以下35%，30人以下20%，50人以下12%，100人以下12%，101

人以上14%であり，30人以下が6割を占める。財政規模は，50万円未満20%，100万円未満8%，500万円未満26%，1000万円未満20%，1000万円以上27%であり，半数以上が500万円未満の規模にすぎない。活動上の問題をみると，資金不足74%と人材・人員不足64%が中心であり，ついで機材・事務機器等の不足26%，地域・関係機関の協力不足23%，高度な専門的知識・技術の不足20%，認知度が低く活動が困難16%となっている。以上から，県内のNPO法人は，小規模な団体が多く，財政面でも人材面でもいまだ多くの困難を抱えていることがわかる。

では，つぎにNPO法人と行政との関係をみていこう。まず法人格の取得にあたっての行政からの働きかけについては，「大いにあった」9%，「多少はあった」14%にすぎず，NPO法人の立ち上げに関して行政は必ずしも積極的な役割を果たしていない。これまでに行政となんらかの協働の活動を行ってきた団体は72%である。また公的補助や民間助成を受けたことのある団体は79%であり，提供主体ごとの受給率は，県53%，民間36%，市町村27%，国19%，その他14%となっており，県の補助制度の役割が大きい。行政への要望としては，資金面の援助（66%）がもっとも多く，以下，共催事業等の拡充（40%），NPO支援条例の制定（34%），施設等利用の便宜提供（14%），情報提供と団体間連絡（12%），人材育成（7%），総合相談窓口の開設（5%）となっている。

行政との協働の形態は，事業の受託（42%）と行政による後援のとりつけ（37%）が中心であり，実行委員会等への参画（25%），事業の共催（24%），定期的な情報交換（21%），政策提言（17%）への取り組みもみられる。協働が質の高いサービスの提供に結びついたとするのは87%，地域社会の活性化に結びついたとするのは88%にのぼる。後者の内容としては，住民の交流・親睦の深まり（45%），住民の意識・行動の改善（32%），行政の意識・行動の改善（29%）への評価が高く，住民の誇り・一体感の醸成（13%），地域経済の活性化（11%）と続いている。また協働は，社会的認知度の向上（58%）をはじめ，ネットワークの強化（28%），事業収入の確保（27%），新規事業の開拓（21%）などをもたらすと評価しており，協働はNPO法人に社会的な信頼と関係の強化をもたらし，事業の拡大に結びついていることがわかる。なお今後の協働については97%が拡大の意向を示している。以上のように，NPO法人は，行政

との協働を高く評価しており，今後さらに関係を強化していこうとする強い意欲をもっている。

　つぎに，NPO法人と地域団体との連携についてみていこう。これまでになんらかの連携の活動を行ってきた団体は87％にのぼる。その連携相手は，ボランティア・市民活動団体（45％），教育機関（44％），NPO法人（40％）が多く，以下，経済関係団体（31％），公共的な施設（29％），サークル・同好会（27％），民間企業・事業所（26％），協会・協議会（25％），地域住民組織（23％），層別団体（20％）となっている。ここで注目されるのは，NPO法人と地域住民組織との連携であり，地域住民組織ベースでは2％にとどまっていたが，NPO法人ベースでは4分の1ほどみられるということである。これは両者の団体数の差の反映であり，両者の関係の希薄さがけっして原理的なものではないことを示している。なお，連携の形態としては，事業の共催（45％）が中心であり，定期的な情報交換（39％），実行委員会等への参画（35％），事業の受託（31％），後援のとりつけ（30％）と続いている。連携が質の高いサービスの提供に結びついたとする団体は83％，地域社会の活性化に結びついたとする団体は84％にのぼるが，後者の内容は，住民の交流・親睦の深まり（46％）にほぼ集約されている。また連携が自団体にもたらした利点としては，やはり社会的認知度の向上（56％）とネットワークの強化（31％）が中心だが，人材育成および専門知識等の向上（各17％）にも一定の評価がなされている。行政との協働の場合と比べると，団体間連携は人的な交流と人材の強化に結びつく傾向が強いといえよう。今後の連携については99％の団体が拡大の意向を示している。また今後の連携相手としては，公共的施設31％，ボランティア・市民活動団体30％，教育機関44％，NPO法人40％，地域住民組織26％などが上位を占めている。以上のように，NPO法人は，他団体との連携についても高く評価しており，今後さらに連携を深める強い意向を示している。

3　自治体による連携・協働の評価

　自治体アンケートから連携・協働の実態と評価についてみていこう。自治体による協働の実践率は，地域住民組織とは100％，NPO法人とは87％，ボランティア・市民活動団体とは91％である。また自市町村内でみられる団体間

連携の認知率は，地域住民組織と層別団体との連携82％，地域住民組織とボランティア・市民活動団体との連携30％，地域住民組織とNPO法人との連携5％である。

地域住民組織と自治体は，情報交換（84％）と集会施設の提供・補助（79％）を中心に，補助・助成（56％），事務の委託（49％）などをとおして深い結びつきをもっている。自治体が地域住民組織に期待する役割は，共同防衛（78％）と行政協力（48％）が中心であり，地域住民組織との今後の協働については，93％の自治体が拡大すべきとしている。

ボランティア・市民活動団体・NPO法人と自治体との協働についての評価をみると，協働が質の高いサービスの提供に結びついたとする自治体，地域社会の活性化に結びついたとする自治体はともに96％にのぼる。後者の内容としては，住民の交流・親睦の深まり，住民の意識・行動の改善（各53％），住民の誇り・一体感の醸成（29％），行政の意識・行動の改善（18％），地域経済の活性化（12％）の順となった。NPO法人による協働の評価と比べると，自治体は住民への効果を高く評価し，行政自らへの改善効果については低く評価しているのが特徴である。なお今後の協働については，すべての自治体が拡大すべきだとしている。

以上の結果から，地域住民組織，NPO法人，自治体とも，連携・協働のもたらす効果への評価は高く，連携・協働の拡大への志向もきわめて強いことがわかる。現状では地域住民組織の連携相手としてNPO法人の比重はきわめて小さいが，これは両者の今後の連携強化の可能性を排除するものではないことも明らかとなった。ではつぎに，福島県における連携と協働の先進事例をみていくことにしよう。

4　NPO法人と地域の連携——南相馬市原町区

南相馬市原町区を活動拠点としているNPO法人「みどりと花の大地学園」は，1999年の設立以来，「みどりと花いっぱいのまちづくり」を目的として，行政や市民，地域住民組織との連携・協働のもとに，計画的な森づくりや花木の植栽を進めるとともに，環境への意識を高める人づくりに携わってきた。そのおもな事業は，①みどりの学校，②緑化事業，③奥州行方「四季の郷」づく

り，④森林・緑化環境整備，⑤人づくりまちづくりをめざす「市民農園」パイロット事業である。

　同法人はこれまでに，福島県地域づくりサポート事業の補助を受け，「みどりと花いっぱいのいきいきまちづくり」（2000～02年度），「人づくり事業・奥州行方『四季の郷』づくり」（2003～05年度）を行ってきた。前者は，培養土づくりや花づくり教室の開催のほか，地域住民と市民ボランティアの協力を得ながら道路や広場に四季折々の花の植栽を行い，環境美化による地域のイメージアップを図るものである。後者は，相馬藩初代藩主の下向ルートに位置する歴史・文化拠点を地域住民の協力を得ながら「四季の郷」として整備し，流入人口の増加と地域物産の消費拡大を図るものである。

　同法人の活動でとくに注目されるのは，「四季の郷」の拠点地域のひとつでもある原町区片倉地区（行政区）との連携である。片倉地区は，過疎化が進む13世帯63人の山村集落であるが，地区の共有林である約30haの山林を50年間無償で同法人に貸与することとし，緑化活動にも積極的に参加している。同法人との協力関係は，過疎化・高齢化に悩む片倉地区の活性化にもつながっている。

5　地区まちづくり協会とコミュニティ——三春町

　三春町（人口1万8772人：2008年2月1日現在）では，旧町村＝小学校区単位に7つの地区まちづくり協会が組織され，地区レベルのコミュニティ活動を担っている。地区まちづくり協会は，1976年に町行政によって設立された三春町まちづくり協議会の地区支部を前身としているが，地区レベルの組織の強化をめざす当時の町長の意向を受け，1982年に新たに独立した組織として設立されたものである。地区まちづくり協会は，形式上，地区住民のすべてを構成員としているが，実際に組織を運営しているのは代議員である。代議員には，地域住民組織をはじめ，地区内の各種団体の役職者や行政関係の各種委員会の委員などがほぼ完全に網羅されている。

　まちづくり協会には，土地利用，景観・環境，保健・福祉，スポーツ，地域学習の5つを基本とする部会が設けられている。その活動は，それぞれの部会名に示されるように，地域生活の全般におよんでおり，まちづくり協会はコミ

ユニティ・レベルでの親睦と地域共同管理の機能を担っている。

まちづくり協会はまちづくり懇談会の主催団体でもある。まちづくり懇談会は地区と行政との情報交換の場であり，また地域要求の伝達の場でもある。三春町は，まちづくり協会を地域利害の代表組織として位置づけており，まちづくり懇談会で提出された要望を尊重し，次年度の予算編成に反映させる原則を遵守してきた。近年の財政状況の逼迫のもとで，地区レベルの要望に優先順位をつけるようにとの要請が行政側から出されるようになったが，この整序を担うのもまちづくり協会である。まちづくり協会は，地域内団体を統合し，地域を代表するコミュニティ組織として，利害の調整と地区レベルでの意思決定を担っている。

三春町の地区まちづくり協会は，親睦的なコミュニティを基礎として，「事実上の」代表性と正統性をもち，執行と意思決定の機能をともに備えた住民自治組織であるといえよう。

6　地域計画の自己決定と協働による実践——飯舘村

飯舘村（人口6394人：2008年1月1日現在）は，「第4次総合振興計画」（計画期間：1994〜2003年）の策定にあたって，地域住民組織をベースとする20の行政区に地域住民による「地区別計画策定委員会」を設置し，地区別計画の策定を委ねた。住民によってまとめられた地区別計画は，村行政によってそのまま受け取られ，「正式の」計画となった。

これに次いで，飯舘村は，地区別計画に示された事業を実現するために，計画期間内に，すべての地区を対象として1000万円を上限とする補助金を支給することとした。補助率は9割。つまり地元負担が1割あるということである。これを受け，事業の必要性と実現性をめぐって，各地区で真剣な討議が行われ，計画期間の10年間のうちに，ほとんどの地区で事業が実施に移された。ミニデイサービスの実施，農産物直販所の設置，創作太鼓の制作などがそのおもなものである。

地域計画の住民による自己決定とその制度的承認，そして官民協働による実施という一連のプロセスを支えているのは，飯舘村における行政区の強さであり，またここに信頼をおいた村の行政運営である。飯舘村では，行政区が代表

性と正統性をもつコミュニティ組織として位置づけられ，意思決定と執行の両面にわたる実質的な機能を担っている。そして，その機能を強化し，制度的に保証するための地域分権的な仕組みが整備されつつあるといえよう。

7　考　察
──連携・協働と地域自治──

　以上をふまえ，「連携と協働のまちづくり」を推進するための基礎的な課題を抽出しておくことにしよう。まず強固な組織をもつ地域住民組織に求められているのは，組織運営のいっそうの民主化と開放性の強化，全体的な力量アップとりわけ問題解決能力の向上であり，行政下請的な要素を縮小し，自治の主体としての認識を深め，合意形成と執行の両面にわたる実質的な地域運営を行う努力が必要であろう。NPO法人に関しては，新中間層の集積をもたない地方圏では，その組織，財政などがいまだ脆弱であり，まず足元を固めることが先決といえよう。そのためにも行政の提供する補助や助成をうまく取り入れることが重要である。また行政サイドには，計画・実行・評価の各段階への住民参加の拡充という制度転換が必要であり，地域住民組織を基盤とするコミュニティを自治の主体として明確に位置づけることが求められているといえよう。

　こうした一般的な課題に加え，「連携と協働のまちづくり」による**地域自治**の展望について，やや実践的な考察を行うことでむすびにかえたい。まず地方圏における地域住民組織の強さは，地域自治の構築という文脈においても強力な資源である。そこで必要なのは，自治体がコミュニティをつまり住民を信頼し，地域分権的な仕組みを思い切って導入することであろう。三春町と飯舘村に共通するのは，第1に地域分権的な制度の構築に向けての行政（＝首長）の強い主導性であり，第2にこれを支える基盤としての地域住民組織の強さであるといえ，これらが相まって形式と実質の相乗効果が生じていると考えることができる。制度的な位置づけは多様であってかまわないが，重要なのは地域に一定のあるいは事実上の**決定権**を認めるということであろう。地域住民組織の運営のいっそうの民主化と開放性の強化，全体的な力量アップとりわけ問題解決能力の向上といった課題は，むしろそうした制度的な位置づけのもとでこそ，

克服され，解消されていくのではないだろうか。地方圏においてはいまだ成熟の途上にある NPO・NPO 法人は，そうした**コミュニティ自治**の仕組みのなかに位置づけていくことが現実的な選択であるといえよう。

■考えてみよう！
(1) いまなぜ「連携と協働のまちづくり」なのか。その背景と論理についてまとめてみよう。
(2) あなたの身近にはどのような地域住民組織や NPO がありますか。またそれらはどのような活動を行い，どのような役割を果たしていますか。またどのような問題を抱えていますか。実際に調べてみよう。
(3) 連携と協働のまちづくりを実践するためには，どのような条件や施策が必要ですか。地域住民組織，NPO，自治体それぞれの実情をふまえ，課題を抽出してみよう。

■参考文献
① 中田実『地域共同管理の社会学』東信堂，1993 年
② 中田実『地域分権時代の町内会・自治会』自治体研究社，2007 年
③ 山岡義典編著『NPO 基礎講座（新版）』ぎょうせい，2005 年

終　章　地産地消のすすめ

はじめに

　地元で生産された新鮮な農産物を食べることは、健康に良いうえに地元の発展につながる。地元の商店で買い物をすれば、地域内で資金が循環する。公共事業も地元の建設業が受注できれば、資材や機械の購入、資金、人件費の支出など地域内の波及効果は大きい。また、風水害、豪雪など緊急時に建設業に地域協力を依頼することができる。金融機関も地元から集めた預金を海外に出さずに、地域内で投資をし地域内で回収していけば、地域に活力が増す。地産地消は、産物、サービスおよび資金の循環を良くし、農業、商業、観光、建設業の活力を増進し、人や地域を元気にする。
　これに対して自由化・市場主義は経済効率上すぐれているからという理由でそれにすべてまかせていると、地域の歴史・伝統、文化など効率性という尺度では測ることのできない地域の良さは失われてしまう。地元で集めた資金についても、海外に流出し、賃金の安い外国で漆器・仏壇・家具・農産物などを生産し、その産品輸入が増えてくると、より安い商品が買えたり、より多くの金利を獲得できてありがたいが、その代わりに地元の農業や地場産業は衰退していく。経済効率を追求するのは良いが、人間を無視し、地域文化や歴史や水、緑、そこに生きる生物を含んだ生態系を切り捨てたのでは長続きしない。たとえば、スペイン、ポルトガル、オランダが1世紀で衰退したのは、貿易至上主義を採用し、国内産業の育成に成功しなかったからである。地域産業の育成を柱として地域の資源を生かした生きがい、働きがいづくりには、多くの人たちの出番があり、新しい地域コミュニティーが形成され、協働して賑わいをつくることができる。
　地域を活性化するためには、一方では大企業を誘致し、雇用拡大や関連産業

を育成することが大切なことはいうまでもないが，広い県土の中では企業誘致を成功させる条件はどこでも整備されているものではない。とくに，誘致企業政策が困難な中山間地域では地域資源を生かして産業を育成する以外に道はない。地域おこしを主要な柱とし，地産地消によって地域資源の活用の道を拓いていくことは地域の担い手と組織をつくることになる。地域おこしもいろいろ工夫努力して，地域ブランドの確立をめざしていくことが必要である。

1　地産地消の考え方について

1　地産地消とは何か

　巨大企業の誘致と比較すれば，地産地消は，経済効果は低いかもしれないが，地元における，歴史的，社会的，文化的及び自然的な資源を生かし，住民が知恵を出し合い，組織をつくり，新しいコミュニティーを創造し，地域の主体性と活力を引き出す方策として注目されている。1つは住民の側にも現在の地域の衰退状況に満足できず，自分たちも何か協力できることはないだろうか，少しでも雇用を拡大して地域に元気を取り戻せないだろうかと思う人が増えている。地元には何もない，買うべき産品はないという弱点や欠陥をあげるのではなく，地元にすぐれたものがあるということから出発すれば，地産地消によって地域の活力を引き出す知恵や工夫が湧いてくるというのである。また供給者の側でも，空き店舗が多いとか，旅館の数が半分に減ったというのではなく，今なおがんばっている商店が数多くあり，それなりの数の旅館やホテルが温泉地にあるのだといったことから出発すれば，地元のすぐれた資源や特質や有利な条件を生かしていこうという発想が生まれてくるのである。

　地産地消というのは地元で生産された産品を住民が積極的に消費することによって，生産を刺激し，関連産業を発展させ，地域の資金循環を活発にし，地域を活性化する一つの手法である。地元産品を地元で消費することによって生産を刺激することができるし，消費需要があれば，生産は拡大する。消費がなければ，生産は全く意味をもたない。この意味では，地産地消よりもむしろ地消地産というべきである。いずれの形態をとるにせよ，地元で生産された産品を学校給食に使うとか，各家庭が料理の材料に使うとか，加工業者が使用する

とか，地元における消費市場重視の取り組み方にはいろいろあるが，地元の良さを発見し消費が拡大すれば，地元の生産者も力を入れて生産に励むことになるのである。地産地消を本格的に進めなければ，経済力の弱い農山村においては，しっかりした地域コミュニティーの形成，人々の意識，意欲の向上が図られず，十数年のうちに町や村は衰退していくであろう。

　もし仮に，福島県民200万人が1人当たり月に5000円地元産品を消費すれば，月に100億円の消費となる。100億円の消費が増えるとなると，品質，用途，形状などいっそう改善しようということになる。それに対応して生産を工夫していけば，地元のすぐれた産品が評価され，生産者だけでなく関連産業や地域の活力が増すことになる。同様に県民1人当たり月に1万円地元商店から商品を購入するようにすれば，月200億円，1年間に2400億円の売上高増となる。そうすれば，地元の商店の良さが再評価され，豊かな資源も有効に活用されるのであるから，地消は地域産業発展の身近な出発点，牽引車となる。地元の良さを生かすように消費者も供給者に注文をつけ，供給者も改善の努力をして顧客が増えていけば，地域も賑わい，活力が増していくのである。

　地消は産品やサービスなど広い範囲を包含するものであるが，それには2つの道がある。1つは地元で生産された産品を地元で直接消費するケースである。もう1つは間接消費である。間接消費というのは県内産の材料を使って製品にして売る場合である。たとえば，地元産の大豆を用いて味噌や醬油を生産し，地元内外で販売する場合や地元産の木材を用いて住宅を建て，または机を生産して販売する場合である。

　地元に立派な木材があり，それを製材し，使用すれば，地元の林業家も製材所の仕事も増える。地元産は良いのは分かっているが，価格が高いし，品質も不揃いで，数量もまとまらず使いにくい，という理由で輸入材を使っていると，地元の林業家は育たない。地元の林業家や製材所，建設業がよく相談して地元原材料を住宅建設等にいかにして取り入れるかを工夫すれば，地域産業が発達する。旭川家具や飛騨家具は地元にすぐれた原料があったから，加工技術を導入することによって有力な産地として発展してきた。このように地元の材木を用いて住宅や家具を製造し，県外に販売する場合も地産地消の中に含めて考える。

住宅や机を県外の消費者に販売しても，地元産の木材を地元で生産物の原料として消費しているので，付加価値は増える。その場合，金具や塗料も地元産を用いれば，それも地産地消である。地産地消は地域経済への波及効果が大きい。そこで地元の木材を使用して住宅を建設する場合には，その費用の一部を行政が補助しているケースがある。その場合には，地元業者が育つと同時に資金も仕事も地元で循環するから波及効果が大きい。さらに，地産地消を推進していくと，どのように使えば良いのか知恵や工夫を伴うから，地域のことを学習し，技術に関する理解を深めるから，自立性と連関性が発達する。

2 サービス業も地産地消に含める

　商業，観光業，建設業やサービス業の地産地消の効果は大きいと思う。地元の旅館やホテルが地元の商店から商品を買う。そこで売られている商品でもって新しいメニューで料理を提供する場合はもちろんのこと，山菜などスーパーに並ばない食材，鮮度の良い食材を用いていけば，地域の個性や特色が生かされる。大量生産できず市場ルートに乗らないものでも，加工して提供すれば地産地消の効果が大きい。

　地元の人が地元にある温泉を利用する場合も地消であるが，そこで提供される食材の多くが地元産の野菜，味噌，果物，米，魚などであり，供給者も利用者も双方にメリットがある。

　温泉地の総売上高の中で，賃金，税金，利子などの付加価値の支払先及び地元の商店等からの仕入商品の支払額のうち，地元に直接波及する額は80％を超えているのである。だから旅館やホテル及び料理店で地元産の産品を意欲的に利用すれば，その効果は大きい。たとえば，2004年に福島市内の飯坂，土湯，高湯の三温泉地の宿泊客135万人が支出する貨幣額は201億円と推定される。この額は福島市の農業の生産額195億円よりも多いのであるが，その支出先の87％は福島市内だということである。市外から顧客を集めた収入のほとんどが市内で支出されているのである。

　福島県の有名温泉地の宿泊客の圧倒的多くは県外客であり，その中でもとくに関東圏の顧客が多い。県外の客から観光収入を得て，支出先は関東圏ではなく地元である。地元産品は外部の人にとってはめずらしいものである。土産品

というのは地のもの，土地の特産物ということを指しているように，地域の商品のサービス品が提供され，収入は地域外から得られる。地元の産品を遠方に販売して収入を持ち帰ったのと同様の効果をもつのである。

　だから旅館やホテル及び料理店では料理研究会を盛んに開き，地元の産品を意欲的に利用すれば，その効果は大きい。県外産が安いからといって，そればかり使っていると，地元産業は発達しない。商店が納める材料をどのような利用方法や料理に使うと良いものができるかという情報とともに，県内産のものを使用するようにすれば，地域の産品にもっと自信と誇りをもつことができる。

　次に地域の再生産と循環を考えると，建設業の地産地消の効果も大きく，多様である。一般競争入札制度は一般的風潮であり，官製談合によって不当利益を得ることは許されないが，町村では，5000万円以下の建設工事は地域のことを良く知っている地元業者に優先的に仕事がまわるようにすることにより，地域活力の増進が図られ，長期的には安いことも多い。

　都市では民間企業の設備投資，個人住宅の建設などの仕事はあるが，町村へ行くと，農林業が衰退してしまって，役場と農協と建設業しか仕事がなく，就業者のうち7人に1人は建設業という村が多い。建設業は多面的な役割を果たしているのに評価されず，地方では生活に密着した生活道路，下水道，防災工事などの公共事業が実際には必要なのに，ほとんど現場を調査せずに，「自分たちが納めた税金が地方の無駄な公共事業に使われている。公共事業については談合によって建設業者が不当に利得を得ている」と書きたてられている。

　問題は予定価格である。それは発注官庁が標準工事単価を積み上げて算出した価格である。この工事には社会的，客観的にみてこれくらいの費用がかかるという標準価格である。標準価格以下でないと受注できないから，業者は不当な利益が得られない仕組みになっている。予定価格はあらかじめ公表されているからなおさらである。落札価格が70％以下になると，品質低下，手抜き，ペーパーカンパニーによる丸投げ受注が入りこむ余地が多い。とくに一般競争入札には，①技術力や工事実績などの評価がない，②地域の状況を知り，それを見積りの中で生かす工夫が生かされてない，③防災行動，防災力の向上，地域貢献といった日常活動が評価されていないなどの欠陥が含まれている。地域の建設業は，地域の雇用や商業，サービス業だけでなく，地域の安全安心を支

えている。いざ災害が発生した場合，即座に待機体制をとり，パトロール活動を行い，役場に連絡できる24時間体制をとり，会社をあげて交代制で見回りを実施している建設業が多い。除雪についても，夜に積もった雪を深夜から未明にかけて排除している。災害状況についての情報の提供，災害発生の危険箇所や時間の指摘などは，地域に密着した日常的な活動と経験なしにはできないことである。建設業の地元発注については，このような地域密着型の建設業の地産地消をその役割・機能との関係でまじめに考える必要があると思う。地元の建設業を競争入札の中で破綻させていくことは，地域住民の安全・安心の確保，さらに地域文化や祭りの継承性を考えるとき，地域にプラスになるのであろうか。

2　地産地消の取り組みがなぜ中山間地から登場したか

　1960年以前においては，交通も不便であり，生産設備や機械も貧弱で生産量も少なかったので，地産地消は地方ではあたりまえのことであり，自給自足経済と呼ばれていた。自分たちが栽培し，加工して消費していたので，味噌も漬物も自給自足に近い状況にあった。地域経済は自給自足の上に成立していたので，もともと地産地消であった。高度経済成長と社会資本の発達の中で市場が拡大することによって社会的分業がすすんだ結果として，大量生産・大量流通が主流となり，農産物産地を形成してきた。消費者は自分で生産し加工することなく，貨幣で全国産地の商品を購入するようになった。地産地消運動はもともと経済成長の波から取り残された交通の不便な中山間地に残ったのである。たとえば1960年代後半，中仙道宿場町として今日にその歴史と伝統を伝えている南木曽町，妻籠，馬籠から始まったといってもよいであろう。

　過疎化の波の中では，かやぶきの建物の維持が困難となり，トタン屋根，アルミサッシの住宅へ改築する者，とりこわして新しい住宅に建て替えする者，他の人に貸したり売ったりする者が出てきた。こうした中で若い人たちが中心となって「貸さない，こわさない，売らない」運動に立ち上がり，本物の自然と歴史を生かし，本物の食物を提供する取り組みをはじめた。地元でとれる牛肉，まつたけ，山菜，新鮮な野菜をふんだんに使って良いサービスを提供した

ことが高く評価され，口コミで拡がり，マスコミも，歴史を生かした「新しいまちづくり」として広く紹介した。その話を聞いて，遠方からわざわざ訪れる人が増え，またたく間に，歴史，伝統，建造物，古い町並みを生かした立派な観光地となった。料理だけでなく伝統的な加工品や地元産の花木も土産品とするなど，観光客の増加によって地元産品の消費が拡大していった。

次に地産地消運動が全国的に拡大していったのはなぜかについて考えてみよう。地産地消の拡大は，消費者側の要因と生産者側の要因及び両者の相互作用にもとづくのである。

3 地消が地産を規定する

1 消費があって生産物が評価される

地産地消の良いところは，実際に地元で消費してみて，本当によい，これならいけるということが判ることである。消費によって生産が規定される。地元消費で評価が高いことから，全国的に拡大していったケースは少なくない。長野県野沢漬物，博多のめんたいこ，九州の麦焼酎などである。たとえば九州の焼酎は原料をイモから麦，そばに変え，低圧蒸留法により従来の焼酎特有のくさみを取り除き，生産，技術を改善し，マーケティングに力を入れた。このように材料，技術がすぐれ，品質，味わい，香りなどの面で地元の人は「これはすばらしい産品だ」といって自信をもって奨励し，広めたので，全国ブランドとなったのである。地元でまず消費してみてすぐれた産品として証明されるならば，自信をもって売り込んでいくことができる。

消費が生産を促すためには生産物の内容，形状や知名度（ブランド）が示されていなければならない。消費者は商品を購入し，消費する以前に一定のイメージをもち，実際に現物をみて，消費によってイメージよりも良かったか，悪かったかを判断する。

したがって消費という側面から生産を考えねばならない。地産地消というのは生産したものを売るよりも，むしろ売れるものを生産することが肝要であり，この意味では地消地産が基本である。

2 地消が地産の意欲をつくる

　地元で消費されると，新たな生産への意欲が拡大していく。地元の評価が高ければ，生産者もいっそう良いものを，安く，より多く生産してみようという衝動が生まれる。

　福島市や伊達市は果樹王国といわれるが，果物の歴史は浅く明治以降から始まり，戦後昭和30年代以降有名となった。地元消費者がこの果物はうまいといって自信をもってPRしたからである。南郷のトマトも岩瀬のキュウリも昭和村のカスミ草も同様だ。消費者の苦情を開き，その商品を改善し立派なものを作り出してきた。消費者に支えられて生産の目標が生まれ，どのような形状，デザイン・品質のものをつくるか，産品の対象，イメージ及生産者の目標を消費が作り出す。

3 消費は生産や販売やサービスの改善を促す

　消費が進めば，商品の価格だけでなく，商品の品質，味，鮮度，品揃え，形状，用途，数量，組合せ，正確な納期が要求されるが，消費が増加すると，消費者のニーズが生産者の能力，経営，組織のあり方を規定する。消費が伸びていけば，生産者は商品企画，開発，生産，マーケティング能力を開発する。また品質の向上と生産性向上のため社会的分業が進む。生産地では消費者ニーズに対応し，またニーズを創造するために，企画，開発，生産，マーケティング，ブランド，人材育成を一体的に推進しているが，基本は消費の拡大が成否を決定する。生産者に経済的余裕がうまれるのは，こうして地域社会の消費が拡大する結果，生産者は顧客第一主義，信用・品質本位，すぐれた技術の継承と導入，地域社会との連携強化を基本にしながら，時流・ニーズへの対応，応用分野の工夫，こまやかな商品開発，顧客サービス・ホスピタリティーの工夫・改善が進む。

4 地元消費があれば生産が拡大する

　小規模に分散して生産される場合には，地元の商人によって集められ，狭い地域内部での消費から広域的な消費に拡大される。商人が登場しなければ，近くの山に出かけ，きのこや山菜を採り，河川で鮎や岩魚をとって近くの旅館や

ホテルに納入し，来客者に提供される。また近くの材料を加工し，こけし，小木工加工品をつくって，みやげ品として売られたり，地域の風土にあった農産物を使って，漬物や味噌が生産されてきた。このような産品は昔から地物といわれてきた。「旬の物，四方八方で生産された物を食べておれば，医者いらず」といわれてきた。みやげ品も土産物と書き，「地元産のめずらしいもの」という意味であった。人々が生きていくうえで地元産の食物は健康によく，地元産の食材を旬に合わせて食べていくことが長生きの秘訣である。春には芽のものを，夏には水分の多い果菜類を，秋には果実を，冬には土ものを食べることが生命の再生産，維持には不可欠である。当初から産業は，地物，地場ものから発達してきた。人々は自ら生産し，消費し，その余剰分が市場に出された。

　余剰生産物の交換が拡大するにつれ，販売目的で生産されるようになった。一定の数量の商品が規則的に販売されると，販売目的で生産するとともに産地が形成された。しかし地方の小規模産地は交通の便が良くなかったので，当初から，地産地消であった。地域で生産された商品が豊富で品質や用途面ですぐれているならば，消費の対象と地域が拡大していったが，多種類の商品が少量分散している場合には，たとえ品質，味がすぐれていても，大量流通のシステムには乗ることはなかった。大量生産・大量流通を推進するためには，消費の継続性のうえで一定量の品質の安定した生産物が不可欠であった。一定の生産量を確保するためには農家の生産した農産物を一カ所または数カ所に集約して一定規模とするか，二つの道があった。いずれにせよ，消費の動向に応じて生産の規模と継続性が要求された。

4　安全性が消費者の地産地消運動を促す

1　安全性と消費者

　大量生産，大量流通という支配的なルートに対して，地産地消を推進したのは，当初は安全性を求める消費者運動であった。低農薬有機栽培の農産物を求めて，1980年頃から消費者組織が結成され，団地や労働組合や消費者組合を中心に拡がっていった。当初はそれほど大きな力をもっていなかった。1990年代に入って地産地消運動の取り組みは比較的短期間に全国各地に拡大したが，

その最大の背景は安全性の確保であった。

①　病原性大腸菌（O157），牛海面状脳症（BSE），鳥インフルエンザ，禁止農薬使用問題の発生も影響して，消費者の安全や安心などに対する関心・志向が高まっている。消費者に安全，安心な農産物を提供できることが地産地消運動拡大の重要な要素となっている。

②　高齢化の進展の中で健康志向のライフスタイルに変わり，消費者側から生産者への結びつきを強化しようという動きが登場してきた。地域住民が地消・地産運動を直接・間接に支持することとなった。消費者側から，企画，栽培，マーケティング力をもつ農家や商店や観光地へ直接に近づいてきた。

③　国際化の進展の中で安価な輸入農産物が急増した結果，農産物の栽培方法における安全・安心問題が地産地消を推進することとなった。加工技術や冷凍技術の発達，交通・運輸のめざましい進歩により，加工食品，冷凍食品，外食が急増し，生活の利便性はたしかに良くなったが，食を通じた家庭環境，食の知識，感謝の心が大きく変化してきた。スローフード，食の楽しみが重視されるようになった。

④　食を通じた心身の健康の増進が人間形成に影響しており，健康づくりの面から，薬ではなく食が重視され，生産地の評価が向上してきた。

⑤　どこでもいつでも簡単に出来あいのものが得られることにより，食に対する知識，意識，関心，感謝の気持ちは失われているので，グリーンツーリズム，農業体験，食文化を見直す動きとともに地消が台頭してきたのである。高度経済成長は大量生産と大量消費のために農薬，化学肥料を普及させ，グローバリゼーションが経済効率性と利便性をもたらしたが，このことが安全，安心，健康の重要性によって，高度経済成長から取り残され遅れていた地域のあり方を再評価させたのである。人々が経済成長やグローバリゼーションや効率性や市場原理を追求したことが，正反対の低成長や地域性，安全，安心など地産地消を支える重要な動きを活発化させたのである。

2　遺伝子組み替えと地産地消運動

とくに決定的な影響を与えたのは遺伝子組み替え農産物の登場である。96年末から厚生省が遺伝子組み替え農産物4作目7品目の安全性を確認した

(2001年4月現在，厚生労働省が認定する遺伝子組み替え作物は35品種)。遺伝子組み替え食品に対する消費者の不安は高まってきた。大手メーカーのスナック菓子から国内で未確認の遺伝子組み替えジャガイモが次々検出されたり，米国の納入業者は遺伝子を組み替えていないと証明していた大豆の加工品から遺伝子組み替えの事実が確認されるなど，相次いで問題が発覚した。遺伝子を組み替えることによって日持ちがよくなるトマトが米国で開発され（アンチセンス法），94年からそのトマトが日本で販売されるようになった。

従来のように親同士の遺伝子群を交配して得られる新規の組み合わせの遺伝子群をもつ子の中から優良なものを選別していく，いわゆる交配法という品種改良ではなく，細胞に特定の遺伝子DNAを人為的に入れ，新しい遺伝子の特徴をもつ細胞を形成し，それにもとづく個体をつくる，いわゆる遺伝子組み替えという方法で品種改良を行うものであった。特定の種類の昆虫に対して殺虫作用をもつ蛋白質を含む遺伝子の組み替えによる作物（BT遺伝子），葉や茎を食害する害虫から守る作物（害虫抵抗性作物）がトウモロコシやジャガイモで広く普及しはじめた（95年以降）。また導入した遺伝子から作り出されるたんぱく質が酵素作用をおこし，特定の除草剤を散布しても耐性を示し，その影響を受けなくなる。とすれば，特定の除草剤の散布によって雑草だけを効果的に除去できる。このように遺伝子組み替えによる除草剤耐性作物は大豆，ナタネ，トウモロコシに応用されるようになった。ほかに雑種強勢を利用したF1品種，放射線や薬品を用いた突然変異育種，細胞融合，細胞培養，組織培養などによって新品種がつくられている。

以上のような背景の中で安全，安心な食べ物の供給の運動が高まり，政府は2001年4月から「食品衛生法」の改正によって消費者の不安の解消を図ることとした。食品には，安全性審査が義務づけられ，未審査の遺伝子組み替え食品は輸入，販売等が禁止された。しかし，現実には，輸入時の届け出が正しく行われているか，どの程度の組み替えが実施されているのか，その実験結果はどうかという疑問は消えていない。モニタリングによっても国内食品から遺伝子組み替えが検出され，そのたびごとに消費者の不安は高まっている。

科学技術の急速な発達は，実は，科学技術の発達から全くといっても良いほど遅れた農法を台頭させた。消費者自らが地元の農家と連携して安全，安心な

農作物を購入しようという運動が拡大したのは，科学技術の過度の発達と普及に原因があった。まさに遺伝子組み替えという誤謬が有機農業という本来の農業のあり方の基本を発見させたのである。こうして手間や時間がかかるが，有機農産物を集荷し，大規模流通，加工業と連携する企業や旅館組合と有機農業組織との連携が現実のものとなった。

5 地産が地消の材料・対象・仕方を規定する

1 地産は消費材料と対象をつくり出す

　生産は，地域の自然条件を活用し，人々の知恵と技術を使って産品を生み出す。福島県は太平洋及び日本海で暖流と寒流とが交錯するので，気候上からみると，温暖系と寒冷系の動植物が育ち，種類が多い。そのうえに標高差（海抜60mから2300mの山まで）により，温度格差があり，土壌も多様であるから，動植物の種類が豊富である。したがって，地域の自然的条件をフルに活用し，リンゴも福島市，須賀川市，南会津へと拡大すると，収穫の時期を遅らせることができる。いわき市で促成栽培を，天栄村では抑制栽培を行うならば，同じ野菜でも長期にわたって継続して生産でき，多種多様な農水産物の収穫の道が開ける。こうして一定の自然環境のもとにおける生産行為により，人間の能力が発揮されるのだが，その場合働きかける対象，環境の特性が生かされると，消費が拡大する。わさびの生産は山地で清水の豊かな地域に適しているし，ユズの生産となると，温暖な気候条件のもとでのみ生産が可能であるが，地元にあるすぐれた生産物を活かすための技術，販路が拡大するならば，地域特性が発揮できる。需要がなければ，生産意欲がわかないが，地域のおかれている自然条件，交通条件を考慮して何が生産できるか，どのような作物や果物が育れてきたか，まず自然的・社会的・歴史的条件が生かせないかを考えることが生産の前提条件である。このようにして青森のリンゴ，山形のサクランボ，福島の桃などは，地域特性を生かした生産が消費の材料と対象をつくりだした。生産者は生産地の特色を生かした産品の上手な料理や使用方法や保管の情報も同時に提供できるならば，それが食文化を豊かにし，産品に付加価値をつけることができるのである。生産にこだわり，生産物の特性にこだわって努力をし

ていくならば，生産物が消費のあり方を規定するのである。人間国宝といわれる人達は売るために生産したのではなく，生産そのものの神髄を把握しようと努力した結果として生産物は売れていったのだという。生産が目的であって売れるかどうかは一つの結果現象だというのである。

2　地産は消費の仕方を決める

　生産された産品は，どのような目的で，どのような場合に，どのような時に消費されるか，地域の産物はその消費の仕方を決定する。同じきのこであっても，その種類によって消費の仕方が異なる。地域産品は学校給食用か，地元旅館用やホテル用か，地元住民の消費用か，生産体制が消費の仕方を規定する。

　生産は消費の仕方とそれを利用する能力を養う。すぐれた作品が芸術作品の鑑賞能力のある人をつくり出すのと同様である。人々は新しい材料が提供されたときには，それをどのように消費するのがもっとも妥当かを考える。地元の人たちは実際にすばらしい地元産品をみたとき，たとえば，桃の川中島，あかつきが生産されたとき，その生産物は地元の生産者にとって，それは驚きであったという。このような商品を欲しいという消費者がきっと増えていくであろうと考えたからであった。また，なしの20世紀，リンゴのふじや夕張メロンなどは生産物があって消費の意欲がつくり出された。地産は消費の仕方をつくる。だから品種改良と生産技術の改善及び商品開発が重要なのである。

3　地産は消費者の欲望を拡大し消費をつくる

　たとえば，和歌山に有名な南高梅というものがあるが，それは南部農業高校（現在南部高校）で発見されたものである。病気に強く，量産でき，大粒かつ良質の梅である。梅干しを生産するのにもっともすぐれたものであった。農業高校生が地元の梅の本格的調査を実施し，梅の種類を区分し，1号，2号，3号，4号と呼ばれていたが，地元では南部農業高校という学校名を付して南高1号，南高2号，総称して南高梅と呼ばれた。

　田辺市を中心として周辺を含め紀南農協エリアでは，2005年は梅の生産量約3万トンのうち，南高梅は2.7万トンである。自家用を除けば，2.6万トンは加工販売用である。梅干しにすれば，重量はちょうど半分になるので，梅

干しの生産量は1.3万トン,樽（10kg）で計算すれば,130万樽である。平均1樽6000円で販売されるとすれば,78億円が地元での生産額となる。「たかが梅干し,されど梅干し」といわれているが,農業従事者,加工業者,販売業者など多くの人たちが,梅干しの生産や販売に関連している。通常梅干しはかたく,塩分が多く,味のよいものではなかったが,南高梅は品種を改良し,種々の加工方法を発達させ,地産地消から全国市場を対象とする農産物として有名となった。

すぐれた梅干しの生産が消費者の欲望を拡大し,市場が全国的となったのである。すぐれた地元産品は消費者の欲望を拡大し,消費者を増やす。リンゴの「ふじ」,桃の「あかつき」,南郷トマト,岩瀬のキュウリ,昭和村のカスミ草などは,生産物のすばらしさが消費者を拡大してきた。地産地消は品種改良や商品開発によって,提案できる産品づくりが大切なのである。

6　生産地側からの地産地消運動

消費者側から登場した地産地消運動は,生産者側の強い熱意によって年々大きな勢力をもつにいたった。直売場,道の駅,ネット販売等多様な取り組みが台頭してきた。その背景には2つあった。1つは農業・農村自体がきびしい状況におかれている中で自立的な発展を図ろうという動きであり,もう1つは消費者の側から地元の良さが発見され,支援されたからである。まず最初の方からみておこう。

1　園芸作物と消費

地産地消運動成立の背景の1つは地域におけるきびしい経済状況を打開するための運動であった。農業制度が大きく変化し,農協の合併,農産物市場の「せり」の自由化などにより,小規模農家は自分たちで生産物を販売することが必要となった。地元ですぐれているものを発見し,地元の市場で評価してもらおうという運動が登場してきた。

福島県の農業は自由化によって大きな影響を受けた。まず養蚕,生糸王国が崩壊した。このことは農家経済だけでなく地域商業やサービス業に深刻な影響

を与えることとなった。桑畑から桑の木を掘り起こし，桑畑を他の用途に転換するまえに，養蚕は衰退し，桑畑は荒れ放題の原野と化した。生糸の自由化の影響を，養蚕農家は直接に受けたのである。中山間地の収入源として大きな役割を果たしてきた養蚕，生糸は，たばこ栽培と並んで重要な産業であった。その衰退は中山間地からの労働力流出の重要な契機となった。

　地域によっては，果物，花卉(かき)，蔬菜，タラの芽，山ウド，ソバ，花木等の栽培に転換した。しかし生産物は提供できるが，その販売先に苦労する。米や養蚕やたばこの場合には，販売先と単価は政府によって決められていたが，園芸作物は消費需要の影響を受ける。大規模の農家であれば，農協を通じて大量販売システムに乗ることも可能であった。だが，小規模，分散している農家は，農協ルートではなく，自分達の育てた農作物を直売場，道の駅で直接販売するようになった。ある程度地元産の農産物がまとまるようになると，料理店，地元旅館でも注目するようになった。このように小規模農家は地元消費者に支えられる形で地産が伸びてきた。地域では，消費の拡大の面から地産地消連動が重要性を増したのである。

2　自由化と新しい農家経営——自立への道

　次は，畜産の自由化が起爆剤となって農業制度の崩壊が開始したことである。米国は工業製品をめぐる日米貿易摩擦の中で，農産物の自由化を強く要求してきた。オレンジ，サクランボなどの果物から畜産に焦点があてられた。米国内には，精米業者が中心となって，米の自由化の強い要請があったにもかかわらず，米国の若き政界リーダー達は米の自由化にはそれほど関心を示さず，畜産の自由化にこだわりつづけた。わが国の農業団体においては米の自由化には反対だが，畜産の自由化はやむをえない，畜産は農家戸数も少なく，輸入飼料で肥育しているのだからという判断もあった。ここに大きな落とし穴があった。米と肉類とは同じ食糧基盤に立っているだけでなく，実は農業制度自体の維持にかかわる問題を含んでいたからである。わが国の農業をささえている基本的な制度は食管制度と農協制度である。この制度こそわが国の農村・農業の重要な経済基盤を支える幹であった。

　わが国の農業制度の枢軸の地位を占める食管制度と農協制度を衰退させる唯

一の道は畜産の自由化であると，米国の政治支配者はみたのである。日本国民が畜産の自由化で安い肉類を大量に消費すれば，米の消費が減り，過剰生産が一般化し，食管制度が崩壊し，畜産物自由化によって畜産物価格が暴落すれば，畜産農家が巨額の負債を返せず，農協制度も経営危機に陥るとみたのである（福島県の肉用牛農家数は平成元（1989）年から平成11（1999）年の間に49.3％減少し，肥育頭数も11.2％減少した）。

　米価や畜産物価格の下落は，農家所得の減少をもたらした。農業所得の減少は農業を中山間地の主要産業から補助産業に転落させ，農家経済は深刻化した。その上に農家の収入に依存している地域商業に大きな影響を与えるとともに，雇用面から公共事業への依存を高めていくこととなった。都市よりも町村において，就業人口のうち建設業就業者が圧倒的に多い就業機会の現状を示している。今日，経済的に非効率で無駄だといわれている建設業が実は農山村の雇用とそれによる地域コミュニティーを支えてきたのである。従業者4人以下の店舗における売上高は県内の小売業の18.2％を占めているが，地域農業や建設業の衰退と地域小規模小売業は密接な関係を有していた。

　農業収入の減少は農協制度の経済基盤を弱体化した。事実，畜産の自由化は米価の値下りと食管制度の廃止を引き起こしたし，農協の合併と合理化を促進した。農業の低迷と衰退によりわが国の農村・農業は雇用機会を喪失しただけでなく農業所得が減少したことから，町村の経済は，公共事業に依存し，財政の再分配によって現状を維持していかざるをえなくなった。しかし公共事業もたとえば福島県では1998年から2005年にかけて40％減少しているのである。

　農村・農家が自立していくために，地元の人材の活力を引き出し，新しい組織をつくり，地元の人たちの支持を得て楽しくやろうという動きが台頭してきた。直売所の開設，安全安心の農業，有機栽培によって良質の野菜を栽培し自信をもって販売する農家，都市と農山村との交流，農村ツーリズムなど新しい動きが登場してきた。地域自らが努力して自立の道を模索することとなった。地産地消も地域づくり運動の一つとして重要となっている。地産地消という運動でもって地域ブランドを確立し，地域産業の持続的な発展をめざすためである。

3 農村・農業振興の工夫

　農村・農業の振興のためには，川上から川中，川下へと政策の重点が移ってきた。農家の人たちは生産するだけで，加工も，販売も，流通も他人まかせであった。米価も，まゆ価格も，たばこの価格も，政府が決定するから，農民はただ生産するだけであった。国際競争の中で生産ということが頭打ちとなり，農民自らが加工し，販売する道を歩むようになった。

　地元にはしっかりした市場がある。安全・安心な野菜，鮮度の良い野菜，品質の良い野菜は地元の直売場で売れる。農民自らが自分の生産物に価格をつけ，自分たちで販売し，消費者のニーズを直接掌握するとともに，作付作物，栽培農産物の範囲も，出荷時期も，販売先や販売ルートも，いろいろ工夫し，研究するようになった。地域特性を生かした産業政策が，農村，農業の振興にとっても，地域の自立性を育むうえでも重要となった。地域特性，生産物特性を売り出し，個性の発揮の中で自信をもって夢が語れる必要性が高まった。さらに農業における複合経営ばかりでなく，地産地消という新しい農業のあり方を模索する道が台頭してきた。

　それは地元産品を並べるだけではなく，はっきりとした目標，方策と計画をもつようになり，質的にも，内容的にも高度化している。信頼される農産物（安全，安心，鮮度，品質）を提供するという目的だけで登場してきたのではないのである。安価で大量の輸入農産物の急増と価格下落傾向の中で，地元の市場との連携を図り，農村，農業の自立化と収入増を図っていこうという産業おこし運動として複合的に展開していることは注目すべきである。

7 地域政策としての地産地消

1 地産と地消の相互作用・相互循環

　生産が消費に対し材料をつくり，消費の方法や仕方を規定し，また，すぐれたテレビや自動車や携帯電話をみて，自分も買いたいというように，生産物が消費を形成する。他方消費については，消費されることによって，現実の産品が人々にとって必要であるということが認められる。商品が必要とする人の手に渡り，貨幣と交換できて，現実の商品が実現できる。消費されない野菜は二

足三文であり，利用されていない空店舗や空部屋は店や部屋として意味がないのと同様である。売れ残りの商品は処理に困る。どんどん生産物が消費されることによって，生産の内容や方法が定まるし，人々の生産意欲も向上する。創意工夫も生まれる。このようになると生産と消費が一体的に発達する。生産なければ消費なく，消費なければ生産がなく，生産と消費は一体的に進んでいく。生産と消費が地元でどのように一体的に進められていくか，そこに地産地消の一つの意味がある。

　まず生産物が地元で評判が良く，売れていけば，その生産量をいかにまかなうか。そこで考えられるのは下請け，関連事業所も動員して生産力をあげる（社会的分業）。それでも不足すれば，手造りから機械生産に進む。生産機械，容器，包装機械，備品などが充実されていく。それでも生産が間に合わない場合にはもっと生産力の大きい量産，高品質生産のための技術や機械を導入する。そうなると，機械は毎日休みなく稼働し一定の生産量を供給する。それに見合う原料や補助材料を地元から確保することは困難となる。販売市場が拡大した結果，地産地消で出発した事業が大企業となっていく。こうした事例は実に多い。地産地消の役割は地域内の市場拡大による生産への刺激のみならず地域連関性が高く，自立性の涵養，地域循環の形成の上でもその効果は大きい。

　そこで少子高齢化を迎え，地域の独自な産業育成を生きがい・働きがいや地域教育の姿として自治体が重要政策として位置づけることとなった。その一つの類型として，食育推進と学校給食を通じた地産地消をとりあげておこう。

2　食育推進による地産地消

　日本人の伝統的な食生活は主食であるご飯を中心に，魚や野菜，大豆から作る豆腐や納豆などの副食にみそ汁を添えたものだった。昭和50年ごろにはカロリー摂取量がほぼ満足すべき基準に達し，たんぱく質，脂肪，炭水化物のエネルギー比率のバランスがとれて，「日本型食生活」ともいうべき理想的な食生活を達成し，「肥満の少ない」食生活として国内外から高く評価された。

　しかし，社会経済情勢がめまぐるしく変化し，日々忙しい生活の中で毎日の食の大切さを忘れがちとなっている。栄養の偏り，不規則な食事，肥満や生活習慣病の増加，過度の瘦身指向などの問題に加え，食の安全や過大な海外食品

依存の問題も生じている。その結果として，豊かな緑と水に恵まれた自然の下で先人が育んでくれた地域の多様性と豊かな味覚や文化の香りあふれる日本の「食」が失われつつある。その背景には次のような事情がある。

①現在の家庭環境は核家族化，単身世帯の増加などにより，家庭料理や細工料理などが継承されなくなったこと。②子どもの塾通いやテレビの深夜番組などの影響により夜遅くまで起きているようになった結果，朝は食事をとらなかったり，朝食の内容が不十分になったりしていること。③残業や子どもの塾通いなどで家族のライフスタイルが変化する一方で，コンビニエンス・ストアなどの普及によって，24時間いつでも，自分の好きな食べ物だけを食べられるようになったこと。④冷凍技術，加工技術の発達によって冷凍食品で済ませたり，外食の普及も加わり，家族で食事をする機会が減少し，個食や孤食が増加したことが指摘されている。

食育の貧困は，一方では，現代のライフスタイルの中で家族団欒の減少や感謝の欠落，家庭崩壊などさまざまな社会問題を引き起こす要因となっている。他方では食生活に必要な食器（陶磁器，漆器，ガラス器），生活用具（盆，茶器，刃物）の需要を減少させている。食文化の魅力と結びついた生活文化の伝承や，豊かな暮らしが崩壊しつつある。食生活の変化は単に食物だけでなく，それに関連する生活文化，教養にまで広範囲に波及している。

このような状況を打開するために登場したのは「食育基本法」である。食をめぐる現状をみると，近年健全な食生活が失われつつあり，日本の食をめぐる現状は危機的な状況にある。このため国民が健全な心身を培い，豊かな人間性を育むために食育に関する施策を総合的かつ計画的に推進することなどを目的とした「食育基本法」が制定され，平成17年7月に施行され，平成18年3月には食育推進基本計画が作成された。平成18年度から5カ年計画で，国民運動として食育に取り組み，国民が健全な心身を培い，豊かな人間性を育むことができる社会の実現を目指すものである。食育推進施策の基本方針の概要は次の通りである。

①心身の健康の増進と豊かな人間形成――健全な食生活に必要な知識などは年齢，健康状態などにより異なるが，このような特殊状況を配慮しつつ，心身の健康の増進と豊かな人間形成を目指す。②食に関する感謝の念と理解――農

業体験，販売・取引体験，施設見学，料理などさまざまな体験活動を通じて国民の食に対する感謝の念や食生活の理解を深める。③食育推進運動の展開——国民一人ひとりの理解を得るとともに，社会のさまざまな分野において男女共同参画の視点も踏まえ食育を推進する。国民や民間団体などの自発的・自主的活動を尊重し，住民をはじめ多様な関係者の参加と連携に立脚した国民運動となるよう施策を講じる。④食育における保護者，教育関係者らの役割——子どもの父母その他の保護者や教育・保育関係者の食育の重要性に関する意識向上を図る。子どもが楽しく食を学び，食生活の重要性の自覚を高める取り組みを積極的に推進できるよう施策を講じる。⑤食に関する体験活動と食育推進活動の実践——家庭，学校，地域などの分野で，多様な人々や施設や事業所から食を学ぶ機会が提供され，国民が意欲的に食育の活動を実践できるよう施策を講じる。⑥伝統的な食文化，環境と調和した生産などへの配慮および農山漁村の活性化と食料自給率の向上への貢献——伝統ある食文化の継承や環境と調和した食料生産などがはかられるよう配慮するとともに，食糧自給への国民の理解の促進と都市と農山漁村の共生・交流などにより，農山漁村の活性化と食糧自給率の向上に努める。⑦食品の安全性確保などにおける食育の役割——食品の安全性など食に関する幅広い情報を多様な手段で提供し，行政，関係団体，消費者間の意見交換が積極的に行われるよう施策を講じる。

　このように食育推進はわが国の重要な計画として策定されたが，その推進運動として地産地消は一定の重要な役割を担うこととなった。

3　学校・病院給食における地産地消

　地産地消の大きな柱は一方では，直売場であり，他方では，学校給食が重視された。直売場は，生産者→農協→中央市場→仲買商人→小売業という大動脈に対して「顔の見える」地域の小市場である。前者は小規模生産者を産地化させ，それを農協が集約して大規模生産と流通により，大量供給するものであるが，後者は小規模，多様な生産物を地域市場（直接販売所）に持ち込み，生産者と消費者が対面販売するものである。これにより地域の生産者が地域の消費者の信頼と期待に支えられ，販売市場を拡大していった。それは結果として，老人，子供，主婦などが参加でき，小額の収入が得られるので，地域資源の活

用，余剰時間の有効活用により地域が連携し活性化していくのである。小さな直売所の販売額が増加した結果，社会的分業も進み，多様な農産物が旬ごとに工夫されるのである。

　学校給食に地元産品を利用することは一括大量の消費市場となるだけでなく，米，野菜，果物，畜産物，きのこや魚さらに食器類にまで広範囲に地元生産に影響する。そのうえ，豊かな人間性の形成，生産者との交流，農業体験など社会的教育の充実が図られたりする。地域で生産された旬の農産物を使って伝承すべき食や生活文化，地域文化を教育の場に持ち込んだのである。学校給食の充実は農産物だけでなく，食器，小道具，味噌，醤油も含めて地産地消は多様な拡がりをもつものであった。また郷土料理，食文化や健康と食について学ぶことになる。学校給食を通じて保護者に対する栄養管理に関する知識などの啓発や家庭教育，子供の生活リズム向上，肥満防止の推進，青少年育成のイベントにおける普及啓発や情報提供が増加した。そのうえに地産地消を通じて，地域に目を向け，地域文化や地域の成り立ちについて認識を深めていこうという運動が展開されてきた。

　病院給食もまた栄養分析にもとづく献立が中心となっていたが，食材として地元産のものが使われ，多様化してきた。その結果，食品の安全性，栄養その他食生活に関する調査と，研究，情報提供が進んでいる。病院の給食の改善を契機に，三度の食事・生活リズムの向上のための普及活動，望ましい食習慣や知識の習得がすすみ，健康の源泉としての食の根本が問われることとなった。

　グローバル化と自由化の中で，地元の良さを住民自らが発見しそれを生かし特色ある産業に育てていくためには，地産地消を契機とした地域ブランドの確立が重要である。

　（本章は，財団法人福島経済研究所発行『福島の進路』第300・301号〈2007年8・9月〉に故下平尾勲先生が執筆された論文を一部割愛して収録したものである。まとまったものとしては先生が生前最後に書かれた「遺稿」である。原著における「ふくしま大豆の会」ならびに「農産物直売場の成功条件」に関する記述は，分量の都合でカットせざるを得なかった。――清水）

執筆者紹介（＊は編者）

清水修二＊（しみず・しゅうじ，序章・第6章・第10章担当）
　1948年東京都生まれ。京都大学大学院経済学研究科博士課程単位取得。現在福島大学理事・副学長。著書に『ＮＩＭＢＹシンドローム考』（東京新聞出版局，1999年），『Basic現代財政学（新版）』（共著，有斐閣，2003年）等。

下平尾勲（しもひらお・いさお，終章担当）
　1938年大阪府生まれ。大阪市立大学大学院経済学研究科博士課程単位取得。商学博士。佐賀大学経済学部助教授，福島大学経済学部教授，福島学院大学学長などを歴任。本書執筆中2007年8月死去。著書に『現代地域論』（八朔社，1998年），『構造改革下の地域振興』（藤原書店，2001年），『地元学のすすめ』（新評論，2006年）等。

小山良太＊（こやま・りょうた，第1章担当）
　1974年東京都生まれ。北海道大学大学院農学研究科博士課程修了。博士（農学）。現在福島大学経済経営学類准教授。著書に『競走馬産業の形成と協同組合』（日本経済評論社，2004年），『北海道農業の地帯構成と構造変動』（共著，北海道大学出版会，2006年）等。

柳井雅也（やない・まさや，第2章担当）
　1958年宮城県生まれ。法政大学大学院人文科学研究科地理学修士課程修了。現在東北学院大学教養学部地域構想学科教授。著書に，『日本のIC産業』（共著，ミネルヴァ書房，2003年），『地域産業の再生と雇用・人材』（共著，日本評論社，2006年）等。

藤本典嗣（ふじもと・のりつぐ　第3章担当）
　1970年山口県生まれ。九州大学大学院経済学研究科博士課程修了。博士（経済学）。現在福島大学共生システム理工学類准教授。主要業績に，「二層の広域圏と21世紀の国土構造──82生活圏における中枢管理機能の集積──」『人と国土2008年3月号（第33巻6号）』（国土計画協会）等。

山川充夫（やまかわみつお，第4章担当）
　1947年愛知県生まれ。東京大学大学院理学系研究科地理学専門課程博士課程中退，博士（学術）。現在福島大学学長特別補佐・経済経営学類教授。著書に『企業空間とネットワーク』（共編著，大明堂，1993年），『大型店立地と商店街再構築』（八朔社，2004年）等。

飯島充男（いいじま・みつお，第5章担当）
　1949年千葉県生まれ。東京大学大学院農学系研究科農業経済学専攻博士課程単位取得。現在福島大学経済経営学類教授。主要業績に「不動産資本と住宅地価形成」（『商学論集』第46巻第2号，1978年），「農地利用の動向と利用調整の課題」（『東北農業経済研究』第18巻第1号，1999年），「イングランドと日本における土地利用および都市的土地利用への転換」（『商学論集』第69巻第4号，2001年）等。

塩谷弘康（しおや・ひろやす，第7章担当）
　1960年青森県生まれ。早稲田大学大学院法学研究科博士後期課程単位取得。現在福島大学行政政策学類教授。著書に『レクチャー法社会学』（共著，法律文化社，2001年），『どうする国有林』（共著，リベルタ出版，2008年）等。

守友裕一（もりとも・ゆういち，第8章担当）
　1948年富山県生まれ。北海道大学大学院農学研究科博士課程修了。農学博士。福島大学経済学部を経て現在宇都宮大学農学部教授。著書に『内発的発展の道』（農山漁村文化協会，1991年），『地域発展戦略と第三セクター』（農政調査委員会，1993年）等。

佐藤英雄（さとう・ひでお，第9章担当）
　1952年福島県生まれ。福島大学大学院経済学研究科修士課程修了。現在福島信用金庫常勤監事，福島大学地域創造支援センター産学官連携研究員。著書に『地域産業の挑戦』（共著，八朔社，2002年）。主要業績は「金融ビッグバンの進展と地域金融の課題」（『商学論集』第71巻第4号，2003年）等。

星野珙二（ほしの・きょうじ，第11章担当）
　1945年福島県生まれ。早稲田大学大学院理工学研究科博士課程単位取得。博士（工学）。現在福島大学共生システム理工学類教授。著書に『インベントリ・マネジメント』（日経BP企画，2006年），『地域からの風』（共著，八朔社，2003年），『情報化と社会』（共編著，八朔社，2000年）等。

牧田実（まきた・みのる，第12章担当）
　1961年茨城県生まれ。名古屋大学大学院文学研究科（社会学専攻）博士後期課程単位取得。現在福島大学人間発達文化学類准教授。著書に『世界の住民組織』（共著，自治体研究社，2000年），『グローバリゼーションと家族・コミュニティ』（共著，文化書房博文社，2002年）等。

あすの地域論──「自治と人権の地域づくり」のために
2008年10月1日　第1刷発行

　　　　　　　　　　　清　水　修　二
　　　編著者　　　　　小　山　良　太
　　　　　　　　　　　下 平 尾　勲

　　　発行者　　　　　片　倉　和　夫

　　　発行所　株式会社　八　朔　社
　　　　　　　　　　　　はっ　さく　しゃ
　　　　　　東京都新宿区神楽坂 2-19　銀鈴会館
　　　　　　振替口座・東京 00120-0-111135 番
　　　　　　　Tel 03-3235-1553　Fax 03-3235-5910

ⓒ清水，小山，下平尾，2008　　組版・アベル社／印刷製本・藤原印刷
ISBN978-4-86014-039-7

― 八朔社 ―

グローバリズム
水岡不二雄・著
一八〇〇円

食品の安全と企業倫理
消費者の権利を求めて
神山美智子・著
一五〇〇円

大型店立地と商店街再構築
地方都市中心市街地の再生に向けて
山川充夫・著
四二〇〇円

グローバリゼーションと地域
21世紀・福島からの発信
福島大学地域研究センター・編
三五〇〇円

共生と連携の地域創造
企業は地域で何ができるか
下平尾勲・編著
三三九八円

地域産業の挑戦
ふくしま地域づくりの会・編
二四〇〇円

定価は本体価格です